JEAN-JOSEPH MOUNIER

Ce volume a été déposé au ministère de l'intérieur (section de la librairie) en janvier 1887.

PARIS. TYPOGRAPHIE E. PLON, NOURRIT ET Cⁱᵉ, RUE GARANCIÈRE, 8.

JEAN-JOSEPH MOUNIER

SA VIE POLITIQUE ET SES ÉCRITS

PAR

L. DE LANZAC DE LABORIE

AVOCAT A LA COUR D'APPEL

« C'était un homme passionnément raisonnable. »
(Mme DE STAËL).

PARIS

LIBRAIRIE PLON

E. PLON, NOURRIT ET Cie, IMPRIMEURS-ÉDITEURS
RUE GARANCIÈRE, 8

1887
Tous droits réservés

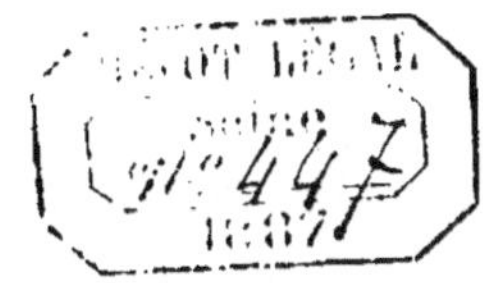

AVERTISSEMENT

Le nom de Mounier est inséparable des débuts de la Révolution française. Cependant, beaucoup de personnes ignorent ou méconnaissent son rôle politique ; quant à ses écrits, je crois pouvoir affirmer qu'ils sont peu familiers à la grande majorité du public lettré.

La postérité a souvent de ces inconséquences. Tandis que les autres partis ont vu plusieurs de leurs personnalités les moins éminentes mises en évidence par de zélés apologistes ou d'implacables adversaires, le chef de l'école constitutionnelle, le plus illustre des « monarchiens » de 1789, l'orateur de Vizille et le président du 5 octobre attend encore, après un siècle, l'hommage le plus digne de lui, une biographie détaillée.

Sans doute, il est téméraire d'aborder cette tâche, qui réclamerait la science et les talents d'un maître. Sans doute, je ne puis me flatter de fixer les traits définitifs de la figure de Mounier. Mais mon but serait atteint, si je parvenais à ramener sur cette grande mémoire l'attention qui s'en est trop longtemps détournée.

Quelque modeste que soit la portée de ce livre, il ne sera peut-être pas superflu d'indiquer l'esprit dans lequel il a été écrit. Quand un auteur entreprend de traiter des hommes et des faits se rattachant à l'époque révolutionnaire, il annonce presque toujours l'intention de se cantonner dans le domaine de l'histoire, et, presque toujours, approbateurs et critiques conspirent à signaler dans son œuvre une arrière-pensée politique. La raison en est facile à comprendre : nous débattons encore la plupart des problèmes soulevés par la Révolution, et, en manifestant ses préférences ou son aversion à l'endroit de telle solution proposée il y a cent ans, on risque fort de déceler par là même ses sentiments sur la situation actuelle du pays.

Les pages qui suivent fourniront probablement au lecteur l'occasion de ces rapprochements inévitables. Je me suis scrupuleusement interdit les allusions, les portraits contemporains déguisés sous un masque historique, tous ces procédés enfin qui font descendre l'histoire au rang du pamphlet. Mais, l'eussé-je voulu, il m'aurait été impossible de garder une sereine indifférence en face d'événements dont a dépendu longtemps, dont dépend encore dans une large mesure la fortune de la France. Faut-il ajouter que, à la sincérité du jugement, j'ai toujours tâché de joindre la modération de la forme?

Les journaux, les brochures et les mémoires des contemporains m'ont fourni les principaux matériaux de cette étude; j'ai eu soin de contrôler ces documents les uns par les autres, et d'indiquer où je puisais chacune de mes assertions. J'ai pu examiner, à Grenoble, les procès-verbaux manuscrits de la commission intermédiaire des états du Dauphiné, qui m'ont été obligeamment communiqués par l'archiviste départemental, M. Prudhomme. Le retour de Mounier en France et son passage dans l'administration consulaire ou impériale devaient servir de conclusion naturelle à mon récit : j'ai consulté à ce sujet un certain nombre de pièces aux Archives nationales, grâce à l'amicale intervention de M. Noël Valois. Sur la même période, M. Chaper, de Grenoble, a bien voulu me donner connaissance de deux lettres inédites tirées de sa précieuse collection d'autographes.

J'ai mis à profit trois notices biographiques. La première

en date et la plus étendue est l'*Éloge historique* composé
quelques mois après la mort de Mounier par son compatriote
Berriat-Saint-Prix. Ce travail, dépourvu de valeur en ce
qui concerne les événements politiques, contient quelques
détails intéressants. L'article *Mounier* de la *Biographie*
Michaud fut écrit sous la Restauration par Lally-Tollendal;
c'est donc l'œuvre d'un témoin, d'un ami, d'un compagnon
de combat. Quant à la notice anonyme de l'*Album du Dauphiné* [1], une opinion unanime l'attribue au baron Édouard
Mounier, pair de France, fils du constituant; j'ai eu, en effet,
sous les yeux, non-seulement une copie corrigée de la main
du baron Mounier pour l'impression [2], mais un dossier de
documents recueillis par lui et relatifs à la vie de son père [3].

Une grande partie des papiers de Mounier, confiés par
lui à un ami au moment de son départ pour l'émigration,
ont été, paraît-il, détruits par le dépositaire pendant la Terreur. Il est permis de supposer que lui-même, avant de rentrer en France, fit disparaître ses correspondances de l'exil.
Les manuscrits laissés à sa mort ont été inégalement et peu
logiquement répartis, par une libéralité toute récente, entre
la Bibliothèque municipale de Grenoble et la Société éduenne,
qui a son siège à Autun. Sans présenter un intérêt excep-
tionnel, ils sont indispensables à consulter pour quiconque
veut préciser ou rectifier les détails de cette vie [4]. La reconnaissance me fait un devoir de nommer ici M. Henri Mounier,
neveu du célèbre homme d'État, et M. Saleilles, professeur
agrégé à la Faculté de droit de Grenoble [5], qui ont préparé
et guidé mes recherches dans cette ville; M. Roidot, ancien
président du tribunal civil d'Autun et secrétaire de la Société
éduenne, qui m'a fait le plus bienveillant accueil.

[1] Parue en 1838.
[2] Arch. de la Société éduenne.
[3] Bibl. de Grenoble, fonds Mounier.
[4] Ces papiers n'étant pas encore définitivement classés, j'ai dû me contenter,
en les citant, d'indiquer la provenance : Bibl. de Grenoble, fonds Mounier; ou
Arch. de la Société éduenne.
[5] Aujourd'hui professeur à Dijon.

Un dernier nom me reste à citer : celui de madame la vicomtesse Portalis, petite-fille de Mounier. Elle n'a cessé de me témoigner, dès le début de mes travaux, un intérêt aussi constant qu'éclairé, de m'indiquer les sources à explorer, de dérouler devant moi ses attachants souvenirs de famille. Qu'elle me permette de lui offrir ici l'hommage de ma gratitude.

JEAN-JOSEPH MOUNIER

CHAPITRE PREMIER

Jean-Joseph Mounier naquit, le 12 novembre 1758, à Grenoble, dans une maison que désigne depuis 1837 une plaque commémorative[1]. Son père, François Mounier, était négociant en draps; sa mère se nommait Marie Priez; la condition de sa famille était modeste, mais des plus honorables, quelques calomnies que les haines politiques aient plus tard dictées à Camille Desmoulins[2]. Un frère de madame Mounier, curé de la petite ville de Rives, baptisa, le 17, en l'église Saint-Louis, l'enfant, qui avait été ondoyé dès le 15[3].

Ce fut également le curé de Rives qui commença l'éducation de son neveu. Une tradition, qui pourrait bien n'être qu'une légende, veut que son excessive sévérité ait jeté dans cette jeune âme les germes des aspirations libérales. Quoi qu'il en soit, Jean-Joseph entra bientôt au collége Royal-Dauphin, à Grenoble. Après des débuts un peu lents, il ter-

---

[1] Au n° 6 de la Grande-Rue. L'inscription donne à Mounier le titre de *Président de l'Assemblée nationale*.

[2] *Révolutions de France et de Brabant*, t. I, p. 82 et s.

[3] Cf. les actes d'ondoiement et de baptême, aux archives de la mairie de Grenoble (registres de la paroisse Saint Louis) ; le premier de ces deux actes, signé Morand, vicaire, porte l'orthographe *Monier*.

minait brillamment ses classes et s'était même, grâce à sa
gravité précoce, vu décerner par ses condisciples le surnom
de *Caton* [1], quand une frasque d'écolier vint abréger son
séjour au collége. Le futur adversaire de Sieyès s'avisa, à l'âge
de seize ans, d'écrire en tête de ses cahiers de métaphysique :
Nugæ sublimes. Les philosophes, d'ordinaire, entendent mal
la raillerie : le renvoi du coupable fut jugé nécessaire pour
expier une telle irrévérence [2].

Son esprit fut traversé par ces velléités de vocation militaire qui sollicitent tant de jeunes Français [3]. Mais, à cette
époque, la carrière des armes offrait une perspective bien
ingrate à quiconque n'était pas gentilhomme. On a prétendu
que Mounier, déçu dans ses espérances, avait alors fait contre
la noblesse une sorte de serment d'Annibal, et qu'il vengea
plus tard son injure personnelle en combattant les priviléges.
Cette assertion est démentie par toute sa carrière et par la
nature de sa polémique : nul, parmi les hommes de 89, ne
fut moins imprégné que lui de la jalousie démagogique, nul
ne témoigna plus d'égards à l'aristocratie, nul ne fit intervenir à un moindre degré dans les luttes politiques les rancunes particulières.

Les études juridiques ne tardèrent pas à l'attirer. Après
avoir pris ses grades à l'Université d'Orange, il devint
secrétaire d'un des avocats les plus distingués de Grenoble,
M. Anglès [4], et fut reçu lui-même au barreau à l'âge de vingt
et un ans. L'étendue de ses connaissances et la maturité de
son talent le placèrent rapidement au premier rang. Il fut
chargé d'importantes affaires, et la Bibliothèque de Grenoble
conserve plusieurs mémoires qui lui valurent une réputation méritée [5].

[1] Rochas, *Biographie du Dauphiné*, art. *Mounier.*
[2] Berriat-Saint-Prix, *Éloge historique de M. Mounier*, p. 52.
[3] *Album du Dauphiné*, art. *Mounier.*
[4] Sous la Restauration, premier président de la Cour royale de Grenoble et
doyen de la Chambre des députés.
[5] Il est superflu d'en énumérer les titres; ces mémoires, au nombre de neuf,
se rapportent tous à des affaires civiles.

Mais, bientôt, la faiblesse de son organe et l'ébranlement
de sa santé le contraignirent à quitter la profession d'avocat.
En 1783, à vingt-cinq ans, il achetait la charge de juge
royal à Grenoble; en même temps, un mariage préparé par
des circonstances presque romanesques l'unissait à la sœur
d'un de ses amis, mademoiselle Philippine Borel [1].

Il transporta dans ses nouvelles fonctions les habitudes
d'application qui faisaient le fond de son tempérament.
Son équité est restée proverbiale en Dauphiné : parmi ses
sentences, une seule, dit-on, fut réformée par le Parlement.
Mais le juge royal, à Grenoble, ne siégeait que de deux années
l'une, car il alternait avec un juge épiscopal. Mounier consacra ses loisirs à l'étude de la politique.

Le tableau de l'état des esprits à la veille de la Révolution a été fait trop souvent, et par de trop illustres peintres,
pour que j'aie l'imprudence de m'essayer à pareille tâche.
En Dauphiné, comme ailleurs, les hontes prolongées du
règne de Louis XV, sans détruire le vieil attachement monarchique, l'avaient lentement dénaturé : il avait perdu le
caractère d'un enthousiasme pour prendre celui d'une habitude. Les impérities et les dilapidations des généraux de
cour avaient ébréché le prestige militaire de l'aristocratie;
le trafic des parchemins avait fait éclater aux yeux des
moins attentifs l'iniquité des priviléges. Enfin, les écrits
des philosophes, en découvrant un ordre d'idées demeuré
jusque-là comme voilé, avaient donné à tous le désir et le
besoin de profondes modifications sociales.

Un éclair d'espoir illumina le royaume à l'avénement de
Louis XVI. On comptait que la couronne allait généreusement prendre l'initiative des réformes; on se redisait les
traits de bonté du jeune monarque; les noms de Malesherbes
et de Turgot étaient autant de garanties. Mais les courriers

---

[1] BERRIAT-SAINT-PRIX, *Éloge historique de M. Mounier*, p. 63.

ne tardèrent pas à apporter de sombres nouvelles : les résistances des privilégiés, le renvoi des ministres populaires, les folles dépenses de la Cour, les prodigalités de Calonne, les expédients arbitraires de l'archevêque de Sens. L'opinion publique se lassait d'abord, s'aigrissait ensuite : la réforme sollicitée naguère était réclamée à grands cris, et l'on pouvait prévoir que la nation saisirait la première occasion pour l'imposer.

Mais quelle serait l'étendue de cette réforme si ardemment souhaitée? Les imaginations se donnaient libre carrière, un peu à la manière de ces enfants qui, assujettis à une discipline maussade, se forgent pour l'avenir mille félicités chimériques. Beaucoup souhaitaient, avec le philosophe de Genève, une refonte complète des individus, des mœurs et des institutions, qui aurait eu le pouvoir magique de ramener l'humanité à la formation même du contrat social. D'autres, qui se croyaient plus sages, renonçaient à poursuivre la réalisation des théories de Rousseau, mais voulaient du moins prendre pour modèle la constitution de cette jeune république fondée par-delà les mers avec l'appui moral et matériel de la France. Comprenant mal, d'ailleurs, l'œuvre de Washington et de ses amis, ils y goûtaient surtout l'application rationnelle de principes abstraits.

Mounier puisait ailleurs ses inspirations. La lecture assidue de l'*Esprit des lois* lui avait déjà fait apprécier tous les avantages de la monarchie tempérée, quand le hasard amena dans la vallée du Grésivaudan un jeune Anglais, M. Byng[1], qui se lia avec lui, lui rendit familière la langue de son pays, lui procura des livres et, après son départ, continua à lui envoyer des journaux de Londres[2].

Le juge royal de Grenoble étudia surtout les ouvrages de Blackstone et de Delolme. Le premier avait inauguré

---

[1] Plus tard, membre de la Chambre des communes pour le comté de Middlesex.
[2] *Album du Dauphiné,* art. *Mounier.*

l'enseignement du droit national à Oxford par un commentaire sagace autant qu'élogieux des institutions civiles et politiques de la Grande-Bretagne; il y mettait en pleine lumière les attributions respectives de la couronne et des deux Chambres. Delolme, à travers les péripéties d'une existence médiocrement recommandable, avait composé le livre le plus raisonnable peut-être de ce siècle d'utopies. « Citoyen de Genève », comme il s'intitulait lui-même, il semblait avoir pris à tâche de réfuter les dangereux paradoxes de son compatriote, de démontrer, en devançant de soixante ans un mot fameux, que la monarchie parlementaire était la meilleure des républiques, et son traité *De la Constitution anglaise* était un véritable *Anti-Rousseau*.

Si Blackstone et Delolme nous offrent encore un vif intérêt, à nous que de longs débats et de nombreuses expériences ont rompus à ces questions, on conçoit les impressions que cette lecture dut éveiller dans l'âme de Mounier : c'était comme un monde nouveau dont la magnifique ordonnance se révélait à lui. Les journaux lui apportaient l'actuel et vivant commentaire des théories exposées par ses auteurs favoris. En lisant ces solennelles discussions du Parlement britannique, il se sentait transporté d'une émotion qui n'était pas exempte d'amertume. La comparaison s'imposait tout naturellement à lui entre les garanties prodiguées au sujet anglais et la latitude laissée en France au pouvoir absolu, entre un grand peuple s'administrant par ses propres représentants et une nation livrée aux hasards des intrigues de cour. Il se disait qu'après tout la vieille monarchie capétienne n'avait rien d'incompatible avec la liberté politique, et rêvait pour la France une Grande Charte, dont les clauses s'arrêtaient peu à peu dans son esprit. Mais comment faire prévaloir ces idées? comment même les divulguer? Le téméraire et débile despotisme de Brienne vint lui en fournir le moyen.

L'édit qui transférait le droit d'enregistrement à une cour
plénière avait été publié à Grenoble le 10 mai 1788[1]. La
noblesse de la province fut la première à protester : depuis
quelque temps déjà, elle maniefstait des dispositions hostiles au ministère, et ne ménageait pas les avanies à l'intendant. Dès le 11, une réunion de gentilshommes se tint à
Grenoble : ils résolurent d'envoyer trois d'entre eux à
Versailles pour soutenir leurs griefs. Les députés furent le
comte de Viricu-Papetières, dont le nom reviendra plusieurs
fois dans le cours de cette étude ; le marquis de Viennois,
descendant d'un bâtard du dernier dauphin Humbert II, et
le comte de La Blache, qui ne cessa de posséder et de
mériter la confiance de ses compatriotes, en dépit des *Mémoires* de Beaumarchais[2]. Ils devaient présenter au Roi, au
nom de leur ordre, une protestation solennelle : on chargea
Mounier de la rédiger. Au lieu de se répandre en lieux
communs sur les droits des parlements, il établit nettement
la situation dans sa réalité, reconnaissant les abus qui
s'étaient glissés dans l'institution judiciaire, mais déclarant
que l'aggravation de l'arbitraire était un remède cent fois
pire que le mal. « Sire », faisait-il dire aux gentilshommes,
« la nation est placée entre deux dangers, mais combien
« leur nature est différente! L'un est un mal horrible, le
« comble des maux, c'est le despotisme de vos ministres et
« l'esclavage de vos peuples ; l'autre est un inconvénient, c'est
« l'esprit de corps qui domine trop dans les compagnies :
« celui-ci engendre des abus, mais celui-là donne la mort...
« Non, Sire, il est impossible de remédier utilement aux abus
« qui sont liés avec le peu de constitution qui nous reste, si
« l'on ne rend pas à la nation l'intégrité de ses droits[3]. » On

---

[1] Cf. Aimé CHÉREST, *La chute de l'ancien régime*, t. II, p. 1-30, 174-175 et
376-393. On trouve dans cet ouvrage, malheureusement interrompu par la mort
de l'auteur, un récit complet des événements du Dauphiné : il contient pourtant,
au sujet des élections, une erreur inexplicable que j'aurai à relever.

[2] Augustin PÉRIER, *Histoire abrégée du Dauphiné*, p. 54.

[3] Cité par CHAPUYS-MONTLAVILLE, *Histoire du Dauphiné*, t. II, p. 479.

aura remarqué, sans doute, la hardiesse et l'indépendance de ce langage. Mounier comprend que les luttes de la couronne contre les grands corps judiciaires n'ont d'intérêt qu'autant qu'elles mettent en jeu les droits des citoyens. S'il épouse la querelle des parlements, ce n'est pas qu'il les considère comme défiant toute critique, mais parce que leur ruine enlèverait au despotisme ministériel sa dernière entrave, et aux sujets leur suprême garantie.

Alors que la noblesse montrait tant d'énergie, ceux qui étaient le plus directement frappés ne pouvaient garder le silence. Le 20 mai, les membres du Parlement se réunirent chez le premier président et rendirent contre les édits, leurs auteurs et ceux qui concouraient à leur exécution, un arrêté précédé de considérants sévères [1]. Quelques jours plus tard, Barnave, à qui ses succès au barreau avaient valu une précoce renommée, faisait distribuer en secret une brochure intitulée *Esprit des édits enregistrés militairement à Grenoble, le 10 mai 1788*; la politique de la cour y était attaquée avec la dernière violence. Cependant Brienne avait résolu de répondre à l'arrêté du 20 mai par des mesures de rigueur : dans la matinée du 7 juin, chaque magistrat reçut une lettre de cachet l'exilant en un lieu déterminé. La nouvelle, en un clin d'œil, se répandit par toute la ville.

Grenoble n'était pas seulement fière de son Parlement, l'un des plus anciens de France; une partie notable de la population vivait des offices judiciaires, et la suspension des audiences était pour elle la misère à brève échéance. « Toute la cléricature du palais », selon l'expression d'un contemporain, se mit à la tête d'une émeute pour empêcher l'exécution des ordres royaux. Pendant que les uns fermaient les portes de la ville, d'autres dételaient les voitures des exilés et leur enjoignaient de rester. Quelques patrouilles s'aventurèrent dans les rues; mais, du haut des

---

[1] Cf. CHAMPOLLION-FIGEAC, *Chroniques dauphinoises*, première période historique, t. I, p. 344-351.

toits, on criblait les soldats de tuiles et de pierres ; les officiers, sympathiques pour la plupart à la cause du Parlement, hésitaient à commander le feu. Bientôt, l'hôtel du
gouvernement fut forcé par une bande de révoltés, et le
duc de Clermont-Tonnerre, devant les menaces de mort, dut
écrire un billet au premier président pour le supplier de
réunir ses collègues au palais et de calmer le peuple. C'est
ce qu'on appela la *Journée des tuiles*[1].

L'agitation ne tarda pas à gagner la province entière.
Les aspirations libérales n'avaient pu être complétement
étouffées en Dauphiné par Richelieu et Louis XIV : les habitants se répétaient avec orgueil que leur pays n'avait pas
été réuni à la France par droit de conquête, mais en vertu
d'un contrat volontairement consenti. En outre, les deux
premiers ordres étaient animés, dans la très-grande géné-
ralité de leurs membres, de la plus patriotique abnégation :
en luttant contre l'arbitraire ministériel, ils poursuivaient
un tout autre résultat que la consolidation de leurs priviléges, et ne demandaient qu'à s'allier au tiers état pour
défendre la liberté commune. Tous ne songeaient pas, sans
doute, au printemps de 1788, à réclamer l'égalité civile et
politique : la marche des événements, l'éloquence de Mounier furent pour beaucoup dans leur détermination. Mais
les leçons des faits et les conseils de Mounier auraient été
perdus, si le clergé et la noblesse du Dauphiné n'avaient été
préparés à en tirer profit. On les a taxés d'aveuglement :
ils comprenaient, au contraire, que la conduite la plus généreuse était en même temps la plus habile, et que, pour conserver leur influence légitime, les hautes classes devaient
renoncer à des priviléges surannés.

L'émeute populaire du 7 juin fut suivie, à huit jours d'intervalle, d'une manifestation dont le caractère était plus paci-
fique, mais la portée bien autrement considérable. Le 14,

---

[1] Le lendemain, les magistrats partirent secrètement pour l'exil.

le conseil de ville, du gré de ses principaux membres,
sinon à leur instigation, ouvrit la salle de ses séances aux
notables citoyens des trois ordres, au nombre de cent dix [1].
Le major de la place vint sommer l'assemblée de se dissoudre : elle passa outre, et la délibération se continua pendant près de douze heures [2]. Faut-il croire un contemporain,
dont la véracité est souvent contestable, quand il affirme
que les représentants du tiers état commencèrent par manifester des scrupules? [3]. Dans tous les cas, les privilégiés
proposèrent une assemblée générale des trois ordres de la
province, avec doublement du tiers, et Mounier rallia à ce
projet l'unanimité des suffrages. Il fut chargé de rédiger
les décisions prises : après avoir protesté contre les édits,
on convoquait à Grenoble les trois ordres du Dauphiné, sans
indiquer encore une date précise. Enfin, une lettre au Roi,
due également à la plume de Mounier, exprimait, dans
un style quelque peu déclamatoire, des idées qui durent
paraître, à Versailles, étrangement nouvelles. Le lecteur en
jugera par le passage suivant :

« Des droits appartiennent à vos sujets; ils sont le prin-
« cipe et le lien de leurs devoirs.

« Des formes ont été établies pour assurer ces droits et
« les vôtres.

« Si le pouvoir de faire de nouvelles lois allait jusqu'à
« leur ravir ces droits, jusqu'à enfreindre ces formes, il en
« résulterait que vous seriez le maître de leurs vies, de
« leurs personnes et de leurs biens, et que la Providence,
« qui est si juste, aurait tout créé pour un seul..... Votre

---

[1] Cf. le procès-verbal. Bibl. nat., L b³⁹, 593.

[2] Une sorte de journal manuscrit, trouvé dans les papiers de Mounier, mais qui
n'est pas de sa main, rapporte un trait assez caractéristique : au milieu de la
séance, on remit au premier consul une lettre du duc de Tonnerre; l'assemblée,
craignant que ce ne fût un ordre de se séparer, lui cria tout d'une voix d'attendre la clôture pour en prendre connaissance; il attendit, en effet; mais le message ne contenait qu'une communication sans importance. (Arch. de la Société
éduenne.)

[3] Bertrand DE MOLLEVILLE, *Histoire de la Révolution de France*, t. I, p. 358.

« cœur, Sire, vous dit déjà que cela ne saurait être ainsi. »

Il était difficile de signifier plus nettement au prince que l'époque du bon plaisir avait pris fin. Brienne, de plus en plus irrité, fit notifier au premier et au second consul, les sieurs Mayen et Revol, l'injonction de se rendre « à la suite « de la cour », et aux deux autres, la défense d'admettre des étrangers aux séances du corps municipal. Ce message arriva au moment où on choisissait par toute la province des députés pour l'assemblée des trois ordres. Le 2 juillet, au mépris des volontés ministérielles, une réunion se tint encore à l'hôtel de ville [1] : on persista dans toutes les réso- lutions précédentes et l'on fixa définitivement au 21 l'assem- blée générale ; puis Mounier rédigea une nouvelle lettre au Roi, pour protester contre les mesures prises à l'égard des deux premiers consuls.

Le ministre tenta un dernier effort. Le duc de Clermont- Tonnerre fut rappelé, et le maréchal de Vaux, réputé pour son énergie, envoyé en Dauphiné avec une petite armée. Mais le nouveau gouverneur dut bientôt reconnaître que le mouvement était irrésistible et qu'il serait impossible d'em- pêcher la réunion projetée. Il proposa une transaction, et s'offrit à tolérer l'assemblée, à la protéger même, pourvu qu'elle n'eût pas lieu à Grenoble. Ces conditions furent acceptées, et on désigna le manoir du connétable Lesdi- guières, Vizille, distant de quatre lieues environ : le pro- priétaire était un riche industriel, M. Périer [2], qui s'empressa de mettre son château à la disposition de ses compatriotes.

Au jour fixé, près de cinq cents députés des trois ordres se trouvèrent réunis dans la seigneuriale demeure [3] : Mou- nier y représentait les deux villages d'Aspres-lez-Corps et

---

[1] Cf. le procès-verbal. Bibl. nat. L b³⁹, 605.

[2] Le père du célèbre ministre.

[3] La salle où se tint l'assemblée n'existe plus aujourd'hui ; elle a été détruite en 1826 par un incendie.

de Saint-Maurice en Valgodemar. Ses services antérieurs lui valurent d'être nommé secrétaire par acclamation. La présidence fut déférée de même au comte de Morges; puis l'on choisit cinquante commissaires pour préparer un projet de délibération. Mounier en fut l'inspirateur et le rédacteur : le texte qu'il présenta fut adopté, et la séance levée au bout de dix-huit heures. Tout autour du château, gardé par les troupes, une foule compacte attendait avec impatience. Dans la salle même se trouvaient un certain nombre d'assistants, venus pour la plupart des provinces voisines. Parmi eux, un jeune Lyonnais, presque un enfant, suivait avidement les débats, et l'éloquence de Mounier jetait les germes de la vocation politique dans l'âme de Camille Jordan [1].

« L'explosion de la poudre », dit un contemporain, « n'est « pas plus prompte que celle que firent dans l'opinion les « arrêtés de Vizille. M. Mounier.. , qui en avait été le rédac- « teur, eut en quinze jours une étonnante réputation [2]. » Sur ce point, les témoignages sont unanimes. Le procès-verbal de l'assemblée, répandu par toute la France, y excita une émotion indicible. Aujourd'hui encore, les historiens des divers partis sont d'accord pour signaler dans les délibéra- tions de Vizille les véritables préliminaires de la Révolution.

Les trois ordres du Dauphiné n'eussent-ils formulé que de platoniques protestations, leur réunion constituait à elle seule un symptôme significatif. Certes, l'opposition n'était pas, sous l'ancien régime, aussi muette qu'on se plaît parfois à le croire; depuis la mort de Louis XIV surtout, les actes de l'autorité avaient excité à maintes reprises les critiques des gouvernés. Mais ces critiques se traduisaient toujours par des pamphlets ou des décisions judiciaires. Or, les pam- phlets les plus populaires n'exprimaient authentiquement que la pensée individuelle de leurs auteurs, et quant aux parlements, leur traditionnel droit de remontrance reposait

----

[1] Augustin PÉRIER, *Histoire abrégée du Dauphiné*, p. 84.
[2] Bertrand DE MOLLEVILLE, *Histoire de la Révolution de France*, t. I, p. 360.

sur une base trop fragile pour que les ministres eussent beaucoup à s'en inquiéter. A Vizille, au contraire, c'est une province entière qui proteste par l'organe de ceux qu'elle a librement délégués. La France, habituée depuis longtemps à ne voir que des commissions administratives ou des corps héréditaires, contemple enfin une assemblée véritablement représentative. Devant cette manifestation du sentiment national, les agents du Roi reconnaissent leur impuissance, et les régiments envoyés pour empêcher la séance font la haie, dans les avenues de Vizille, à la façon d'une garde d'honneur.

Quelque importance qu'eût par elle-même cette tenue solennelle d'assises provinciales, l'opinion publique s'émut surtout de l'audace des résolutions votées à Vizille. Si l'initiative de la convocation revient aux gentilshommes, celle des décisions prises remonte tout entière à Mounier ; lorsque la foule, suivant son penchant à personnifier les événements ou les idées, saluait en lui l'incarnation du libéralisme dauphinois, elle rendait hommage à la réalité.

Les arrêtés proprement dits sont précédés d'un certain nombre de considérants, où les abus du gouvernement sont dénoncés [1]. L'un d'eux en particulier est dirigé contre les lettres de cachet, et l'assemblée déclare que « l'on ne sau-« rait les respecter sans mépriser les lois ».

Les premiers articles contiennent des représentations au Roi sur les nouveaux édits, des anathèmes contre ceux qui s'en feraient les exécuteurs, des vœux pour une prochaine convocation des États Généraux. Jusqu'ici, rien de bien saillant : tous les parlements de France avaient déjà, à la suite de celui de Paris, énoncé ces idées dans leurs arrêtés. Mais Mounier sait bien l'inefficacité de pareilles protestations. La sanction que les magistrats n'ont pu donner à leurs remontrances, le Dauphiné l'attachera à ses réclama-

---

[1] Cf. le procès-verbal. Bibl. nat., L b³⁹, 614.

tions. Voici la perspective que l'assemblée ouvre à Brienne :

« Arrête que les trois ordres de la province, empressés
« de donner à tous les Français un exemple d'union et d'at-
« tachement pour la monarchie, prêts à tous les sacrifices
« que pourraient exiger la sûreté et la gloire du trône, n'oc-
« troieront les impôts, par don gratuit ou autrement, que
« lorsque leurs représentants en auront délibéré dans les
« États Généraux du royaume. »

Mounier a trouvé le vrai moyen de couper court aux
atermoiements, de contraindre le ministère à réunir les
États Généraux. Personne ne conteste en théorie le vieux
principe du consentement de l'impôt; mais publicistes et
parlements n'en ont tiré aucune application pratique. Le
Dauphiné sera plus énergique et plus habile : tant que ses
députés, réunis à ceux des autres provinces, n'auront pas
donné leur approbation aux subsides demandés, il orga-
nisera la grève des contribuables, et se refusera à acquitter
plus longtemps des taxes qui ont pour unique fondement
l'arbitraire et l'illégalité.

On aura noté les formules de fidélité monarchique dont
l'assemblée couvre cette mise en demeure adressée à la
couronne. Mounier a certainement voulu tempérer par là
ce qu'il y avait de hardiesse dans la résolution annoncée :
on aurait tort néanmoins de n'y voir qu'un artifice de rhétorique. L'orateur de Vizille était sincèrement et profondément royaliste : il ne devait pas tarder à en donner des
preuves irrécusables. Mais la monarchie, pour lui, bien loin
de se confondre avec le pouvoir absolu, n'atteignait son
but véritable que lorsque les droits des citoyens étaient
sauvegardés; « la sûreté et la gloire du trône », pour
emprunter son langage, lui paraissaient intéressées à ce
que le souverain ne pût taxer ses sujets contre leur gré.

Est-ce à dire que Mounier ait soutenu dans cette occasion la thèse qui permet aux Chambres de suspendre la vie
administrative et financière du pays pour faire échec à un

ministère ? Une confusion pourrait seule le faire croire. Sans nous prononcer au fond sur cette thèse, que Mounier, on le verra, admettait dans certain cas, remarquons qu'elle met en cause non pas les contribuables, mais leurs élus. Ceux-ci ont-ils le droit de se refuser radicalement au vote de toute taxe, ou leur liberté se borne-t-elle à réduire à sa stricte limite le chiffre demandé? voilà les termes de ce grave problème. La question qui se pose à Vizille est bien plus simple. L'impôt, en France, doit être librement consenti par les députés de ceux qui le supportent. Cette règle traditionnelle vient d'être reconnue par les parlements, qui ont refusé de se substituer plus longtemps aux véritables représentants de la nation. La couronne elle-même y a acquiescé en promettant une convocation qui n'a pas d'autre raison d'être. Dès lors, chaque citoyen ne possède-t-il pas la faculté de se soustraire à une perception injuste? les habitants d'une ville, d'une province ne peuvent-ils pas se coaliser pour reconquérir à l'aide de ce refus les franchises perdues? C'est une résistance analogue qui, de l'autre côté du détroit, a immortalisé le nom de Hampden. — Mais, dira-t-on, le principe du libre consentement était tombé en désuétude; depuis des siècles la nation payait les sommes fixées par la seule décision du monarque; elle ne pouvait revenir brusquement sur une abdication consacrée par un long silence. Mounier répondait que des droits d'une portée si haute ne sauraient se prescrire, et qu'un peuple qui les a livrés au pouvoir absolu a toujours la liberté de les reprendre. Dans une adresse jointe aux arrêtés, il faisait ainsi parler l'assemblée : « Toutes les provinces ont des « chartes, qui les affranchissent des impôts arbitraires, et « quand elles n'en auraient pas, elles n'en devraient pas « moins être exemptes. Ni les temps ni les lieux ne peu- « vent légitimer le despotisme. Les droits des hommes « dérivent de la nature seule, et sont indépendants de leurs « conventions. »

La vivacité de ce langage trouve son excuse, sinon sa justification, dans les circonstances où il se produisait. Il fallait un réel courage pour revendiquer des principes depuis longtemps méconnus. Comme l'a fait très-justement observer M. de Lavergne, « en reportant à leur date les « déclarations de Vizille, en les plaçant en face d'un gou- « vernement entouré du prestige de la toute-puissance, on « leur donne leur véritable sens; chacun des signataires « croyait bien exposer sa personne aux vengeances d'un « pouvoir sans limites [1]. » Cette fermeté qu'il met à pro- clamer les droits inaliénables des sujets, Mounier la déploiera pour défendre les priviléges nécessaires de la couronne, et le contemporain le moins prodigue de vains éloges le nom- mera en tête de « ces premiers apôtres de la liberté..... « alors les seuls hommes courageux du royaume, bientôt « accusés de faiblesse et de lâcheté par ceux-mêmes qui « tremblaient naguère sous la verge des ministres [2] ».

L'assemblée de Vizille n'innovait pas seulement, en annon- çant le refus de l'impôt; on salua avec un joyeux étonne- ment la déclaration de principes qui suit :

« Arrête que les trois ordres du Dauphiné ne sépareront « jamais leur cause de celle des autres provinces, et qu'en « soutenant leurs droits particuliers, ils n'abandonneront pas « ceux de la nation. »

Pour comprendre l'enthousiasme soulevé par cet article, il faut se rappeler que le particularisme dominait la France de l'ancien régime; que chaque province, chaque corps, chaque métier prétendait à des prérogatives spéciales, les défendait avec un acharnement jaloux, leur sacrifiait sans scrupule l'intérêt général. Dans ces conjonctures, une des plus favorisées parmi les provinces, le Dauphiné, qui est

---

[1] L. de Lavergne, *Assemblées provinciales*, p. 384.

[2] Rivarol, *Tableau historique et politique des travaux de l'Assemblée con- stituante*, p. 140. C'est l'ouvrage réédité dans la collection Berville et Barrière sous le titre très-impropre de *Mémoires de Rivarol*.

uni à la monarchie par un contrat synallagmatique, abdique spontanément tous les avantages de sa situation. Il se met sur le même rang que les pays d'élection, épouse généreusement leur querelle et prêche par son exemple la croisade où la France entière s'enrôlera sous la bannière du droit commun. Comment s'étonner qu'une longue acclamation lui ait répondu?

Le perspicacité de Mounier lui avait révélé que le seul moyen de réaliser l'émancipation politique de la nation était d'engager la lutte contre l'égoïsme particulariste. Néanmoins, il serait contraire à la vérité historique d'en faire un unitaire outré, un précurseur de la Convention ou du premier consul. Libéral trop éclairé pour ne pas comprendre l'importance des franchises locales, à Versailles il réclamera le vote d'une organisation provinciale; après les journées d'octobre, il cherchera dans les états du Dauphiné un point d'appui contre la Constituante asservie et fera entendre une énergique réclamation contre le morcellement de la France en départements.

Dans un autre paragraphe de ses arrêtés, l'assemblée de Vizille admettait définitivement le doublement du tiers pour les états de la province et y proclamait toutes les places électives. Elle substituait aussi à la contribution impopulaire de la corvée une taxe pesant sur les trois ordres. Le texte était muet sur l'extension de ces réformes au reste du royaume; mais, en les réalisant dans leur sphère, les Dauphinois manifestaient clairement leurs vœux, et personne ne s'y trompa.

Par un dernier acte de vigueur, la réunion se déclarait permanente en principe jusqu'au retrait des édits, et s'ajournait au 1er septembre.

A la fin de cette longue séance, Mounier, au nom du tiers état, remercia le clergé et la noblesse de leur patriotisme. Le comte de Morges lui répondit en protestant de l'union indissoluble des trois ordres.

Telle fut l'assemblée de Vizille, célébrée avec enthousiasme par les contemporains, diversement jugée par les historiens, selon les sentiments dont ils sont animés à l'égard de la Révolution. Pour venger la mémoire de Mounier d'accusations imméritées ou d'éloges compromettants, il convient d'apporter ici une réserve. Si l'on entend par ce mot de Révolution française l'ensemble des faits qui ont remplacé l'ancien régime par l'état de choses actuel, l'égalité de tous les citoyens devant la loi et devant l'impôt, la liberté individuelle, l'unité législative et administrative du pays, alors il n'est que juste de reconnaître que les trois ordres du Dauphiné ont préparé ces réformes, de rendre hommage au désintéressement des privilégiés, à la sagesse du tiers, à l'habileté de Mounier. Mais si l'on prétend renouveler les allégations vieillies des émigrés et des jacobins, si l'on soutient qu'un inéluctable enchaînement a lié les revendications les plus légitimes aux excès les plus détestables, que l'assemblée de Vizille a préludé aux journées d'octobre et aux massacres de septembre, que la logique appelait ses membres à s'asseoir sur les bancs des régicides, le devoir de l'histoire est de condamner hautement ces exagérations de l'esprit de parti.

C'est un malheur, et non le moindre, des gouvernements arbitraires, qu'en leur résistant les plus honnêtes gens sont exposés à se donner l'apparence de factieux. En réalité, Mounier n'a pas cessé de travailler à la fondation de la monarchie constitutionnelle : comme il a eu à lutter, chemin faisant, contre les deux partis extrêmes, on n'a pas manqué de relever ses prétendues palinodies. Nous verrons les réponses indignées qu'il opposait à ces reproches. Contentons-nous de dire que les réformes réclamées par lui dans la séance du 21 juillet étaient indispensables, et qu'à Vizille comme à Versailles, son libéralisme n'a pas fait tort à la modération de ses idées.

CHAPITRE II

Assemblée de Romans. — États provinciaux du Dauphiné. — Élections aux
États Généraux.

Brienne avait espéré pouvoir tenir tête à l'orage : il avait
même, jusqu'à un certain point, réussi à tromper par de vaines promesses les trois gentilshommes députés à la cour.
Mais ceux-ci, à la première nouvelle des événements de
Vizille, adhérèrent aux réclamations de leurs compatriotes [1].
Le ministre voulut alors donner à la province un semblant
de satisfaction : le 2 août, un arrêt du conseil convoqua pour
le 30 du même mois une assemblée officielle chargée de délibérer un plan d'états provinciaux. Les Dauphinois ne prirent pas le change : dès le 13, une réunion des trois
ordres de la ville de Grenoble se tint à l'hôtel de ville ; trois
fois sommée par le gouverneur d'avoir à se dissoudre, elle
n'en persista pas moins à déclarer l'arrêt du 2 août inacceptable et la convocation qu'il renfermait sans valeur [2]. Une
protestation se couvrit rapidement de signatures. Barnave
l'avait rédigée de concert avec Didier, celui-là même qui
fut exécuté à Grenoble, en 1816, comme chef d'une conspiration sur laquelle la lumière n'a jamais été faite [3]. Enfin, il
n'est pas jusqu'aux femmes, gagnées par l'émotion générale,

[1] Cf. les lettres du marquis de Viennois et du comte de La Blache au comte de
Morges, en date du 30 juillet. Bibl. de Grenoble, fonds Mounier.

[2] Une note manuscrite, rédigée par le chevalier du Bouchage pour être adressée
au comte de Morges, donne des détails sur cette assemblée du 13 août. Bibl. de
Grenoble, fonds Mounier.

[3] Augustin PÉRIER, *Histoire abrégée du Dauphiné*, p. 85.

qui n'envoyèrent au Roi une adresse ; on y lisait notamment
cette phrase, par laquelle elles menaçaient à leur manière
de refuser l'impôt : « Non, nous ne saurions nous résoudre
« à donner le jour à des enfants destinés à vivre dans un
« pays soumis au despotisme[1]. » Point n'est besoin d'a-
jouter que Mounier demeurait étranger à ces réminiscences
d'Aristophane.

L'archevêque de Sens, irrité de voir ses plans traversés,
recourut encore une fois à la violence, et envoya l'ordre
d'arrêter Mounier et le comte de Morges. Avant qu'il ne pût
y être donné suite, on apprit que Necker était rappelé au
ministère.

Il entrait dans ses plans de ne suivre en rien les errements
de son prédécesseur. Il ratifia donc la convocation faite à
Vizille, en transportant seulement à Romans le lieu de réunion et en se réservant la désignation du président. Son choix
se fixa sur l'archevêque de Vienne, Lefranc de Pompignan,
frère du magistrat ridiculisé par Voltaire. Ce prélat alliait
aux vertus de son état une grande indépendance d'opinions
politiques : adversaire déterminé de l'irréligion philosophique, il souhaitait des réformes dans le gouvernement et s'é-
tait acquis une véritable popularité parmi ses compatriotes.
Deux faits, néanmoins, lui avaient récemment aliéné les
esprits : d'abord, la publication d'un mandement où l'on
avait cru voir l'éloge du pouvoir absolu ; ensuite, sa nomination par Brienne comme président de l'assemblée que ce
ministre avait tenté d'opposer aux représentants élus des
trois ordres.

Les séances s'ouvrirent à Romans, le 10 septembre[2], au
milieu d'un grand concours de population. Parmi les assistants venus de Lyon, on remarquait Bergasse, alors dans
tout l'éclat de sa renommée[3]. C'est dans cette circonstance

---

[1] Cité par CHAPUYS-MONTLAVILLE, *Histoire du Dauphiné*, t. II, p. 484.
[2] Cf. le procès-verbal. Bibl. nat., L k¹⁴, 66.
[3] Augustin PÉRIER, *Histoire abrégée du Dauphiné*, p. 92.

que commencèrent, entre Mounier et lui, des relations qui devinrent intimes par la suite.

Dès que l'archevêque fut monté au fauteuil, le comte de Morges déclara que, pour cette fois, ses amis et lui voulaient donner un témoignage de respect à la volonté royale, mais qu'ils réservaient expressément pour l'avenir le droit de l'assemblée d'élire son président. « J'adhère à cette protes-« tation », répondit le prélat, « et j'y joins la mienne. » Ce trait de hardiesse fut couvert d'applaudissements.

A la fin de cette première séance, Mounier fut de nouveau désigné comme secrétaire par d'unanimes acclamations.

On s'occupa immédiatement de rédiger un plan constitutif des états de la province. Comme à Vizille, le projet présenté par le jeune secrétaire fut adopté presque d'emblée; la supériorité de ses talents, l'importance des succès obtenus sous sa direction en faisaient le chef incontesté de ses concitoyens.

Nous n'avons pas à entrer ici dans le détail de cette organisation. Notons seulement qu'elle accordait au tiers état une représentation égale à celle des deux autres ordres, et à la noblesse une représentation double de celle du clergé[1]. Bien entendu, les délibérations étaient communes et le vote avait lieu par tête. Un cens d'éligibilité était exigé pour les trois ordres et un cens d'électorat pour le tiers (ce dernier cens variait selon l'importance des localités, de façon à obtenir dans tous les colléges un nombre sensiblement uniforme d'électeurs). En fixant ainsi pour base au droit de vote le payement d'une contribution foncière, Mounier voulait donner une garantie aux idées modérées. Il espérait que, dans les pays d'élection, le même système serait suivi pour le choix des députés aux États Généraux, et, plus tard, il déplora que la cour eût cédé à la tentation de dominer les

---

[1] Les 144 députés comprenaient 72 membres du tiers, 48 gentilshommes, et 24 membres du clergé.

suffrages en multipliant à l'infini le nombre des votants[1].

Les gentilshommes tinrent, le 18, une assemblée particulière où ils décidèrent que, pour être éligible dans leur ordre, il faudrait quatre générations et cent ans de noblesse, mais qu'exception serait faite en faveur des nouveaux nobles ayant donné des preuves insignes de leur patriotisme dans les premières assemblées du Dauphiné[2].

La constitution provinciale une fois votée, les députés se séparèrent le 27 septembre. Auparavant, on jugea à propos de nommer un président et un secrétaire pour la prochaine session des états. L'archevêque de Vienne, qui s'était conduit de manière à désarmer toutes les préventions, fut maintenu au fauteuil à une très-grande majorité. Mounier fut réélu comme secrétaire[3].

Cependant Necker, revenant sur les mesures impopulaires prises par Brienne, avait rappelé les parlements exilés. Le 12 octobre, le premier président de Bérulle fit à Grenoble une entrée triomphale, sous les arcs de verdure, à travers les rues tapissées de draperies et d'inscriptions; le soir, il y eut une illumination générale et un feu d'artifice. La cour reprit ses travaux le 20; les trois premières audiences se passèrent à recevoir les congratulations des municipalités, corps constitués, congrégations et associations de toute nature. On a conservé ces adresses : elles sont empreintes, pour la plupart, de l'adulation emphatique et banale inhérente à ce genre de littérature. Mais sur la monotonie de l'ensemble se détache la harangue débitée au

---

[1] *Recherches sur les causes qui ont empéché les Français de devenir libres*, t. I, p. 243-244.

[2] Réponse de la commission intermédiaire aux protestations des dissidents, p. 61 des procès-verbaux de cette commission. (Arch. dép. de l'Isère.)

[3] C'est en cette qualité que, le 17 octobre, il adressait à l'intendant (?) (le destinataire n'est pas nommé, mais il est traité de « Monseigneur ») une lettre un peu déclamatoire, pour demander la suppression des 6,000 livres payées annuellement par la province à l'évêque de Grenoble comme président-né des états. (Collection d'autographes de M. Chaper; la lettre est signée : « Mounier, secrétaire des trois ordres du Dauphiné ».)

nom des officiers de la judicature royale de Grenoble. Mounier, qui en était chargé, y a mis sa marque personnelle.
Où les autres saluent naïvement un triomphe de l'autorité
judiciaire, sans rien discerner au delà, lui caractérise en
quelques mots ce qui fait la nouveauté et l'importance de
cette victoire : « On a vu souvent », dit-il, « les cours sou-
« veraines, pour l'intérêt du monarque et de ses sujets,
« résister avec fermeté aux abus du pouvoir ; mais il était
« réservé aux magistrats de ce siècle d'appeler la nation
« au soutien de ses droits, de la réveiller d'un long assou-
« pissement [1]. » Cette observation peut être devenue pour
nous un lieu commun : il y avait quelque mérite à la présenter en 1788.

Un arrêt du Conseil, en date du 22 octobre, approuva le
plan des états provinciaux du Dauphiné, en y apportant
quelques modifications de détail. L'assemblée de Romans
tint une nouvelle session dans les premiers jours de novembre, afin d'examiner ces changements [2]. La déférence envers
l'autorité royale et la gratitude envers le ministre commandaient sans doute aux Dauphinois de se tenir pour satisfaits.
Ils crurent pourtant devoir rejeter tous les amendements
introduits par l'arrêt du Conseil, et Necker acquiesça à leur
détermination par son silence.

L'assemblée s'occupa ensuite de régler l'élection des
députés de la province aux États Généraux du royaume. Il
ne faut pas voir dans cette conduite une usurpation de pouvoirs. Il était de tradition, dans les pays d'états, de confier
à ces états le choix des députés, considéré comme une partie
de l'administration provinciale : du moment où, de l'aveu
du pouvoir central, on réorganisait à Romans cette administration, il n'y avait rien d'illogique à ce que l'assemblée
fixât un point aussi important. N'oublions pas qu'alors la

[1] *Récit des fêtes données à Grenoble, les 12 et 20 octobre* 1788, *au retour du
Parlement*. Bibl. nat., L b³⁹, 6594.
[2] Cf. le procès-verbal. Bibl. nat., L. k·⁴, 69.

forme des élections variait presque avec chaque province, et gardons-nous d'assimiler cet acte à celui d'un de nos conseils généraux qui prétendrait déterminer à sa guise le mode de désignation des députés ou des sénateurs du département.

Du reste, le système adopté présentait une combinaison ingénieuse : il émanait de Mounier, qui, quelques mois plus tard, le préconisa dans un de ses ouvrages pour l'élection des sénateurs[1]. Le collège électoral se composait d'abord des membres des états provinciaux, puis d'un nombre égal de délégués spéciaux, choisis dans des conditions absolument identiques. Ce collége nommait sur une seule liste les députés des trois ordres.

Avant de se séparer définitivement, l'assemblée résolut de donner son avis sur la question, alors soumise aux notables, du doublement du tiers aux États Généraux : elle chargea son secrétaire d'adresser au roi (le 8 novembre) une lettre en faveur de ce doublement. Répandu à profusion dans le royaume, ce document y fit une profonde impression. Par un trait de caractère que nous signalerons maintes fois, loin de décrier la tradition et de se réclamer exclusivement des principes, Mounier invoquait à l'appui de sa thèse les précédents historiques. Sans le doublement du tiers, concluait-il, il serait impossible de vaincre les résistances des privilégiés, et l'on risquerait d'apprendre à l'Europe « que les Français ne savent ni supporter la servi-« tude ni mériter la liberté ».

Quelques jours auparavant, un autre de ses écrits avait excité le même enthousiasme. On se souvient qu'un des arrêtés de Vizille proclamait la renonciation du Dauphiné à ses priviléges, et engageait les autres provinces à suivre cet exemple. Le Béarn, réuni à la couronne à peu près dans les mêmes conditions que le Dauphiné, éprouva des

[1] Considérations sur les gouvernements, p. 40.

hésitations : il lui en coûtait de se dessaisir, au profit des États Généraux, du vote de sa contribution, et de réduire son assemblée provinciale à n'être plus qu'une réunion de répartiteurs. Dans leur embarras, les états de Béarn chargèrent leurs syndics de demander des explications aux Dauphinois. Mounier leur répondit, le 24 octobre 1788, par une lettre qui, en huit pages, résumait admirablement la question[1]. Il y montrait comment les assemblées locales, incapables de se renseigner sur les besoins du royaume, étaient forcées d'accorder, les yeux fermés, les subsides réclamés par le pouvoir, et comment cette prérogative illusoire deviendrait entre les mains des États Généraux une sérieuse garantie. Il rappelait que les privilèges des provinces n'avaient servi qu'à exciter leur jalousie mutuelle et à accroître l'arbitraire ministériel. Il terminait en faisant appel à la générosité des Béarnais et en réclamant d'eux ce sacrifice à la liberté commune.

Le mois suivant, il combattait encore l'esprit particulariste sur un autre terrain. L'idée avait été émise dans quelques villes d'attribuer des députés spéciaux aux commerçants, de façon à en faire sinon un quatrième ordre, du moins une fraction distincte du tiers. Comme, à cette époque, chacun en France avait les regards tournés vers le Dauphiné, les promoteurs du projet en avaient fait part aux négociants de Grenoble. Au nom de ces derniers, Mounier rédigea une réponse qui eut un grand retentissement[2]. Il s'efforçait de prouver qu'aux États Généraux les seuls intérêts de la nation devaient être représentés, et non pas ceux

---

[1] *Lettre écrite par plusieurs citoyens du clergé, de la noblesse et des communes du Dauphiné, à messieurs les syndics généraux des états de Béarn.* Bibl. nat., L b³⁹, 662.

[2] *Réponse des négociants de la ville de Grenoble à messieurs les juges-consuls de Montauban, Clermont-Ferrand, Châlons, Orléans, Tours, Besançon, Dunkerque et Saint-Quentin, et à la Chambre de commerce de Picardie, de Saint-Malo et de l'Isle* (sic) *en Flandre*, 15 pages in-12. Bibl. de Grenoble, u 1966. Ce document porte, entre autres signatures, celles de Périer père et fils, et Mounier frères et fils.

des diverses corporations ou professions ; que, pour fleurir, le commerce n'avait pas besoin d'une protection spéciale, mais uniquement de liberté ; qu'il serait, d'ailleurs, loisible aux négociants d'adresser des pétitions à la barre et de trouver des députés pour les soutenir ; enfin, que les genres de commerce étaient trop nombreux et trop variés pour comporter une représentation commune. Ces raisons furent généralement goûtées, et il ne paraît pas qu'on ait insisté davantage.

Les états provinciaux du Dauphiné, élus d'après le nouveau système, se réunirent à Romans le 1er décembre[1]. A la séance d'ouverture, le comte de Narbonne-Fritzlar, lieutenant du Roi, et le baron de la Bove, intendant, tous deux commissaires royaux, assurèrent l'assemblée de leur sympathie et lui soumirent un programme de travaux. On entendit ensuite des discours du comte de La Blache et de l'archevêque d'Embrun. Le dernier titulaire de ce siége, de fondation très-ancienne, était Pierre de Leyssin, prélat éloquent, ambitieux et décrié pour ses mœurs[2]; il désirait être nommé aux États Généraux, et affectait un grand zèle pour la cause libérale.

Sur son rapport, les états approuvèrent, le 10 décembre, la lettre adressée au roi le mois précédent, proclamèrent une fois de plus l'union des trois ordres de la province, et, en se fondant sur d'anciens usages, prétendirent pour le Dauphiné au droit d'envoyer trente députés aux États Généraux.

Le 16, on détermina le traitement des officiers et des membres du bureau. Le marquis de Blacons, rapporteur, proposait de fixer à quatre mille livres le traitement du

---

[1] Cf. le procès-verbal. Bibl. nat., L k¹⁴, 70.

[2] Cf. Sa correspondance avec madame de Tencin, sa tante, citée par CHAMPOLLION-FIGEAC, *Chroniques dauphinoises*, première période historique, t. I, p. 119-121.

secrétaire, et, de plus, en raison des services considérables rendus par Mounier, de lui allouer une indemnité annuelle et personnelle de mille livres : la motion fut votée avec de grands applaudissements. Le 19, avant de donner lecture du procès-verbal, Mounier, en quelques mots fort dignes, exprima aux états sa reconnaissance.

Le 20, eut lieu l'élection des dix membres qui, avec le secrétaire et les deux procureurs généraux syndics, devaient former la commission intermédiaire, ou de permanence, chargée de représenter les états dans l'intervalle de leurs sessions. Cette commission fut composée en grande majorité d'amis particuliers de Mounier; et nous verrons qu'après les journées d'octobre, elle resta docile à ses inspirations.

Les états décidèrent ensuite que la désignation des députés de la province aux États Généraux se ferait à la fin du mois. On leur a reproché [1] de n'avoir attendu, dans leur impatience, ni l'arrêt du Conseil du 27 décembre, qui tranchait la question du doublement du tiers, ni le règlement du 24 janvier 1789, relatif aux formes des élections; on a voulu voir là une nouvelle marque d'insubordination. Sur le premier point, il se peut que la précipitation des états ait été le résultat d'un calcul. Il n'était rien moins que certain, alors, que le Roi accorderait le doublement du tiers : les Dauphinois, qui connaissaient par expérience la faiblesse du pouvoir en face d'un fait accompli, avaient tout intérêt à brusquer l'élection. Quant au règlement des formes, la province avait fait le sien à Romans, avec l'assentiment au moins tacite de la couronne : rien ne lui commandait donc d'attendre les dispositions générales de janvier. Il ne faut pas perdre de vue que, sous l'ancien régime, la décentralisation touchait dans bien des cas à l'autonomie.

Les délégués adjoints aux membres des états pour l'élec-

---

[1] Cf. Aimé CHEREST, *La chute de l'ancien régime*, t. II, p. 386.

tion prirent séance à côté d'eux le 31 décembre. L'assemblée
commença par ratifier, sur le rapport de l'évêque de Gap,
quelques propositions qui lui étaient faites par une commission spécialement nommée à cet effet. C'est ainsi que le trai
tement des députés de la province aux États Généraux fut
fixé à douze livres par jour, plus une indemnité de voyage
de vingt louis.

La tradition voulait que les opérations électorales fussent
précédées de la rédaction d'un pouvoir, ou *cahier*, qui indiquait aux candidats choisis la conduite à suivre et les griefs
à soutenir au sein des États. L'évêque de Gap annonça que
la commission avait adopté un projet rédigé par Mounier,
et que celui-ci allait en donner lecture.

En cette matière aussi il était réservé au secrétaire
d'entraîner sa province à une innovation. Adversaire résolu
du mandat impératif, il voyait dans les cahiers une application de ce système, et leur attribuait l'échec des précédents
États Généraux. Il fit partager ces idées par la commission
chargée de préparer le travail, et présenta à l'assemblée un
projet d'une hardie simplicité. Les députés du Dauphiné ne
devaient voter sur aucune proposition, tant qu'on n'aurait
pas définitivement décrété le doublement du tiers, la délibération commune et le vote par tête; ces points obtenus,
chacun d'eux recevait le plein pouvoir de *proposer*, *remontrer*,
aviser et consentir [1] au gré de ses inspirations et de sa conscience. Les électeurs saluèrent cette lecture de leurs applaudissements répétés.

Fidèle à sa tactique d'attacher une sanction efficace aux
déclarations de principes, Mounier faisait entrevoir aux privilégiés l'abstention des députés libéraux; il y avait là de
quoi donner à réfléchir aux plus présomptueux d'entre eux.
Le Dauphiné avait pris l'engagement, à Vizille, de ne plus
payer d'impôts que ceux librement consentis par les délégués

[1] Termes de la lettre de convocation, cités par MOUNIER, *Nouvelles observations
sur les États Généraux*, p. 324.

de la nation; à Romans, il interdisait à ses élus de participer
à la consultation, tant que les conditions en seraient déri-
soires; c'était le développement de la même pensée. Quant
à la légalité de cette décision, elle est difficilement contestable. Lorsque des hommes sont conviés à prendre part,
par eux-mêmes ou par leurs représentants, à un acte qui
ne leur semble pas offrir des garanties suffisantes, on leur
a toujours reconnu le droit de répondre par un refus. Les
exemples en sont nombreux dans l'histoire : en 1789 même,
à l'autre extrémité de la France, la noblesse et le haut clergé
de Bretagne ne se conduisaient pas autrement.

Je n'insiste pas sur le silence volontairement observé par
Mounier à l'égard de tout programme politique. Ce n'est
pas qu'il n'eût sur ce point des idées parfaitement arrêtées :
il ne devait pas tarder à les défendre dans ses écrits et à
la tribune de Versailles. Mais il estimait qu'un collège électoral ne pouvait rédiger un plan de réformes constitutionnelles, administratives ou législatives sans sortir de ses attributions et sans lier les mains à ses députés de la façon la
plus fâcheuse. Voilà pourquoi le Dauphiné, après avoir tenu
une telle place dans les préliminaires de la Révolution, ne
collabora pas aux fameux *cahiers* de 1789.

Les élections commencèrent le 1ᵉʳ janvier. Je n'aurais
qu'un mot à en dire, si un ouvrage récemment publié
n'appelait une rectification nécessaire.

« Je ne sais », écrit M. Aimé Chérest, « sur quoi se fonde
« la légende reproduite par divers auteurs, et d'après la-
« quelle Mounier aurait été élu le premier de tous par accla-
« mation, sur la proposition d'un membre de la noblesse,
« le chevalier de Murinais. D'après le procès-verbal authen-
« tique, le scrutin du 1ᵉʳ janvier ne produisit aucun résultat.
« Repris le 2 janvier au matin, Mounier n'y obtint que la
« cinquième place. La première fut attribuée à l'archevêque
« de Vienne. Après lui, viennent trois nobles. Tout ce que

« l'on peut dire, c'est que Mounier fut le premier des
« représentants choisis dans les rangs du tiers état [1]. »

Voilà des affirmations bien nettes, appuyées sur des
documents originaux, et qui semblent ne laisser place à
aucun doute. Mounier, l'orateur acclamé de Vizille et de
Romans, le chef du mouvement qui a préparé les États Généraux, le rédacteur de ces arrêtés qui ont passionné la France,
Mounier n'obtient le mandat de député qu'à un scrutin de
ballottage. Si brusques que soient les oscillations des assemblées électorales, les Dauphinois ont ici dépassé toutes les limites. Une fois de plus, la légende vaut mieux que l'histoire.

Mais, en me reportant à ces procès-verbaux authentiques,
dont M. Chérest indique le recueil [2], j'ai été tout surpris
d'y trouver consignée la prétendue légende. Le procès-
verbal du 31 décembre, après avoir relaté l'adoption du
projet de pouvoirs rédigé par Mounier, continue en ces
termes :

« M. le chevalier de Murinais a dit que M. Mounier,
« rédacteur de ce projet, doit être député aux États Géné-
« raux par acclamation ; ce qui a été accepté par l'assemblée
« avec de grands applaudissements.

« M. Mounier a dit qu'il était trop vivement ému pour
« qu'il lui fût possible d'exprimer l'excès de sa reconnais-
« sance, mais que le règlement ne lui permettait pas d'accep-
« ter l'honneur qu'on voulait lui faire.

« Il a été aussitôt arrêté qu'il sera fait mention dans le
« procès-verbal du choix par acclamation que venait de
« faire l'assemblée en faveur de M. Mounier, et que, cepen-
« dant, sur sa demande, sa nomination serait renouvelée par
« la voie du scrutin. »

Ce passage a évidemment échappé à l'attention de

---

[1] Aimé CHÉREST, *La chute de l'ancien régime*, t. II, p. 389.

[2] *Archives parlementaires*, t. III, p. 79 et s. Du reste, les procès-verbaux
avaient été imprimés, dès 1789, avec ceux des états provinciaux. Bibl. nat.,
L k¹⁴, 70.

M. Chérest. Mais il n'en est que plus surprenant, dira-t-on, de voir Mounier ne pas réunir la majorité absolue au premier tour de scrutin.

Aussi bien, nous relevons ici une nouvelle inexactitude : Mounier a obtenu, *au premier tour, l'unanimité* moins deux voix, la sienne et celle de son père.

Le fait est rapporté par un contemporain, Lally-Tollendal[1], par un témoin, Berriat[2]; celui-ci écrit à Grenoble même, moins de vingt ans après les événements, et entre dans de grands détails. Il y a mieux : un document datant du mois de mai 1789, et portant la signature des vingt-quatre députés du Dauphiné, contient la phrase suivante : « Le rédacteur « des délibérations dont on se plaint aujourd'hui réunit au « scrutin *tous* les suffrages[3]. »

Quant aux procès-verbaux, bien loin de contredire ces assertions, ils les confirment. M. Chérest, qui n'a pas lu celui du 31 décembre, a bien mal lu ceux des jours suivants. Voici comment les choses se passèrent en réalité :

La séance du 1er janvier ne s'ouvrit qu'à quatre heures. On acheva d'abord de délibérer sur les instructions des futurs députés, et le scrutin commença assez tard. Il y avait deux cent quatre-vingt-huit votants, et chaque bulletin comprenait trente noms. Dans ces conditions, on conçoit que minuit ait sonné avant la fin du dépouillement. Citons le procès-verbal :

« A l'heure de minuit, les billets de scrutin, ainsi que les « relevés des suffrages, ont été enfermés, sous deux ca-« chets, par MM. les procureurs généraux syndics.

« M. le président a renvoyé la séance à demain, à neuf « heures du matin, et il a signé. »

---

[1] *Biographie* Michaud, art. *Mounier.*

[2] BERRIAT-SAINT-PRIX, *Éloge historique de M. Mounier,* p. 56.

[3] *Réponse des députés de la province du Dauphiné aux Etats Généraux au nouveau mémoire pour une partie du clergé et de la noblesse de Dauphiné.* Bibl. nat., L e⁴³, 53.

Puis le procès-verbal du 2 débute ainsi :

« Les cachets du scrutin ayant été vérifiés et ensuite
« rompus, on a continué le scrutin... »

« Continué », et non pas « recommencé », comme diront
les procès-verbaux suivants. Le premier tour a pris deux
séances : d'où la méprise de M. Chérest.

Une dernière objection est bien facile à écarter : Mounier
ne figure qu'au cinquième rang parmi les onze élus du
2 janvier. En sa qualité de secrétaire des états, c'était lui
qui tenait la plume. Ennemi résolu des privilèges abusifs,
il avait l'âme trop bien placée pour ne pas respecter les prérogatives honorifiques des deux premiers ordres. Grâce à
ses efforts, le Dauphiné n'avait qu'un seul corps électoral :
satisfait de ce résultat, il classa les députés d'après les vieilles
règles de préséance : d'abord l'archevêque, seul membre du
clergé nommé au premier tour, puis les trois gentilshommes,
et en dernier lieu les représentants du tiers.

Les élections se terminèrent le 7 janvier. Un courrier de
Versailles apporta, ce jour-là, l'arrêt du Conseil relatif au
doublement du tiers, qui fut accueilli avec de vifs transports de joie. Il annonçait aussi que le roi avait fixé à vingt-
quatre le nombre des députés de la province ; l'assemblée,
qui avait fait trente choix, décida que les six derniers élus
seraient considérés comme suppléants.

En m'étendant sur des détails de scrutin, je n'ai pas cédé
au vain plaisir de prendre en faute un auteur malheureusement frappé par la mort au cours de la publication d'un
ouvrage considérable. Il m'a paru nécessaire d'établir que
Mounier, jusqu'à l'ouverture des États Généraux, a conservé
dans sa province une popularité sans égale. On comprend
mieux, dès lors, ses espérances; on s'explique comment son
plan de réformes politiques lui parut facile à réaliser : il
jugeait la France à la mesure du Dauphiné. Nous avons sur
ce point le plus précieux des témoignages; voici ce que,
trois ans plus tard, il écrivait de l'exil :

3.

« Tout ce qui s'est passé dans ma province pendant
« près d'une année avant l'ouverture des États Généraux
« était bien propre à me nourrir d'illusions, à déguiser les
« obstacles. Quand je réfléchis à tout ce que nous avions
« obtenu en Dauphiné, par la seule puissance de la justice et
« de la raison, je vois comment j'ai pu croire que les Fran-
« çais méritaient d'être libres. Les dernières classes du peuple
« attendaient, dans le calme, le résultat de nos travaux.
« Jamais la multitude n'influa sur nos assemblées. Les spec-
« tateurs se tinrent toujours dans les bornes de la décence,
« et les suffrages furent parfaitement libres. Le clergé et la
« noblesse se montraient généreux, les membres des com-
« munes modérés. Beaucoup de ceux qui se distinguent
« maintenant en Dauphiné par leur zèle pour les nouvelles
« institutions n'étaient alors, comme aujourd'hui, que les
« vils agents du despotisme. Rien ne pouvait annoncer qu'ils
« séduiraient un jour la multitude jusqu'au point de la con-
« vaincre de leur amour pour la liberté. Quelques membres
« de nos états ont voulu cependant se rendre célèbres en se
« plaçant dans le nombre des ennemis du trône; mais alors
« ils professaient les mêmes opinions que moi [1]. »

L'histoire n'a rien à changer à ces paroles. Avant de
quitter le Dauphiné pour un théâtre plus vaste, nous devons
un dernier hommage à la conduite de ses habitants. Sans nul
doute, elle a été inspirée par Mounier; mais là où les passions sont déchaînées, les plus sages conseils restent sans
efficacité, comme la suite de ce récit nous en montrera de
tristes exemples. Une révolution préparée pacifiquement,
accueillie avec enthousiasme par ceux-là mêmes à qui elle
doit imposer des sacrifices; une crise politique à laquelle
président le désintéressement et la modération : ce sont là
des faits assez rares pour mériter le respect des partis et les
louanges de la postérité.

[1] *Recherches sur les causes qui ont empêché les Français de devenir libres,*
t. I, p. 234.

CHAPITRE III

Nouvelles observations sur les États Généraux.

La session des états provinciaux se prolongea jusqu'au 16 janvier. Les dernières séances virent éclater des divisions regrettables. Quelques membres du clergé et de la noblesse, dépités de ne pas avoir rallié la majorité des suffrages, s'avisèrent, les opérations électorales une fois terminées, d'en contester la légalité : c'est ce qu'on appela le parti des *dissidents*. L'archevêque d'Embrun, qui avait hautement soutenu les résolutions adoptées, n'hésita pas à se mettre à la tête de cette opposition et à désavouer bruyamment son prétendu égarement. Il lui échappa un jour, dans la chaleur de la discussion, de dire qu'avec le système suivi dans les élections, les deux premiers ordres étaient f..... « Monseigneur vient de parler en capitaine de dragons », repartit le comte de La Blache; « je vais m'efforcer d'opiner « en prélat [1]. »

Les manœuvres des dissidents continuèrent après la clôture de la session. Ils adressèrent à la cour de volumineux mémoires, et ne reculèrent pas devant la supposition de certaines signatures [2] pour donner plus de poids à leurs réclamations.

La Blache, revenu à Paris après les élections, conjurait

---

[1] Augustin Périer, *Histoire abrégée du Dauphiné*, p. 99.

[2] Cf. les lettres de désaveu. Procès-verbaux de la commission intermédiaire, p. 69 et 76. (Arch. dép. de l'Isère.)

de son mieux l'effet de ces menées. Mais il avait peine à suffire à la tâche, et le 2 mars, Virieu, en correspondance assidue avec lui, écrivait à Mounier qu'il était urgent d'aller le renforcer : il s'offrait, d'ailleurs, à partir dans quelques jours[1].

La commission intermédiaire, chargée de représenter les états et de faire respecter leurs décisions, agit avec promptitude. Le 8, elle donna mission à son président, le marquis de Viennois, d'assister en personne le comte de La Blache auprès des ministres[2]. Le 19, informée que Virieu se disposait à les rejoindre, elle l'engageait à agir de concert avec eux[3] (les trois gentilshommes, députés l'année précédente pour soutenir les griefs de leur ordre, défendaient cette fois les intérêts de toute la province). Enfin, le 25 mars, la commission intermédiaire votait une protestation solennelle, où la main du secrétaire se montrait clairement[4] : modéré dans la forme, ce document réduisait à néant les griefs allégués contre la validité de l'élection; après avoir relevé, d'une façon fort digne, les critiques que les dissidents s'étaient permises au sujet de la personne ou de la condition des élus, Mounier, se retournant contre eux, faisait ironiquement ressortir la duplicité de leur conduite et l'heure tardive de leurs scrupules.

Avant que cette pièce eût pu parvenir à destination, de mauvaises nouvelles arrivèrent de Paris : les ministres, trompés par les intrigues de M. de Leyssin, paraissaient disposés à convoquer de nouveau les députés aux états provinciaux et leurs adjoints, pour faire recommencer l'élection.

La commission intermédiaire comprit qu'il fallait tenter un suprême effort. Le 3 avril, comme un général qui engage

---

[1] Bibl. de Grenoble, fonds Mounier.
[2] Procès-verbaux, p. 36.
[3] *Ibid.*, p. 44.
[4] *Ibid.*, p. 48-63.

ses réserves, elle envoya Mounier à la cour[1]. L'archevêque
de Vienne se joignit à lui.

Mais Virieu, avec sa vivacité ordinaire, avait sans doute
grossi le danger, car le 7, le ministère se décida à adresser
des lettres de convocation aux députés du Dauphiné. Mounier apprit, en débarquant à Paris, que son voyage était
désormais sans objet : dès le 16, de retour à Grenoble, il
rendait compte à la commission de ce qui s'était passé[2].

Si courte qu'eut été son absence, il avait pu récolter les
témoignages de la popularité attachée à son nom et les pré-
sages du rôle qui semblait l'attendre. Il fut présenté au roi
par l'archevêque de Vienne; comme Louis XVI remerciait
le prélat « d'avoir sauvé le Dauphiné » : « Sire », répondit
Pompignan, « ce n'est pas moi, c'est notre secrétaire géné-
« ral[3]. » On lui fit partout l'accueil le plus empressé, et
Camille Desmoulins exagérait à peine, lorsque, plus tard, il
raillait en ces termes l'exilé sur sa célébrité passée :

« Depuis l'Œil-de-Bœuf jusqu'au port Saint-Nicolas, le
« nom de M. Mounier volait de bouche en bouche. C'est ce
« grand homme, disait-on, qui le premier a fait accoucher
« la constitution à l'assemblée provinciale de Romans; c'est
« lui qui sera le restaurateur de la France[4]. »

Cette grande réputation résultait avant tout de la part
prépondérante prise par Mounier aux événements du Dauphiné. Mais elle avait reçu comme un lustre nouveau d'une
brochure politique qu'il venait de faire paraître dans les
premiers jours du mois de mars[5].

Nous l'avons vu jusqu'ici plus occupé à agir qu'à déve-

---

[1] *Procès-verbaux*, p. 78.

[2] *Ibid.*, p. 96. Il présenta un état de dépenses montant à 840 livres.

[3] *Biographie* Michaud, art. *Mounier.*

[4] *Révolutions de France et de Brabant*, t. I, p. 29.

[5] Cette date résulte d'une lettre que lui écrivait, le 16 mars, le sieur Euchet,
chargé de ses intérêts à Paris. Bibl. de Grenoble, fonds Mounier.

lopper des théories. Soucieux d'assurer à sa province, et par elle à son pays, un régime de liberté, il ne s'était pas mêlé à la foule des publicistes qui inondaient le royaume de leurs dissertations et le plus souvent de leurs utopies. Après les élections, le moment lui sembla arrivé de s'adresser directement à l'opinion publique, et de tracer un programme pour les États qui allaient se réunir. L'ouvrage qu'il composa à ce sujet eut deux éditions en quelques semaines[1]. Une analyse succincte nous montrera la légitimité de ce succès.

Mounier s'excuse, dans un *avertissement,* des incorrections dues à la rapidité avec laquelle il a écrit. La précaution est à peine justifiée : le lecteur est frappé au premier abord par la simplicité du ton, la vivacité de l'allure, la fermeté de l'expression. Ce sont partout et toujours précieuses qualités, mais principalement à une époque où la rhétorique et l'emphase règnent presque sans conteste. Mounier se distingue à cet égard de la plupart de ses contemporains. Je n'irai pas jusqu'à prétendre qu'il ne tombe jamais dans la déclamation : nul ne peut se soustraire entièrement à ces influences épidémiques qui sévissent sur toute une génération. Mais si chez lui les mots recouvrent parfois trop pompeusement les idées, ils n'en tiennent jamais la place.

Son grand mérite est de rester franchement à l'écart des systèmes métaphysiques, d'invoquer sans cesse l'expérience, alors que l'école de Rousseau réunit un si grand nombre d'adeptes. Pénétré de l'exemple de l'Angleterre, il se défie des tables rases en politique, et veut améliorer l'état de choses que d'autres rêvent de détruire. La pensée de refondre la France entière sur un modèle nouveau lui semble insensée ou criminelle : ses vœux se bornent à l'établissement d'une constitution.

Dès les premiers mots de l'*introduction,* il ne dissimule

[1] *Nouvelles observations sur les États Généraux de France,* par M. MOUNIER, secrétaire des états de la province du Dauphiné. 1789; 282 pages in-12.

pas que l'heure est solennelle pour les amis de la liberté :
« Les États Généraux vont justifier ou détruire nos espé-
« rances. » Et, indiquant en quelques mots le but à atteindre,
il parle ainsi de l'ancien régime :

« Les Français auront donc mérité les reproches de leurs
« descendants... s'ils ne parviennent pas à dissiper ce
« chaos où chaque ordre, chaque province, chaque corps,
« chaque individu invoquent des privilèges et des titres ; où
« la liberté est sans cesse froissée dans le choc de préten-
« tions diverses ; où le meilleur prince se trouve privé de
« tous les moyens de se garantir de l'erreur, de la surprise
« et de la flatterie ; où souvent il est réduit, pour conserver
« sa puissance légitime, à se servir des ordres absolus et
« de la force militaire ; où les droits des hommes n'ont
« d'autre appui que la douceur des mœurs et les lumières
« du siècle[1]. »

On se tromperait en attribuant cette page à la passion
d'un jeune révolutionnaire, bientôt assagi par de cruelles
épreuves. Mounier a pu regretter certains actes de sa vie
politique : son jugement sur l'ancien régime n'a jamais
varié. En 1792, à la veille du 10 août, dans un écrit où il
conclut en demandant pour Louis XVI un pouvoir dictato-
rial, il exprime les mêmes idées avec une énergie peut-être
supérieure[2]. En face des témoignages de cette nature, les
plus brillantes tentatives de réhabilitation viennent échouer :
il faut qu'un gouvernement ait de grands vices, pour provoquer de telles plaintes de la part d'esprits aussi modérés.

Les deux premiers tiers de la brochure sont consacrés à
l'étude rétrospective des différentes assemblées d'États
Généraux depuis l'origine de la monarchie. Bien loin de les
confondre toutes dans un dédain philosophique, l'auteur y
cherche des arguments en faveur du vote de l'impôt et de

[1] *Nouvelles observations,* p. 6.
[2] Cf. un fragment inédit, assez long, écrit sans doute pendant l'émigration. (Arch.
de la Société éduenne.)

la délibération par tête. Il s'étend sur les États de 1483,
qui furent bien près de réaliser son idéal, et votèrent
même la périodicité des assemblées. Par contre, son jugement est sévère sur les États de 1576, de 1588 et de 1614 :
il y montre le bien public pâtissant de la division des
ordres, le pouvoir absolu attisant les jalousies, le tiers état
soumis pour la première fois à un cérémonial humiliant.
Toute cette partie semble le commentaire anticipé du mot
de madame de Staël : « C'est l'arbitraire qui est nouveau,
« et la liberté qui est ancienne. »

Chemin faisant, Mounier, à propos de la composition des
États Généraux, rencontre la question assez délicate de
l'origine et de la raison d'être de la noblesse. Il maudissait
autant que personne le règlement de 1781 et les mesures
analogues, qui ne tendaient à rien moins qu'à soumettre la
France au régime des castes. Va-t-il donc tenir un langage
de niveleur, et se faire l'apôtre de cette égalité envieuse qui
bientôt décrétera l'abolition des titres ? Il est inaccessible à
de tels sentiments, et précise, au contraire, la situation légitime de l'aristocratie :

« Le respect pour le sang des grands hommes a été de
« tous les temps et de tous les pays. Dans les républiques
« les plus amies de l'égalité, on a toujours dit, avec une
« sorte d'orgueil : Mon père a sauvé la patrie ou s'est
« dévoué pour elle...

« Le gouvernement doit donc, à mérite égal, la préférence
« pour les emplois civils et militaires aux descendants de
« ceux qui ont obtenu la reconnaissance publique... Mais
« il faut craindre qu'en multipliant à l'excès les faveurs sur
« les descendants des grands hommes, on ne les dispense
« de le devenir à leur tour, et qu'en même temps on n'em-
« pêche les grands hommes de se former parmi les autres
« citoyens.

« Les premiers héros sont nécessairement sortis de la
« foule. S'il suffit, pour obtenir toutes les faveurs qu'ils

« méritaient, d'être de leurs familles, et s'il est impossible
« à ceux qui n'en sont pas de marcher sur leurs traces, il
« faudra bien se résoudre à ne plus trouver des héros que
« dans l'histoire... La nature a mis une fois l'héroïsme dans
« le cœur d'une jeune fille qui, après avoir gardé les trou-
« peaux, sauva le monarque et le royaume[1]. »

L'étude directe des questions alors agitées dans l'opinion
commence avec le chapitre xxii, intitulé : *Nécessité d'établir
une constitution.*

Il se trouvait des personnes pour nier cette nécessité et
soutenir que les principes du gouvernement français étaient
fixés par des traditions séculaires. En les réfutant, Mounier
fait observer d'abord que le mot de monarchie n'implique
nullement l'existence de règles précises, mais la présence
d'un roi à la tête du pouvoir, et que monarchie sans constitution est synonyme d'arbitraire. Et, énumérant les divers
objets que doit embrasser une constitution, il s'exprime
ainsi à propos du pouvoir législatif :

« Nous n'avons pas même des lois, car des décisions pas-
« sagères, qui changent au gré des ministres, et dont la
« plupart ne sont pas exécutées, ne sauraient mériter ce
« nom ; nous le donnerons bien moins aux compilations de
« Justinien, qui, dans les provinces méridionales, sont un
« sujet éternel de dissertations pour les jurisconsultes, de
« ruine pour les plaideurs et de jugements arbitraires pour
« les tribunaux[2]. »

Le pouvoir judiciaire ne lui semble pas mieux défini ; il
résume en ces termes une appréciation que les plus
ardents défenseurs de l'ancien régime ne sauraient contester :

« Parcourez les annales des tribunaux, vous serez con-
« vaincu qu'ils n'ont jamais eu sur leurs prérogatives des

[1] *Nouvelles observations*, p. 20-22.
[2] *Ibid*, p. 185.

« principes constants. Dans un temps, ils ont ordonné l'o-
« béissance passive en faveur du monarque; dans un autre,
« ils se sont bornés à faire de très-humbles remontrances,
« en reconnaissant que le prince, s'il persistait dans ses
« projets, aurait le droit de faire observer son édit. Dans
« un autre temps, ils ont soutenu que la vérification des or-
« donnances devait être tellement libre, qu'ils pussent jouir
« d'un droit pareil à celui du roi d'Angleterre, du droit de
« rejeter les lois qui leur étaient adressées, en se réservant
« cependant la faculté de faire des règlements sans le con-
« cours d'aucun autre pouvoir[1]. »

Mais, tout en dénonçant les abus avec fermeté, Mounier ne
tombe pas dans l'excès qui perdra la Constituante; il prêche
le respect des institutions nécessaires, et reconnaît les garanties dont on doit entourer la magistrature.

« La nation, en réformant les abus de l'administration ju-
« diciaire, n'oubliera point que, dans un État libre, la loi doit
« être sacrée; que les tribunaux doivent être chargés uni-
« quement du soin d'en prononcer les dispositions, mais
« qu'ils doivent participer, comme organes de la loi, à la
« majesté de son caractère; et l'on évitera sans doute tout
« ce qui pourrait dégrader la dignité d'une fonction aussi
« noble, aussi imposante[2]. »

C'est la même sagesse qui, après une vive critique des
lettres de cachet, lui faisait ajouter :

« En mettant la liberté personnelle à l'abri de toute
« atteinte, il sera donc indispensable d'arrêter, par des
« règles positives, toutes les entreprises sur le pouvoir légi-
« time de la couronne[3]. »

A la lecture de ces pages, où déborde le bon sens, on se
demande qui pouvait bien alors soutenir que la France possédait une constitution. Hélas! ce n'est pas la seule fois que

---

[1] *Nouvelles observations,* p. 190.
[2] *Ibid.,* p. 194.
[3] *Ibid.,* p. 195.

l'intérêt personnel ait étouffé la voix de la vérité, et Mounier met le doigt sur la plaie, quand il dit que chacun « a qualifié « de loi fondamentale l'abus qu'il voulait maintenir [1]. » Ces prétentions contradictoires l'autorisent à conclure : « Rien « ne prouve mieux, sans doute, le défaut absolu d'une « constitution, que nos disputes éternelles sur son caractère « et sa durée[2]. »

Une tâche délicate restait à accomplir, et Mounier l'aborde un peu plus loin. Ceux qui affirmaient l'existence actuelle d'une constitution invoquaient le grand nom de Montesquieu. On sait, en effet, qu'au troisième livre de l'*Esprit des lois*, consacré au principe des divers gouvernements, démocratie, aristocratie et autocratie, l'illustre publiciste distingue deux formes de l'autocratie, la monarchie et le despotisme. L'une a pour base l'honneur et la présence d'une noblesse, l'autre la crainte et l'égalité parfaite des sujets; l'une repose sur des fondements fixes, l'autre sur le caprice du maître.

Il n'est pas malaisé de deviner ce qui a pu conduire Montesquieu à une division aussi factice. Les écrivains jouissaient alors d'une liberté fort relative, notamment en tout ce qui touchait à la politique. Un trop lourd bagage de vérités eût sans doute fait sombrer le livre : l'auteur prit le parti d'en jeter un certain nombre à la mer, pour sauver plus facilement le reste. On ne lui aurait pas pardonné de ranger les gouvernements français et turc sous la même étiquette; il établit un groupement artificiel. Peut-être même, par un effet de cet amour-propre national qui est si violent chez les grandes âmes, répugnait-il à constater hautement dans sa patrie le règne du bon plaisir. Néanmoins, on entrevoit çà et là le demi-sourire de l'homme d'esprit (j'allais dire du Gascon) qui n'est pas dupe de son propre système.

---

[1] *Nouvelles observations*, p. 195.
[2] *Ibid , ibid*.

La comparaison entre la monarchie et le despotisme se termine ainsi : « De quelque côté que le monarque se tourne, « il emporte et précipite la balance, et est obéi. Toute la dif-« férence est que, dans la monarchie, le prince a des lu-« mières, et que les ministres y sont infiniment plus habiles « et plus rompus aux affaires que dans l'état despotique [1]. » J'ai peine à croire que Montesquieu se fît illusion sur les « lumières » de Louis XV et l' « habileté » du duc de Bourbon; il semble que, par ces derniers mots, il ait pris soin de faire ressortir lui-même l'inanité de sa théorie [2].

Ainsi, comme les rhéteurs de l'antiquité louaient chez les tyrans les vertus qui leur faisaient défaut, Montesquieu parlait aux Français de leur constitution, pour leur inspirer le désir d'en posséder une. Mais, en 1789, les privilégiés affectaient (et c'était de bonne guerre) de prendre ses allégations au pied de la lettre; quand on les entretenait de la nécessité de donner au royaume une loi fondamentale, ils s'écriaient : « Vous n'avez donc pas lu le président? » Des brochures paraissaient, qui, pour défendre la séparation des ordres et le maintien des abus, s'appuyaient sur les doctrines de l'*Esprit des lois* [3].

De pareilles argumentations ne pouvaient rester sans réponse. D'un autre côté, Montesquieu avait vulgarisé en France

---

[1] *Esprit des lois*, l. III, ch. x.

[2] M. Taine (*La Révolution*, t. III, p. 420, en note) soutient que l'étude des documents montre la « justesse » et la « profondeur » de la définition de Montesquieu. Nous sera-t-il permis de relever chez l'éminent académicien une apparence de confusion? Que, dans l'ensemble de l'ancienne société française, les mœurs eussent l'honneur pour fondement, les démagogues de bas étage le nient seuls, et M. Taine l'a admirablement établi. Mais Montesquieu allait plus loin, et faisait de l'honneur la base essentielle du gouvernement. Or, Mounier n'était pas embarrassé pour lui répondre qu'un sentiment, surtout aussi vague, aussi relatif, ne saurait équivaloir à une garantie légale. Un pouvoir limité par la conscience du potentat ne se distingue pas, en théorie, d'un pouvoir illimité. Louis XIV n'a jamais failli à l'honneur, et on cite rarement son règne comme un modèle de gouvernement constitutionnel. En 1774, les rentiers auraient préféré une chambre des représentants à l'honneur de l'abbé Terray.

[3] *Opinion du président de Montesquieu sur la question des délibérations par tête ou par ordre*. Bibl. nat., L. b[39], 6720.

le principe de la séparation des pouvoirs; il avait fait connaître les éléments de la constitution anglaise, plus tard approfondie par Delolme; les partisans de la monarchie tempérée lui avaient de grandes obligations. En dénonçant sous sa plume une apologie du gouvernement arbitraire, on risquait de faire le jeu des sectateurs de Rousseau. Au moment où les idées modérées subissaient le rude assaut de la métaphysique, était-il opportun d'ébranler l'autorité de leur plus illustre représentant?

Il paraît bien que Mounier hésita, puisqu'au lieu de rattacher cette controverse à la nécessité d'une constitution, il la rejeta quelques pages plus loin. Mais il était incapable de sacrifier à personne la sincérité de son langage, et, sa résolution prise, il fit franchement justice des arguties de Montesquieu :

« La distinction entre la monarchie et le despotisme est
« absolument chimérique. La monarchie de Montesquieu
« n'est point celle qui est tempérée par les lois. C'est un
« véritable despotisme, qui observe des formes et des usages
« lorsque son intérêt n'exige pas la violence, mais qui
« les méprise impunément toutes les fois qu'il en a la
« volonté[1] ».

La nécessité d'une constitution une fois établie, Mounier passe en revue les différents obstacles qui se présentent, et d'abord les privilèges des provinces. Si considérables que fussent les vices de cette organisation, il n'en parle pas avec cet esprit d'unitarisme que la Constituante et la Convention légueront au premier consul. Fidèle aux principes exprimés dans les arrêtés de Vizille et la *Lettre au Béarn*, il leur donne la plus sage des formules :

« Il faut que ce qui est juste et utile dans les privilèges
« des provinces devienne commun à tout le royaume, et que
« ce qui est nuisible au bien général soit abrogé[2]. »

[1] *Nouvelles observations.* p. 215.
[2] *Ibid.*, p. 197.

Les défenseurs obstinés de ces privilèges invoquaient l'exemple des États de l'Union américaine et des cantons suisses. Mounier n'a pas de peine à montrer combien le régime fédératif est contraire à la nature et au passé de la France ; puis il adjure en ces termes les pays d'états :

« Bourguignons, Bretons, Provençaux, Languedociens, « Béarnais..., serez-vous si jaloux de quelques privilèges « tant de fois violés, que vous puissiez refuser de devenir « plus heureux parce que les autres Français le seraient « avec vous ?[1] »

Son langage n'est pas moins conciliant quand il s'adresse aux deux premiers ordres. Il revient avec éloge sur l'institution de la noblesse, dont il approuve entièrement le principe. Il s'attache seulement à prouver par des exemples que le cours des temps n'a cessé de voir tout à la fois se restreindre le nombre des gentilshommes et s'allonger la liste des emplois qui leur étaient réservés. Il peint le pouvoir politique de la noblesse annihilé, son rôle en tant qu'ordre détruit, et toute l'influence réelle concentrée dans un petit groupe de courtisans : en s'unissant aux autres citoyens, les privilégiés échangeront donc une autorité nominale contre des droits effectifs.

Il exalte l'arrêt sur le doublement du tiers, rend l'hommage, alors obligatoire, aux talents comme aux vertus de Necker, et aborde l'examen des pouvoirs qu'on doit confier aux députés. La tradition voulait que tous les cahiers de doléances d'un même gouvernement fussent compilés entre eux, puis qu'on résumât encore ces compilations en un cahier unique, qui était censé contenir l'expression exacte des vœux de la France. Mounier épuise ses sarcasmes contre l'usage qui permet ainsi à un bailliage de faire obstacle au sentiment général, et réduit l'élu à n'être que le commissionnaire de ses électeurs. Il donne contre le mandat impé-

---

[1] *Nouvelles observations*, p. 200.

ratif les raisons qui l'ont fait proscrire par la plupart de nos constitutions, et montre l'Assemblée fatalement condamnée à l'impuissance par cette obligation pour chacun de se référer à la lettre de ses pouvoirs : « Il serait bien inconsé- « quent », fait-il observer, « d'envoyer des députés ; il serait « alors beaucoup plus simple de n'envoyer que des cahiers[1]. »

Tout au plus, par un de ces tempéraments qui lui sont familiers, admet-il des mandats pour les prochains États Généraux, parce qu'ils exerceront le pouvoir constituant, et qu'à ce point de vue on conçoit une délégation plus rigoureuse ; mais cet usage devra être aboli par la suite. Et encore le secrétaire des états du Dauphiné n'hésite-t-il pas à préférer le parti adopté (sur son initiative) par cette province, qui a délivré un blanc-seing à ses députés, à condition que les débats présenteraient certaines garanties[2].

La transition est toute naturelle pour traiter de la délibération par tête. La réforme ou le maintien des abus semblait dépendre de la solution qu'on donnerait à cette question. Elle absorbait à ce point les esprits, que toute autre appréhension disparaissait, et Mounier traduisait le sentiment général en écrivant :

« Le jour même où l'on adoptera la délibération par tête « doit être un jour d'allégresse pour la France entière. Tous « les citoyens peuvent être dès lors assurés de voir établir « une constitution qui fera leur félicité[3]. »

Les partisans de la délibération par ordre ou d'un système mixte (comme l'évêque de Langres, qui voulait réunir les prélats à la noblesse et le bas clergé au tiers) alléguaient l'exemple de la Chambre des lords. Mounier connaissait trop bien la constitution anglaise pour se laisser arrêter par une pareille objection. Il établit en quelques mots que les lords, pourvus seulement de prérogatives personnelles et honori-

---

[1] *Nouvelles observations,* p. 230.
[2] *Ibid.,* p. 233-240.
[3] *Ibid.,* p. 241.

fiques, n'ont aucun rapport avec les représentants d'une caste privilégiée. En Angleterre, dit-il, « un membre de la « Chambre haute n'est pas intéressé à s'opposer au bonheur « du peuple, puisqu'il nuirait alors à sa propre famille [1] ». En France, au contraire, « former plusieurs Chambres par la « séparation des ordres, ce ne serait point imiter l'Angle- « terre, ce serait simplement diviser le peuple français en « trois ou deux parties [2] ».

Ce n'est pas qu'il n'espère voir son pays doté à bref délai des institutions britanniques : il nous initiera plus loin à ses plans de réorganisation. Mais, par une distinction dont les législations offrent divers exemples, qu'on retrouve notamment dans notre constitution de 1785, et qui, en 1789, s'appuyait sur des motifs d'une importance toute spéciale, Mounier, partisan de la division du pouvoir législatif, voulait la concentration de l'autorité constituante. Il rappelait que l'Angleterre n'avait pas dû ses libertés à une décision séparément consentie par deux Chambres, et s'écriait à ce propos :

« Nous aurons sur l'Angleterre un bien précieux avan- « tage, si les ordres sont réunis. Que de larmes, que de sang « a coûté sa constitution ! Plusieurs générations se sont dé- « vouées, pour l'obtenir, aux fureurs des guerres civiles. Une « constitution formée par la violence ne saurait être parfaite ; « la violence ne médite point ; elle place impérieusement « l'abus à côté du bien, sur les mêmes bases. Mais nous, « c'est sur la fin du dix-huitième siècle, sur la fin d'un siècle « où la philosophie a si courageusement défendu les droits « des hommes ; c'est au sein de la paix, c'est sous le règne « d'un monarque bienfaisant, sous un ministre dont la « nation entière révère les talents et les vertus, que s'éta- « blira notre constitution [3]. »

Il est facile, aujourd'hui, d'accuser Mounier d'impré-

---

[1] *Nouvelles observations*, p. 245.
[2] *Ibid.*, p. 246.
[3] *Ibid.*, p. 250.

voyance : n'oublions pas que rien ne pouvait lui faire soupçonner l'imminence de la catastrophe, et que la vraie responsabilité pèse sur d'autres mémoires. L'éventualité d'un
excès dans la révolution se présente bien à lui; mais il l'é-
carte immédiatement par cette réflexion :

« Pour qu'une assemblée de ce genre fût susceptible d'a-
« gir avec passion, pour qu'elle eût oublié l'importance des
« prérogatives du trône et le danger de la démocratie, il
« faudrait..... que ses membres fussent aigris par le souve-
« nir de l'oppression et animés du désir de la vengeance[1]. »

L'auteur de ces lignes ne se doutait guère qu'elles con-
tenaient une sinistre prophétie. Le jour où les privilégiés se
refuseront à de justes concessions, où la royauté paraîtra
seconder leur résistance, le peuple, exaspéré, cédera aux
perfides excitations des démagogues. Mais comment s'attendre à d'aussi imprudentes provocations?

Le but de l'ouvrage est surtout de déterminer dans quelles
formes on délibérera aux États Généraux. Mounier ne pouvait pourtant se dispenser d'indiquer ses idées sur le fond
même de ces délibérations, et le dernier chapitre contient
un plan résumé de constitution. Il y pose les principes que
nous lui verrons défendre à Versailles : attribution du pouvoir exécutif au roi; division du pouvoir législatif entre le
roi et deux Chambres; éligibilité des citoyens de tout ordre
à la Chambre basse, sous certaines conditions de cens. Quant
à la Chambre haute, elle serait composée des princes du
sang, de pairs héréditaires et de membres élus par les provinces; pour y siéger, il faudrait être noble ou anobli.

Au moment de poser la plume, la confiance de Mounier
se voile de mélancolie; il songe aux difficultés que vont soulever les défenseurs de l'ancien ordre de choses; il en sup-
pute le nombre avec effroi :

« Combien d'hommes déclarent qu'ils sont satisfaits de la

[1] *Nouvelles observations,* p. 264.

4.

« constitution présente, c'est-à-dire qu'ils sont satisfaits de
« n'en avoir point! Combien d'hommes sont intéressés à la
« conservation de tous les abus! Tant de courtisans, tant
« d'agents subalternes du despotisme, et ceux qui s'enri-
« chissent dans les finances, et cette armée si nombreuse
« des gens de loi, qui environnent l'affreux labyrinthe de
« notre législation, et qui profitent de son obscurité[1]! »

C'est aux privilégiés que s'adresse sa péroraison. Il leur
représente vivement les avantages de la liberté et les supplie
une dernière fois de ne pas mettre plus longtemps obstacle
au bien commun.

Voilà le résumé trop incomplet de cette remarquable brochure. On n'a pas manqué de dire qu'elle appartenait à la
période « révolutionnaire » des opinions de Mounier ; je me
suis efforcé de montrer combien l'assertion est peu exacte.
Une œuvre de cette nature n'est pas et ne peut pas être l'exposé d'un corps de doctrines; il faut faire face à l'ennemi le
plus pressant : c'était alors le privilège. Néanmoins, la modération des sentiments, la sagesse des idées frappent tout
lecteur impartial : d'Antraigues et Sieyès ont un autre langage, et, dans quelques mois, le député de Grenoble pourra
justement se vanter de n'avoir pas changé d'opinion.

[1] *Nouvelles observations,* p. 260.

CHAPITRE IV

On a vu que Mounier nourrissait peu d'illusions sur la générosité des privilégiés : les événements ne lui donnaient
que trop raison. L'arrêt du Parlement de Paris, les décisions
de l'assemblée des Notables avaient trouvé parmi les deux
premiers ordres plus d'écho que les résolutions du Dauphiné.
Contraints par la nécessité à abandonner l'exemption de
l'impôt, ils entendaient bien limiter là leurs sacrifices : le
monopole des emplois militaires et des hautes charges de
judicature, les droits féodaux, la distinction des ordres surtout devaient, selon eux, recevoir des prochains États une
nouvelle consécration. C'est dans cet esprit qu'avaient été
faites la moitié des élections du clergé et presque toutes
celles de la noblesse.

Le tiers état connaissait ces dispositions défavorables ;
pour en triompher, il comptait peu sur la logique et l'équité,
qui sont de médiocres avocats en face de l'intérêt personnel.
Ces bourgeois en qui on se plaît à dénoncer dès lors de fougueux révolutionnaires, et dont plusieurs ne devaient pas
tarder à le devenir, mettaient leur principal espoir en deux
hommes : le roi et le directeur général des finances.

Ils se rappelaient la longue lutte de la monarchie contre
la féodalité. Sans doute, l'aristocratie, depuis Richelieu et
Louis XIV, ne possédait plus de pouvoir politique redoutable;
mais le temps n'était-il pas venu de récompenser les com-

munes de leur longue fidélité? de réduire leurs charges
en les répartissant d'une façon plus équitable? Sans doute
encore, le tiers état poursuivait l'établissement de la liberté
politique en France et la restriction de l'arbitraire; mais les
privilégiés voulaient aussi cette restriction au profit d'une
oligarchie. Entre les deux perspectives, ne valait-il pas
mieux choisir celle qui assurait à la royauté les alliés les plus
nombreux, et s'attacher à jamais la reconnaissance de la
nation?

D'ailleurs, l'héritier de Louis XIV n'avait guère de l'autocratie que l'apparence : la réalité en appartenait à d'autres;
il nommait ses ministres et ne les choisissait pas. Maurepas
lui avait été imposé par ses tantes, alors qu'il songeait à
rappeler Machault; il avait dû sacrifier Turgot à Maurepas,
en dépit de son attachement pour le grand philanthrope.
Calonne avait été désigné par la cour, Brienne par la reine,
Necker par l'opinion. Louis XVI n'avait cessé de surmonter
ses répugnances ou ses goûts avec une abnégation qu'un roi
constitutionnel eût pu prendre pour modèle : habitué à
céder aux exigences des coteries, il serait heureux de
déférer aux vœux d'une majorité.

Enfin, n'avait-on pas pour garant de la bonté royale le
ministre le plus populaire et le plus avide de popularité?
Dans son premier passage au pouvoir, il avait ouvert les
voies à la libre discussion des affaires publiques par l'impression du compte rendu et l'institution des assemblées provinciales. Tout récemment encore, il avait bravé parlements
et Notables pour obtenir du roi le doublement du tiers. Il ne
pouvait manquer de persévérer dans la même politique avec
le même succès, d'exaucer le cri unanime des communes
de France, de faire décréter la délibération par tête et les
réformes qui en étaient le corollaire.

Plus la confiance avait été absolue, plus le désappointe-
ment fut vif à l'ouverture des États, quand le roi et le
ministre laissèrent en suspens la question qui primait toutes

les autres. Cette attitude ne pouvait pourtant pas surprendre quiconque aurait exactement apprécié leur caractère et leur situation à tous deux.

Depuis qu'au dix-septième siècle la haute noblesse avait été définitivement subjuguée, et que ces fiers seigneurs s'étaient réduits à la condition de courtisans, le nouvel état de choses avait insensiblement produit un résultat que Richelieu n'avait pas prévu : l'aristocratie, comme la Grèce antique, avait en un certain sens conquis son vainqueur. Sous Louis XIV, les événements étaient encore trop récents et le roi trop rigidement appliqué au maintien de ses prérogatives, pour que les distances fussent méconnues. Sa mort fut le signal du rapprochement. Quelque scrupule que l'on mît à observer l'étiquette, les courtisans ne pouvaient avoir pour le prince les mêmes sentiments que les ministres des règnes précédents. Ceux-ci, appelés auprès du trône par la faveur ou la sagesse, mais en tout cas par la volonté du maître, n'oubliaient jamais l'abîme qui les séparait de la majesté royale. Les grands seigneurs du dix-huitième siècle, au contraire, avaient pour eux l'éclat du nom et de la fortune; habitués dès l'enfance aux splendeurs de la cour, ils en étaient plus glorieux qu'éblouis, et avaient conscience de leur propre rôle dans cette magnifique parade. Les dignités mêmes ou les grandes charges dont ils étaient revêtus leur appartenaient comme une propriété héréditaire : ils naissaient gentilshommes de la chambre, grands écuyers, grands veneurs, comme, à côté d'eux, le prince était né roi. Compagnons de sa vie, de ses plaisirs, trop souvent complaisants de ses vices, ils ne voyaient en lui qu'un privilégié plus puissant et plus riche que les autres. Aux temps héroïques de la féodalité, le souverain avait été pour leurs aïeux *primus inter pares ;* eux l'appelaient à leur tour le *premier gentilhomme du royaume.*

Mounier a éloquemment protesté, dans ses écrits, contre cette qualification dangereuse, qui tendait à transformer le représentant de la nation en chef d'une caste. Quand, du fond de leurs fiefs, les grands vassaux se prétendaient les égaux du roi, Louis le Gros et Philippe-Auguste, encouragés par leurs conseillers, faisaient appel aux communes pour châtier cette insolence. Mais voici un prince qui, depuis sa naissance, a été entouré des membres des premières familles de France, qui leur a sans cesse entendu répéter que les priviléges de l'aristocratie sont essentiellement liés aux prérogatives du trône et à l'existence de la monarchie : comment peut-il échapper à l'influence des idées qui l'entourent et douter un seul instant de ce qu'on lui présente comme un axiome et comme un dogme ?

Il lui faudrait la clairvoyance d'un esprit supérieur, et il ne possède que la candeur d'une âme droite. Le duc de La Vauguyon a dirigé son éducation avec la plus criminelle incurie. Plus tard, froissé dans son honnêteté native par la scandaleuse vieillesse de son aïeul, il a cherché un refuge dans une société où les lumières n'étaient pas à la hauteur de la dignité morale, celle de Mesdames. Roi de France à vingt ans, il n'a cessé de désirer le bien de ses sujets; mais sa bonté même l'a souvent entraîné à des déterminations malencontreuses. Il désirait ardemment travailler avec Turgot à l'amélioration du sort du peuple, et il l'a laissé partir pour ne pas contrister plus longtemps les courtisans. Il vide sa bourse dans la main du premier misérable qui se trouve sur son chemin, et il multiplie les ruineuses sinécures pour ces « frelons dorés » dont parle M. Taine. Enfin, une influence toute-puissante achève de l'aveugler sur les vrais intérêts de la royauté.

Peu de personnes ont été l'objet d'appréciations aussi contradictoires que la reine Marie-Antoinette. Le temps, qui amortit d'habitude la vivacité des passions, n'a pas réussi à les calmer à son égard. A un siècle de distance, elle conserve ses ennemis acharnés et ses chevaliers servants. Je voudrais, sans m'engager à leur suite sur un terrain bien

étranger à notre histoire constitutionnelle, indiquer simplement comment cette princesse fut amenée à agir en faveur des
privilégiés [1].

L'outrageant surnom d'Autrichienne, dont on la saluait au
balcon de Versailles ou sur la sanglante charrette, lui est
encore appliqué par certains historiens, et elle a réuni à un
rare degré les qualités comme les défauts de la femme française. Sensible jusqu'à la générosité, gracieuse jusqu'à la
séduction, capricieuse jusqu'à l'injustice, vive jusqu'à
l'emportement, frivole jusqu'à l'imprudence, le malheur
mûrit plus tard son âme, comme il avait blanchi ses che-
veux. Séparée de ceux dont l'amitié lui avait fait tant de
mal, elle trouva pour défendre le trône une énergie désespérée. C'est alors que Mirabeau l'appelait « le seul homme »
que le roi eût auprès de lui, comme les magnats s'étaient
écriés cinquante ans auparavant : *Moriamur pro rege Mariâ
Theresâ*. Mais, au début de la Révolution, les rudes leçons
de l'expérience n'avaient pas encore porté leurs fruits.

Trop absorbée par ses luttes contre Frédéric pour
donner beaucoup de soins à l'éducation de ses enfants,
l'impératrice avait laissé la jeune archiduchesse prendre
l'effroi de toute occupation sérieuse. Quand Marie-Thérèse
s'aperçut du mal, il était sans remède : ses lettres, animées
d'une sollicitude si éclairée, ne furent pas moins impuis-
santes que les respectueuses exhortations de Mercy. Ainsi
qu'il arrive fatalement à tous les désœuvrés, la reine, sans
cesse en quête de nouvelles distractions, en demanda
bientôt à des plaisirs et à des personnes médiocrement
recommandables. Aussi naturellement bienfaisante que son
mari, elle fit des prodigalités plus mal inspirées encore.
Dans le petit cercle qui la dominait, tous, pourvus par la

---

[1] Cf. notamment la *Correspondance de Marie-Thérèse avec Marie-Antoinette
et le comte de Mercy-Argenteau*, publiée par MM. d'Arneth et Geffroy, et la
Note du prince d'Arenberg (comte de La Marck), en tête de la *Correspondance
de Mirabeau et du comte de La Marck*, publiée par M. de Bacourt.

faiblesse royale de faveurs fort peu justifiées, maudissaient l'éventualité d'une réforme, et s'attachaient à la division des ordres comme au plus sûr moyen de la prévenir. La reine, qui redoutait par-dessus tout les bouderies de son entourage, en épousait docilement les passions. Un autre motif, d'ailleurs, la poussait dans cette voie : le dépit de la femme contre une opinion publique qu'elle sentait malveillante envers elle.

Depuis Marie-Thérèse et Marie Leczinska, c'est-à-dire depuis plusieurs générations, on s'était habitué à honorer dans la reine de France le type de la vertu austère et malheureuse. Les esprits ne s'exaltaient guère pour elle : le voyage de Metz, où la morale fit entendre une éclatante protestation au milieu d'un siècle corrompu, n'avait été qu'une exception isolée. Mais, par contre, devant cette vie quasi claustrale, ces affronts noblement subis, ces devoirs rigidement accomplis, les plus légers ou les plus pervers s'inclinaient avec vénération. — Le mariage de Louis XVI vint rompre la tradition : les Français avaient une souveraine jeune, jolie et gaie; elle fut aussitôt leur idole. Dans son inexpérience, elle ne comprit pas que la seule façon de consolider ces sentiments était de les asseoir sur le respect, et que le peuple le plus frivole est le plus exigeant en fait de dignité : insatiable qu'elle était de plaisirs, elle se laissa trop facilement aller à compromettre le prestige de son rang. Sa première apparition au bal de l'Opéra excita l'enthousiasme, la seconde l'étonnement, la troisième la réprobation. Les calomnies infâmes, colportées à Versailles par des courtisans mécontents, trouvèrent du crédit dans ce public d'oisifs qui est à l'affût des scandales naissants; de là, elles se répandirent dans la nation. On se blessa de certaines dépenses d'agrément et de certaines largesses, qui, dans l'état précaire des finances, n'étaient pas loin de constituer des dilapidations. L'appui ouvertement donné à Brienne par Marie-Antoinette acheva de lui aliéner les cœurs.

Attristée d'abord, puis cruellement irritée de son impopularité, elle se rejeta parmi les adversaires des idées nouvelles, et les seconda de son ascendant sur le roi.

Dans ces conditions, quand même Necker aurait mis tous ses efforts à faire triompher les prétentions du tiers, on peut douter qu'il eût réussi. Il n'était d'ailleurs pas de ces hommes qui entrent au pouvoir avec un programme et se retirent plutôt que de ne pas l'exécuter. S'il consentait à reconnaître un tort dans sa vie passée, c'était de n'avoir pas supporté plus longtemps les humiliations dont Maurepas l'abreuvait [1]. Désormais, il était décidé à toutes les concessions pour conserver à la France un ministre indispensable.

On se trompait également en considérant Necker comme un adepte bien convaincu de la liberté politique. Son idéal était plutôt une sorte de gouvernement paternel où, sous le meilleur des rois, les deniers de l'État seraient gérés par un financier de premier ordre. Ses désirs, en matière de contrôle des dépenses, n'allaient guère plus loin que la publication du compte rendu ; il préférait les éloges respectueux des écrivains aux débats acerbes des assemblées parlementaires. Il était affamé de popularité, sans doute, mais de cette popularité qui se concilie avec l'exercice du pouvoir absolu. Plus homme d'affaires qu'homme politique, plus philanthrope que libéral, il ne concevait pas pour la France d'autre bonheur que d'être gouvernée par M. Necker, ni pour lui-même d'autre gloire que celle d'un Aranda ou d'un Tanucci.

Il avait surtout le caractère le moins fait pour présider à une grande transformation sociale. « Je crois », écrivait Mounier huit ans plus tard, « que M. Necker était, par ses « lumières, son zèle pour l'humanité, son esprit d'ordre et « d'économie, un excellent administrateur dans les temps de « calme, mais qu'il lui manquait les qualités nécessaires pour

---

[1] Madame DE STAEL, *Considérations sur la Révolution française*, première partie, ch. XII.

« combattre les factions, former et diriger un grand parti,
« arrêter un plan, le suivre à tout péril, opposer la violence
« à la violence[1]. » La postérité impartiale ratifiera cette
appréciation.

Le ministre avait insisté pour le doublement du tiers,
parce que, sur ce point, il était indispensable de prendre un
parti, et que le doublement satisfaisait une des demandes
de l'opinion sans briser irrévocablement les espérances des
privilégiés. Mais, cette question réglée, il s'était gardé de se
prononcer sur les autres : forme et objet des délibérations,
étendue du pouvoir des États, il avait tout laissé au hasard
ou aux discussions. L'indolence de Louis XVI s'était bien
vite accommodée de ce système. En vain quelques amis
éclairés, comme Malouet, conseillaient-ils à Necker de se
présenter aux députés avec un plan; il ne comprenait pas
que le silence, en pareil cas, équivaut à une abdication, et
que la monarchie semblait s'incliner devant l'omnipotence
de l'Assemblée. « Ce n'était plus le roi qui parlait; c'était
« l'avocat consultant de la couronne, demandant conseil à
« tout le monde et ayant l'air de dire à tout venant : que
« faut-il faire? que puis-je faire? que veut-on retrancher de
« mon autorité? que m'en laissera-t-on[2]? »

Le résultat le plus grave de cette politique irrésolue fut
de laisser en suspens la question du vote par tête. Les publicistes l'avaient longuement agitée; elle avait donné lieu,
dans les assemblées électorales, à des débats passionnés et
à des décisions contradictoires; il était évident qu'elle se
poserait au début des séances. Alors que tant de dissenti-
ments se montraient à l'horizon, la prudence la plus élémentaire commandait de faire disparaître cet élément de
discordes. Mounier a soutenu que la monarchie eût encore
mieux fait d'imposer la délibération par ordre : « Le minis-

<hr>

[1] *De l'influence attribuée aux philosophes, aux francs-maçons et aux illuminés sur la Révolution de France*, p. 97.

[2] MALOUET, *Mémoires*, t. I, p. 283.

« tère aurait au moins dû voir... que l'idée la plus extraor-
« dinaire était de faire choisir entre deux formes de délibé-
« ration par l'Assemblée même, où l'une de ces formes de-
« vait être suivie ; que, pour choisir, il fallait délibérer ; que,
« pour délibérer, il fallait d'abord savoir comment on déli-
« bérerait ; qu'on ne pouvait opiner par tête ou par ordre
« sans préjuger la question [1]. »

Pendant que la cour se préparait ainsi à repousser les
revendications de tous les libéraux, et que le ministère
demeurait dans l'indécision, les députés arrivaient en foule
à Versailles. Les proportions modestes de cette étude ne
comportent pas une galerie de portraits, qu'on trouve, du
reste, dans les œuvres des maîtres. Encore nous faut-il rappeler le nom des principaux personnages que Mounier
allait rencontrer sur les bancs de l'Assemblée [2].

Une figure domine pour la postérité toutes les autres :
celle du plus grand orateur de la Révolution. La légende
aidant, nous serions disposés à croire que l'auditoire subjugué salua par d'ardentes acclamations les débuts de Mirabeau. Les contemporains sont unanimes à attester le contraire. Un de ses adversaires impartiaux nous apprend que
son crédit sur ses collègues date seulement de la fin de la
seconde année [3] ; un de ses amis politiques : que, dans les
premiers temps, « on était en garde contre tout ce qu'il
« proposait [4] » ; un de ses intimes : que, à l'appel par bailliage,
son nom souleva des rumeurs indignées, et que ses premiers discours furent interrompus par des murmures [5]. Son
génie alors était beaucoup moins fameux que le scandale de
ses déportements ; loin de se féliciter d'une telle recrue, les

---

[1] *Recherches sur les causes qui ont empêché les Français de devenir libres,*
t. I, p. 269.

[2] Cf. AULARD, *Les orateurs de la Constituante.*

[3] MALOUET, *Mémoires,* t. I, p. 298.

[4] BAILLY, *Mémoires,* t. II, p. 238.

[5] DUMONT (de Genève), *Souvenirs sur Mirabeau,* p. 47.

membres des communes la jugeaient compromettante pour le bon renom de leur cause; ils savaient que le député d'Aix avait vendu plus d'une fois sa plume, et suspectaient l'indépendance de sa parole. L'étendue à peine déguisée de son ambition, la mobilité de son esprit, la facilité avec laquelle, à quelques jours ou quelques heures d'intervalle, il soutenait des opinions contradictoires, toutes ces causes mettaient en défiance contre les séductions de son éloquence. La sympathie se portait plus volontiers vers ceux qui avaient associé à la défense de la liberté générale la dignité de la vie privée. On peut affirmer qu'à l'ouverture des États le député le plus en vue, le mieux désigné pour guider la majorité était l'orateur de Vizille et de Romans [1]. Dès cette époque, Mirabeau voua à Mounier une jalousie dont la suite de ce récit montrera les effets. D'un autre côté, le passé irréprochable de Mounier lui donnait le droit de partager la répulsion commune, et il ne cessa jamais de concevoir une profonde mésestime pour le caractère de son collègue; ce sentiment devait même l'entraîner plus tard à des accusations injustes.

Les opinions ne présentaient pas alors au sein du tiers état la diversité qui ne tarda pas à naître des événements. Néanmoins, on pouvait prévoir qu'un certain nombre de membres, séduits par les théories des philosophes ou l'exemple des États-Unis, soutiendraient un programme de réformes radicales. Les élections de Paris, non encore terminées au moment de l'ouverture des États, allaient donner son chef principal à ce parti. En attendant, il se groupait autour d'un avocat de Rennes, Chapelier, qui s'était fait remarquer dans les récents troubles de la Bretagne. Son indolence naturelle l'empêcha de justifier complétement sa réputation : il n'en fut pas moins l'adversaire obstiné des prérogatives royales et des idées modérées. Son nom rap-

---

[1] Barnave avoue que Mounier fut quelque temps « l'arbitre des États Généraux ». (*Œuvres complètes*, t. I, p. 90.)

pelle un singulier caprice du sort : après sa mort sur l'échafaud, sa veuve épousa son compatriote Corbière, le futur
coryphée de la Chambre Introuvable, l'ami et le collègue de
M. de Villèle.

On se montrait aussi, dans les rangs du tiers, Bergasse, qui
venait d'avoir la fortune inappréciable de gagner devant
l'opinion un procès contre Beaumarchais ; l'avocat normand Thouret ; le pasteur protestant Rabaud Saint-Étienne.
D'autres célébrités n'allaient pas tarder à se faire jour,
notamment celle de Barnave, le plus jeune des élus du
Dauphiné.

Tous les députés des communes réclamaient le vote par
tête, la périodicité des États et un ensemble de réformes dans
le gouvernement. Quelques-uns d'entre eux paraissaient dès
lors disposés à dépasser les vœux de Mounier. Quant au
parti qui restait en deçà, qui représentait non pas les tendances aristocratiques, mais le libéralisme le plus mitigé, il
se réduisait à peu près à une éminente personnalité.

La difficulté est assez grande de préciser les sentiments
politiques de Malouet : il s'est toujours appliqué à discerner
les solutions pratiques les plus avantageuses, sans accorder
beaucoup d'importance aux théories. On peut dire de lui
comme de Necker, qu'il eût joué un plus grand rôle à une
autre époque : sa place était marquée parmi ces hauts
fonctionnaires qui ont rendu tant de services dans les Chambres de la Restauration et de la monarchie de Juillet. Son
entente des affaires, son expérience de l'administration le
rendaient plus propre à assister un gouvernement établi
qu'à doter son pays d'une constitution ; la mort le frappa
au moment où sa vraie carrière aurait dû s'ouvrir.

Malouet ne fut jamais populaire parmi ses collègues,
malgré la noblesse de son caractère et la distinction de son
talent : on lui rendait justice sans s'attacher à lui. Cet
ancien intendant avait vu le régime existant par ses beaux
côtés ; libéral plutôt par esprit d'équité naturelle que par

expérience de l'arbitraire, il n'était pas au diapason de
l'ardeur générale. Mounier même et ses amis lui semblaient
de dangereux novateurs [1]. Ajoutons que, dans une Assemblée
où la défiance vis-à-vis du pouvoir était sans cesse à l'ordre
du jour, on devait tenir en suspicion un homme familière-
ment lié avec deux ministres. Enfin, un témoin digne de foi
rapporte que, par la recherche de ses manières, par son
urbanité un peu dédaigneuse, par ses dehors aristocratiques, pour appeler les choses par leur nom, Malouet semblait plutôt représenter les privilégiés que les communes [2] :
c'était encore pour beaucoup de députés un grief contre lui.

Si les deux premiers ordres étaient en majorité opposés
aux réformes fondamentales, plusieurs prélats et gentilshommes apportaient aux États les sentiments de la plus
pure générosité, et Mounier devait trouver parmi eux de
fermes soutiens de sa politique. — Mentionnons tout
d'abord, dans le clergé, la députation entière du Dauphiné,
et à sa tête l'archevêque de Vienne. En vain lui disait-on
en riant : « Monseigneur, après avoir combattu avec achar-
« nement les philosophes, vous vous faites à présent leur
« exécuteur testamentaire ! » Inaccessible aux railleries, il
ne croyait pas la dignité de la religion attachée au maintien
des abus dans le gouvernement civil, et restait fidèle à la
ligne de conduite qu'il avait adoptée à Romans ; la mort
devait lui épargner le spectacle des derniers excès de la
Révolution. L'archevêque de Bordeaux, Champion de Cicé,
réputé pour son éloquence et ses aptitudes administratives,
se prononçait hautement pour une constitution imitée de
l'Angleterre ; après avoir traversé les conseils de Louis XVI
et échappé à la tourmente, il fera partie du clergé concordataire. M. de La Luzerne, évêque-duc de Langres, avait
proposé un plan de division des États en deux Chambres ;
si ce système semblait impraticable pour le présent, les

----

[1] MALOUET, *Mémoires,* t. I, p. 305.
[2] MONTLOSIER, *Mémoires,* t. II, p. 319.

meilleurs esprits désiraient le voir adopter dans l'avenir : l'entente, aussi, fut facile entre Mounier et le prélat, qui, au début de notre siècle, fut l'un des représentants les plus éminents de l'ancienne Église gallicane, et mourut pair de France et cardinal.

Le clergé dévoué à l'ancien ordre de choses avait à sa tête le seul prince de l'Église qui figurât dans l'Assemblée [1], le cardinal de La Rochefoucauld, archevêque de Rouen. Ses véritables chefs étaient l'archevêque de Paris, M. de Juigné, honoré pour sa haute vertu ; l'archevêque d'Aix, M. de Boisgelin, fort populaire en Provence ; un des deux agents généraux du clergé de France, l'abbé de Montesquiou, celui qui fut plus tard ministre de Louis XVIII. L'abbé Maury ne s'était pas encore révélé.

Les idées avancées comptaient des adhérents parmi les curés. Un seul prélat s'annonçait alors comme les partageant : c'était l'évêque d'Autun, ancien abbé de Périgord et futur prince de Bénévent. Talleyrand montrait déjà la corruption morale et l'habileté politique qui chez lui furent poussées si loin ; jeté par l'ambition dans le parti de la Révolution, il se préparait à porter des coups décisifs au vieil édifice monarchique.

Le second ordre aussi avait ses révolutionnaires : les deux Lameth, Duport, Freteau de Saint-Just, Sillery (le mari de madame de Genlis), le vicomte Mathieu de Montmorency. Celui-ci, qui avait trouvé dans l'héritage de ses aïeux plus de qualités chevaleresques que d'esprit de conduite, était pour l'heure enthousiaste des doctrines du *Contrat social ;* on sait qu'il vint à résipiscence et fut, sous la Restauration, un des chefs du parti ultra-royaliste.

Des deux députés les plus en vue dans cette extrême gauche de la noblesse, l'un était le premier prince du sang. Aigri contre la cour, contre la reine surtout, par un système

---

[1] Brienne et Bernis n'avaient pas été élus ; Rohan n'avait pas encore obtenu du roi la permission de siéger.

de vexations imprudentes et injustifiées; livré aux sugges-
tions de quelques conspirateurs vulgaires qui spéculaient
sur son ressentiment; usé dans son intelligence et dépravé
dans son cœur par une vie de débauches; unissant à un
remarquable degré le courage personnel et la lâcheté politique, le duc d'Orléans, en qui beaucoup de bons esprits,
Mounier entre autres, s'obstinèrent à redouter un Guillaume
d'Orange, n'était et ne fut jamais que Philippe-Égalité.

Le *Washington français*, comme on l'appelait, se dévoilait aussi tout entier au début d'une carrière dont la monotonie fut le moindre défaut. Grisé par ses succès militaires
en Amérique, il se croyait appelé à régénérer l'ancien
monde à l'aide de principes abstraits, tandis que sa véritable destinée était d'ébranler tous les gouvernements
sages, de compromettre toutes les idées généreuses. Tel
cette étude nous le montrera, tel l'ont connu nos grands-
pères. Ni les drames de la Révolution, ni la captivité
d'Olmütz, ni la vieillesse même n'ont pu lui ouvrir les yeux.
Pour trouver un esprit aussi absolument réfractaire aux
leçons de l'expérience, il faut aller prendre, dans le camp
opposé, le prince qui laissait échapper lui-même cet aveu :
« M. de La Fayette et moi, sommes les seuls qui n'ayons pas
« changé depuis 1789. » Par une détermination dont les col-
lèges électoraux offrent trop rarement l'exemple, la noblesse
du bailliage de Riom, quoique fort opposée aux réformes,
avait choisi pour représentant le défenseur de la liberté
américaine, en raison de sa célébrité.

La majorité dévouée au maintien des privilèges avait pour
principaux organes deux anoblis, l'un d'épée et l'autre de
robe, Cazalès et d'Esprémesnil. A défaut du comte d'Artois,
à qui le roi n'avait pas permis de prendre séance, le personnage le plus considérable était le duc de Luxembourg.

Enfin, il y avait quelques gentilshommes qui voulaient
sincèrement l'abolition des abus et l'établissement en France
d'une monarchie limitée. Ici encore, nous trouvons au pre-

mier rang les députés du Dauphiné, entre autres les comtes
de Morges, de La Blache et de Virieu ; ce dernier, à la parole
ardente et toute militaire, s'était lié à Mounier par une
étroite amitié, et fut tué quatre ans plus tard en dirigeant la
défense de Lyon contre les troupes de la Convention. Avec
eux, de grands seigneurs, comme les ducs de La Rochefoucauld et de Liancourt. Citons en dernier lieu les deux
hommes qui prêtèrent à Mounier l'appui le plus constant et
le plus éclairé, Clermont-Tonnerre et Lally-Tollendal.

Le premier était fils de ce gouverneur du Dauphiné qui
avait failli être victime de la Journée des Tuiles. Ancien
colonel de cavalerie, il consacrait à la défense des idées
modérées un langage élégant, facile, insinuant, parfois
même une véritable éloquence. Il fut massacré le jour où
tombait la royauté.

Le comte de Lally-Tollendal a eu le malheur d'encourir
la disgrâce de Châteaubriand : son nom évoque immédiatement le portrait ou plutôt la caricature qu'en tracent les
Mémoires d'outre-tombe, dans le conseil de Louis XVIII, à
Gand, « embrouillant le procès de son père dans ceux de
« Louis XVI et de Charles Ier ». Le rôle qu'il a joué dans la
Chambre des pairs, sous la Restauration, n'a pas non plus
servi sa réputation : malgré d'incontestables qualités, son
éloquence d'apparat se trouvait un peu dépaysée dans des
discussions d'affaires, devant un auditoire où les anciens
fonctionnaires dominaient. Mais ce défaut, accru d'ailleurs
avec l'âge, était loin de lui nuire à la Constituante, où le
point de vue théorique et sentimental prévalait toujours.
Mounier, qui, à cet égard, était en avance sur ses contemporains, trouvait un inappréciable avantage à voir ses idées
traduites par son ami dans le style le mieux fait pour cap-
tiver les suffrages. De plus, les antécédents de ce dernier
commandaient la sympathie. Le tribunal révolutionnaire
n'avait pas encore accoutumé la France aux crimes judiciaires, et on avait été ému de l'inique condamnation du

vaincu de Pondichéry. Aussi l'opinion publique acclama-t-elle les efforts de Lally pour obtenir la réhabilitation de son père ; le Mémoire composé par lui à cette intention était regardé comme un chef-d'œuvre. Son tort fut d'appliquer à tous les sujets le genre d'éloquence qui lui avait valu son premier succès, et, en cherchant sans cesse le pathétique, de rencontrer parfois le larmoyant. Mais on le juge en général avec une sévérité exagérée, et on oublie que s'il céda souvent aux entraînements de la sensibilité, il sut toujours se soustraire à ceux de la passion et de la peur.

Après cette rapide esquisse des personnages au milieu desquels était placé Mounier, il est temps de le montrer à l'œuvre et de reprendre l'exposé des événements.

CHAPITRE V

Les historiens de la Révolution ont raconté le pompeux
cérémonial de la séance d'ouverture, les humiliations mes-
quines infligées aux membres du tiers, la déception causée
par le prolixe discours de Necker. Le ministre n'avait pas
cru devoir suivre le conseil qui lui avait été donné de
réserver au roi la vérification des pouvoirs. Cette opération
préliminaire s'imposait donc aux États, et la question du
vote par tête fut ainsi soulevée. Les pouvoirs de chaque
député seraient-ils examinés dans la Chambre de son ordre
ou dans l'assemblée générale? C'est sur ce point qu'éclata le
conflit.

Le 6 mai, dès le début des séances particulières, la motion fut faite dans les deux premiers ordres de se réunir
aux communes pour la vérification. Le clergé la repoussa à
une assez faible majorité; parmi les gentilshommes, elle
obtint à peine le quart des voix [1].

Cependant les représentants du tiers s'étaient rassemblés,
à l'heure indiquée, dans la grande salle. Après quelques
instants écoulés dans l'agitation et l'incertitude, Malouet
proposa d'envoyer une députation aux privilégiés pour les
engager à venir siéger. L'intention la plus droite dictait
assurément cette démarche; elle présentait pourtant des

---

[1] **Pour** tout ce qui concerne les débats parlementaires, les faits dont je n'indique pas la source sont empruntés aux journaux du temps.

inconvénients que Mounier fit sur-le-champ ressortir. Demander aux deux premiers ordres la réunion, n'était-ce pas leur reconnaître implicitement le droit de la refuser ? La délibération par tête était un principe primordial, que les communes n'avaient pas le pouvoir de compromettre. D'ailleurs, les libéraux du clergé et de la noblesse devaient, à cette heure même, soulever la question dans leurs Chambres respectives : la politique et la dignité commandaient d'attendre leur décision. Suivant un contemporain, « Mounier « ajouta que ce parti était d'autant plus convenable que, « d'après un propos que lui avait tenu l'archevêque de « Vienne, il savait que le clergé était disposé à se joindre aux « communes ; que, dans tous les cas, les membres de la députation du Dauphiné se rendraient à la salle des États Généraux, et y présenteraient leurs pouvoirs à la vérification » [1].

L'orateur était trop sympathique à l'Assemblée, il lui faisait entendre un langage trop conforme à ses sentiments, pour qu'elle ne se rangeât pas à l'avis qu'il ouvrait. On décida de surseoir à toute démarche et de ne se considérer que comme « une agrégation d'individus présentés pour les « États Généraux ». Il en résulta entre Malouet et Mounier une mésintelligence, heureusement de peu de durée. « Dans le premier mois de nos séances », écrivait plus tard l'ancien intendant, « l'exaltation de Mounier, qui était la « vertu même, me prévint contre lui, et, après l'avoir re- « cherché, je m'en éloignai [2]. » Les événements se chargèrent de rapprocher deux hommes si dignes de s'estimer.

Le lendemain, Malouet insista. Maintenant que le clergé et la noblesse avaient fait connaître leur résolution, il appartenait aux communes de la modifier par de patriotiques et fraternelles représentations. Ce discours n'eut pas de succès : il y régnait, vis-à-vis des privilégiés, un ton de défé-

[1] Ferrières, *Mémoires*, t. I, p. 31.
[2] Malouet, *Mémoires*, t. I, p. 317.

rence qui, sans doute, n'avait rien d'excessif en soi, mais qui
pouvait paraître déplacé alors que la veille ils avaient tenu
si peu de compte des sentiments du tiers. La péroraison de
Malouet fut particulièrement malencontreuse [1]. Il fit entrevoir la possibilité pour les communes de se résigner aux
délibérations séparées et, si le vote par tête devenait irréa-
lisable, de travailler au bonheur de la France en votant par
ordre. C'étaient là des paroles plus généreuses qu'habiles ;
elles ne tendaient à rien moins qu'à rendre les privilégiés
absolument maîtres de la situation.

Mirabeau répondit à Malouet. Avait-il dès lors la pensée,
comme Mounier l'en a accusé [2], de pousser les choses à
l'extrême et de préparer les voies à une révolution violente ?
Il est plutôt à croire que, par une tactique qui lui fut familière, il cherchait à acquérir sur l'esprit de ses collègues
une influence dont il aurait usé ensuite dans des vues plus
modérées. Il prêcha l'inaction absolue : selon lui, les députés du tiers devaient attendre indéfiniment la réunion,
sans laquelle leurs pouvoirs leur interdisaient de délibérer,
et lasser par leur obstination négative la patience du clergé
et de la noblesse.

Mounier obtint l'assentiment presque unanime en développant une opinion intermédiaire. Il ne rétractait aucune
de ses paroles de la veille touchant le danger de paraître
accéder à la délibération par ordre ; l'envoi d'une députation officielle continuait à lui répugner. Mais il voyait dans
le système de Mirabeau de graves inconvénients ; avant de
recourir à une mesure aussi radicale, il fallait épuiser tous
les moyens de conciliation. Pourquoi un certain nombre de
membres ne se rendraient-ils pas dans les deux premières
Chambres, sans mandat précis de leurs collègues, en leur

[1] *Opinions de M. Malouet dans les séances des 7 mai..... Bibl. nat.,*
L e²⁹, 22.

[2] *Recherches sur les causes qui ont empêché les Français de devenir libres,*
t. I, p. 276.

nom personnel ? Là, par un appel chaleureux à l'équité et au patriotisme des privilégiés, ils s'efforceraient d'obtenir la réunion.

Ce conseil, goûté de l'auditoire et par lui mis en pratique, reçut des événements une demi-justification. Le lendemain, le clergé, où la majorité était moins considérable et plus modérée que dans la noblesse, décida de nommer des commissaires pour arriver à une entente.

Malouet ne pouvait prendre son parti de l'inertie où restait l'Assemblée au seuil de sa session. Quatre jours plus tard, il lui proposa vainement de se constituer en grand bureau pour aviser aux affaires les plus urgentes. Le lendemain, Mounier fit adopter une motion beaucoup plus modeste : il s'agissait de désigner pour huit jours un député dans chaque gouvernement afin d'assister le doyen et de veiller avec lui au maintien de l'ordre. Il fut appuyé par son jeune compatriote Barnave, dont les débuts à la tribune firent une vive impression. Le choix des délégués eut lieu incontinent, et le représentant du Dauphiné fut Mounier.

Invitée par le clergé à élire, elle aussi, des commissaires pour préparer la conciliation, la noblesse déféra à ce vœu, et, le 13 mai, deux députations des premiers ordres vinrent donner connaissance au tiers état de cette décision. Elles avaient à leur tête, l'une le duc de Praslin, l'autre Gobel, le futur évêque constitutionnel de Paris, alors évêque *in partibus* de Lydda et coadjuteur de Bâle.

L'inaction systématique n'était plus possible, et cette mise en demeure appelait une réponse. Rabaud Saint-Étienne fit immédiatement la motion de nommer des commissaires en leur donnant le mandat exprès de réclamer la réunion des ordres, et en déclarant que les communes n'abandonneraient jamais cette réunion. La mesure parut trop peu énergique à Chapelier : il développa en termes violents un projet d'arrêté par lequel les communes refusaient de choisir des commissaires et pressaient les privilégiés de venir se joindre à elles.

Le débat s'établit entre les partisans de ces deux propositions et dura trois jours : les 15, 16 et 18 mai. Malouet tenta bien de présenter un troisième projet qui, en accueillant les conférences et tout autre moyen éventuel de conciliation, promettait aux privilégiés le respect de leurs « propriétés et prérogatives légitimes »; cette motion, qualifiée par Mirabeau de « suppliante », n'obtint aucun succès; on fit même courir le bruit qu'elle avait été rédigée chez madame de Polignac, que Malouet n'avait jamais vue [1]. — Mais Mirabeau ne réussit pas à faire engager des négociations avec les seuls représentants du clergé, à l'exclusion de ceux de la noblesse; il donnait pour motif de cette distinction que le clergé avait multiplié les marques de son bon vouloir, tandis que la noblesse, en se constituant précipitamment en ordre, faisait preuve d'une arrogance incorrigible.

Rabaud assura le triomphe de sa proposition par un discours animé de la plus sage modération. La motion de Chapelier, fit-il remarquer, avait le tort d'être prématurée; une fois tout espoir perdu d'amener les privilégiés à se réunir au tiers, il serait temps de la reprendre. Mais pourquoi tendre dès à présent la situation ? Pourquoi, lorsque le clergé et la noblesse offraient un moyen d'entente, se donner le tort d'un refus ? On ne pouvait craindre une transaction, puisque, en nommant des commissaires, le tiers rappellerait ses exigences relatives au vote par tête. Quant au péril de paraître agir comme ordre séparé et de créer ainsi un précédent, le bon sens public ferait justice d'un tel argument, s'il se trouvait un adversaire d'assez mauvaise foi pour le produire.

Une majorité considérable adhéra à ces paroles. Rabaud

---

[1] MALOUET, *Memoires*, t. I, p. 336.

Saint-Étienne ne devait pas observer longtemps la même ligne de conduite. Pour l'en détourner, on eut recours à la calomnie habituelle alors. Sans un témoignage aussi grave que celui de Mounier [1], nous aurions peine à croire que le pasteur protestant fut accusé, lui aussi, d'assister à des conciliabules mystérieux chez la duchesse de Polignac. Cet absurde bruit rencontra assez de crédit pour que Rabaud, effrayé, voulût le démentir en passant dans les rangs des patriotes.

En conformité de son arrêté, le tiers état élut, le 19 mai, seize commissaires. Mounier fut nommé, ainsi que les autres députés les plus connus, à l'exclusion de Malouet.

On sait que les conférences ne purent aboutir, en raison des exigences diamétralement contraires de la noblesse et du tiers. Lally-Tollendal nous en a rapporté un trait qui fait honneur à la loyauté de Mounier [2]. Pour obtenir la vérification en commun, Chapelier et Target assuraient aux privilégiés qu'elle ne préjugeait en rien la question générale, et qu'après cette opération préliminaire on pourrait délibérer par ordre. Le député du Dauphiné se hâta de protester que la vérification en commun n'était que la préface du vote par tête, et que de là venait l'importance attachée au mode d'examen des pouvoirs.

Le 25 mai, les députés du tiers état de la ville de Paris firent enfin leur entrée dans la salle des séances. Deux d'entre eux allaient jouer un rôle important, le premier de la liste, Bailly, et le dernier, Sieyès.

La vie de Bailly restera un exemple mémorable des faiblesses auxquelles le plus honnête homme peut être entraîné par un désir immodéré de popularité. Loin de s'être

---

[1] *De l'influence attribuée aux philosophes, aux francs-maçons et aux illuminés*, p. 102.
[2] *Biographie* Michaud, art. *Mounier*.

fait remarquer auparavant par la violence de ses opinions, il n'allait pas même, à cette époque, Mounier nous l'atteste [1], jusqu'à réclamer la liberté politique : ses vœux se bornaient à quelques réformes administratives qui auraient respecté le principe du gouvernement absolu. On conçoit, en effet, que ce savant, ce lettré, ce membre des trois académies, n'eût guère à se plaindre de l'ancien régime. Mais, du moment où il est porté à la mairie après l'assassinat de Flesselles, tout s'efface à ses yeux devant le besoin de plaire à la foule. Rien ne lui coûte pour atteindre ce but, ni la taxe ruineuse imposée aux boulangers, ni les éloges décernés aux héros des journées d'octobre. Ceux qui, comme Mounier,' laissent éclater leur indignation contre ces forfaits, sont accusés par lui de « quitter la ligne de la liberté » [2]. Le jour vient enfin où sa conscience se réveille et lui interdit de pousser plus loin les concessions : il perd en une heure la faveur si péniblement conquise, et marche stoïquement à l'échafaud parmi les hurlements de joie de cette populace dont il a trop longtemps sollicité les bonnes grâces.

Le distance est grande de Bailly à l'abbé Sieyès. Quand on écarte le voile de métaphysique dont celui-ci aimait à recouvrir ses sentiments intimes, on trouve une âme rongée de convoitise et de jalousie. Un de ses adversaires politiques l'a dit avec un singulier bonheur d'expression : « Il a anéanti la noblesse parce qu'il n'était pas noble; son « ordre, parce qu'il n'était pas archevêque; les grands pro- « priétaires, parce qu'il n'était pas riche » [3]. Pour dissimuler ces passions haineuses, Sieyès, en habile observateur des idées et des tendances de son temps, prit le masque de la science abstraite et déductive. Il transforma en axiomes les

---

[1] *De l'influence attribuée aux philosophes, aux francs-maçons et aux illuminés,* p. 103.

[2] BAILLY, *Mémoires,* t. I, p. 307.

[3] MALLET DU PAN, *Correspondance inédite avec la cour de Vienne,* t. I, p. 127.

véhémentes apostrophes de Rousseau, et remplaça les invectives par des aphorismes. Ce « Catilina en petit collet », comme l'appelle Mallet du Pan, se donna les allures d'un doctrinaire. A force de parler par oracles, il finit par passer pour prophète ; à force de répéter : « La politique est une « science que je crois avoir achevée[1] », il finit par faire partager cette persuasion à beaucoup de ses contemporains. Après avoir participé aux actes les plus détestables de la Révolution, notamment au 21 janvier et au 18 fructidor, il est enfin appelé à donner aux pouvoirs publics une nouvelle organisation. Lui, qui traitait Mounier d'ennemi de la liberté, qui repoussait le *veto* et les deux Chambres comme favorables au despotisme, il présente un plan qui, moyennant quelques changements de détail, devient la constitution de l'an VIII. Et ce n'est pas là de sa part le fait d'un songe-creux dont les chimères s'évanouissent en face de la réalité : il prend admirablement son parti du nouvel état des choses, se charge même de lui donner une formule, plus paradoxale et plus menteuse encore que toutes les autres, et échange le manteau du philosophe contre celui du sénateur.

Au moment de son arrivée aux États, Sieyès avait déjà su acquérir une immense réputation. Ses brochures retentissantes, ses projets de cahiers en avaient fait l'homme le plus célèbre du parti des théoriciens, de ceux qui méditaient de tout jeter à bas dans la vieille société française, pour reconstruire l'édifice sur des données rationnelles. Aucun collège de son ordre, pourtant, ne l'avait élu député, et le publiciste qui avait joué un si grand rôle dans la préparation de l'Assemblée en aurait été exclu, si le tiers état de Paris ne l'avait choisi pour le dernier de ses représentants. La direction de la fraction avancée allait passer entre ses mains, et Mounier trouva en lui son plus redoutable adversaire. En vain Barnave, avec la présomption de la jeunesse,

---

[1] Cité par DUMONT (de Genève), *Souvenirs sur Mirabeau*, p. 63, en note.

s'efforça-t-il de ménager entre eux un rapprochement[1] :
une antipathie complète séparait ces deux natures.

Les commissaires délégués aux conférences conciliatoires
vinrent, le 26, rendre compte de leur mandat et exposer les
motifs qui les avaient empêchés de souscrire aux prétentions des privilégiés. Deux rapporteurs prirent la parole :
laissant Target développer les arguments de *droit naturel*,
Mounier se réserva ceux de *droit positif*, c'est-à-dire l'examen des précédents historiques et de la législation; une
telle préférence était bien dans les habitudes de son esprit.

Le même jour, la noblesse adopta un arrêté par lequel
elle rangeait la séparation des ordres au nombre des principes 'constitutifs de la monarchie. Les communes, à qui
elle le notifia, considérèrent cette décision comme un défi,
et Mirabeau fit voter le lendemain une adresse au clergé pour
le supplier de consommer la réunion. On savait le premier
ordre très-divisé : un certain nombre de curés, intimidés
d'abord à la pensée de se trouver en contradiction avec
M. de Juigné, se ravisaient en voyant plusieurs prélats
opiner pour la délibération en commun.

Sur ces entrefaites, la royauté, qui depuis trois semaines
assistait impassible et comme indifférente aux débats des
trois ordres, se décida à intervenir. Le 28 mai, Louis XVI
fit exprimer aux députés le désir de voir les conférences
se rouvrir en présence des ministres, qui proposeraient un
plan de transaction.

Au début des séances, cette mesure aurait rencontré une
adhésion presque unanime : c'était le rôle du monarque de
se faire ainsi le médiateur entre ses sujets. Mais dans les
conditions où elle se produisait, la démarche royale dégui-
sait mal, sous les dehors de l'impartialité, l'appui accordé
aux prétentions de la noblesse. Le clergé devait, le jour
même, délibérer sur la réunion; si, comme le bruit en

BARNAVE, *Œuvres complètes*, t. I, p. 101.

courait, une majorité était probable pour l'affirmative, le second ordre allait se trouver dans une situation fort compromise. L'intervention royale arrivait si à propos pour le tirer d'embarras, qu'on n'hésita pas à en faire remonter l'inspiration à la reine et à son entourage.

Aussi, tandis qu'elle était accueillie avec enthousiasme par la noblesse et avec déférence par le clergé, elle souleva dans le tiers une vive émotion. C'est à cette occasion qu'eut lieu une scène souvent racontée. Comme le public des tribunes avait déjà pris l'habitude de manifester bruyamment son opinion, Malouet fit observer que, pour discuter une matière aussi grave, il serait convenable de se former en comité secret. Volney lui répondit sur le ton de l'indignation, que le devoir des députés était de délibérer devant leurs *maîtres* [1]. Les sinistres journées de la Révolution sont en germe dans cette parole.

Le 29, Chapelier, Camus et plusieurs autres proposèrent nettement de repousser la demande du roi : suivant eux, la seule conciliation possible consistait dans la vérification en commun, et les conférences étaient sans objet. Mirabeau, en soutenant une motion moins radicale au fond, fut encore plus violent dans la forme : il dénonça la médiation comme un piège destiné à prévenir l'adhésion du clergé et à assurer la séparation des ordres; il conclut à ce qu'on reprît les conférences, par égard pour la personne du roi, mais en votant auparavant une adresse qui rappellerait les principes adoptés par les communes. On se rangea à ce parti.

Necker lut aux commissaires, le 4 juin, le projet de transaction annoncé. Les pouvoirs non contestés auraient été vérifiés pour chaque député dans son ordre. Quant aux élections contestées, une commission intermédiaire donnerait sur elles son avis; au cas où cet avis ne serait pas ratifié par les trois ordres votant séparément, le roi statuerait en

---

[1] Malouet, dans ses *Mémoires* (t. I, p. 354), attribue le mot à Bouche.

dernier ressort. En résumé, le projet consacrait le vote par ordre : au point où en étaient arrivées les choses, les députés du tiers ne pouvaient l'accepter sans consommer la ruine de leurs espérances.

On le comprit si généralement, que Malouet lui-même ne songea qu'à tempérer la violence de la rupture. Sans attendre la fin des conférences, il fit, le 8 juin, la motion de commencer les travaux, dans la pensée que les privilégiés se rallieraient peu à peu à la délibération commune. On lui répondit que ce parti serait prématuré, et il n'insista pas.

Le 10 juin, Mirabeau prévint ses collègues qu'un « député de Paris » avait une importante proposition à présenter. Bailly, qui présidait depuis le 3, donna la parole à Sieyès. Celui-ci lut un projet d'adresse aux privilégiés, pour les inviter une dernière fois à se soumettre à la vérification dans l'assemblée commune. Le ton en était hardi, presque menaçant : comme pour mieux souligner le caractère de la démarche, le mot de *sommation* figurait dans le texte. — On y substitua celui d'*invitation,* et on décida de voter en outre une adresse explicative au roi; du reste, le principe de la motion fut adopté avec enthousiasme. Grâce à la maladresse de la cour, les exagérés prenaient de prime abord la conduite de l'Assemblée.

Ainsi mis en demeure de se prononcer à nouveau sur la réunion, les deux premiers ordres rouvrirent la discussion sur cette question. Le 13, la noblesse confirma, par 173 voix contre 79, sa réponse négative. Dans la Chambre du clergé, la délibération, fort animée, se poursuivit pendant une semaine, nous verrons bientôt avec quel résultat.

Dès le 12, Barnave, en exécution du vote de la veille, présenta une adresse au roi, dont les termes, s'ils ne dépassaient pas les bornes du respect, les atteignaient tout au moins. On l'approuva à une immense majorité, sans s'arrêter à un contre-projet plus modéré, œuvre du persévérant Malouet; puis on procéda immédiatement à l'appel nominal,

auquel aucun des députés du clergé et de la noblesse ne
répondit. La vérification des pouvoirs non contestés commença ensuite, pour s'achever le lendemain. A cette seconde
séance, trois curés du Poitou vinrent déposer leurs mandats sur le bureau de l'Assemblée et les soumettre à son
examen; ils furent accueillis avec un enthousiasme qui
tenait du délire.

Les préliminaires étaient réglés. Après un mois de débats
irritants et stériles, l'heure des graves déterminations allait
sonner.

Le 15 juin, une foule compacte emplissait les tribunes,
avec un sentiment d'anxieuse curiosité. Son attente ne fut
pas de longue durée : dès le début de la séance, l'orateur
applaudi des jours précédents, Sieyès, prit la parole. Il
exposa en peu de mots qu'il était temps de mettre fin à une
inaction désastreuse pour le pays; que les députés des communes, les seuls dont les pouvoirs fussent régulièrement
validés, étaient les seuls capables pour le moment de représenter la nation; aussi leur proposait-il de se constituer en
« Assemblée des représentants connus et vérifiés de la
« nation française ».

Comme l'a fait très-justement remarquer Mirabeau, « la
« différence d'opinion n'existait pas du tout sur la nécessité
« de se constituer : elle était universellement reconnue et
« admise[1] ». Il n'y avait là, en effet, qu'une conséquence
logique des résolutions précédentes. Mais la forme de cette
constitution, le nom que les députés du tiers devaient se
donner, soulevaient des divergences notables. On ne discuta
pas sur autre chose pendant deux jours et quatre séances,
tant chacun comprenait l'importance de cette apparente
logomachie. Il s'agissait de choisir entre la constatation d'un
fait et la proclamation d'un principe révolutionnaire.

Onzième lettre de Mirabeau à ses commettants, p. 6.

Adopter la motion de Sieyès, c'était consacrer son fameux aphorisme sur le tiers état : « Que doit-il être? Tout. »

Mirabeau, qui lui succéda à la tribune, applaudit chaleureusement à ses intentions et se livra à une violente diatribe contre les privilégiés. Mais il reprocha à la dénomination proposée d'être obscure et inexacte ; de plus, il faudrait nécessairement la changer le jour où la réunion tant désirée viendrait à s'accomplir. Pourquoi ne pas s'intituler simplement et fièrement « Représentants du peuple fran« çais » ? — Ce discours eut peu de succès : les modérés n'en pouvaient approuver les invectives passionnées ; les radicaux goûtaient davantage la métaphysique de Sieyès. Le mot de *peuple*, d'ailleurs, n'était pas encore en honneur, et ces bourgeois se sentaient médiocrement flattés d'une pareille qualification. J'ai dit la défiance qu'inspirait Mirabeau ; dans cette circonstance, le langage du transfuge de l'aristocratie parut particulièrement suspect.

Mounier était de ceux qui, en reconnaissant la nécessité d'une conduite ferme, voulaient respecter les prérogatives de la couronne, ménager les susceptibilités des privilégiés, éviter les mesures extrêmes. Il proposa à ses collègues le nom d' « Assemblée légitime des représentants de la majeure « partie de la nation, agissant en l'absence de la mineure « partie ». Ce titre, un peu long, comme tout ce qui est consciencieux, avait l'avantage de laisser la porte ouverte à la réunion, au lieu de lancer une provocation au clergé et à la noblesse. Pour écarter toute idée d'adhésion implicite à la séparation des ordres, Mounier faisait dire à l'Assemblée, dans son projet de résolution : « que les suffrages seront « comptés par tête et non pas par ordre; qu'elle ne « reconnaîtra jamais aux députés du clergé et de la noblesse « le prétendu droit de délibérer séparément ».

Le discours qu'il prononça n'a pas été conservé. « Je sou« tins », écrivait-il plus tard, « que les membres du clergé « et de la noblesse pourraient aussi prétendre qu'ils étaient

« *représentants*, qu'ils étaient *vérifiés*, qu'ils étaient *con-*
« *nus* [1]. » Selon le témoignage d'un de ses adversaires, « il
« argumenta d'une manière précise et méthodique contre
« les deux autres motions, qu'il trouvait dangereuses ou
« inexactes, et il développa la sienne, à laquelle il concilia
« d'abord un nombre d'approbateurs [2] ».

Bien d'autres appellations furent proposées; mais il devint
bientôt évident que la lutte serait circonscrite entre Sieyès
et Mounier; Mirabeau n'obtint guère d'adhésion notable
que celle de Rabaud Saint-Étienne. Le projet de Sieyès fut
soutenu par Bergasse, que nous retrouverons plus modéré,
par Chapelier, par Camus, par son auteur, enfin, qui reprit la
parole à la première séance du 16 juin. Mounier lui répondit, le soir, en insistant sur cette idée, que son système
donnait à l'Assemblée tout le pouvoir désirable, puisqu'il la
proclamait l'expression d'une majorité. Il fut surtout appuyé
par Barnave et Thouret. Celui-ci objecta à Mirabeau que s'il
entendait par *peuple* le *populus* des Romains, c'est-à-dire la
nation, il méconnaissait l'existence des privilégiés ; que s'il
désignait par cette expression la *plebs* ou populace, il dis-
créditait singulièrement ses collègues. Malouet opina dans
le même sens, mais en insistant sur les ménagements à
observer vis-à-vis des deux premiers ordres : son discours,
aussi sage qu'inopportun, souleva, comme à l'ordinaire, de
très-vives marques d'improbation.

Le 16 au soir, Mirabeau remonta à la tribune : il railla
les termes dont s'étaient servi Sieyès et Mounier, et traita
leurs motions de « logogriphes » inintelligibles pour la plupart des Français. Relevant ensuite les griefs de Thouret, il
célébra la plèbe avec des accents enthousiastes, et termina
en rappelant le souvenir des *gueux*, fondateurs de la liberté
batave.

[1] *Exposé de la conduite de M. Mounier* (édition Mame), p. 4.
[2] *Onzième lettre de Mirabeau à ses commettants*, p. 32.

Cette péroraison fut interrompue par des murmures; mais les réflexions de Mirabeau sur la nécessité d'une formule concise avaient frappé les esprits. Sieyès s'en aperçut, et se rallia à la dénomination d' « Assemblée nationale », proposée à la séance précédente par un député obscur, Legrand.

Beaucoup de membres hésitaient à rompre ouvertement en visière, non-seulement aux privilégiés, mais au pouvoir royal, par une aussi audacieuse usurpation : ni leur mandat ni leur conscience ne les autorisaient à aller jusque-là. La peur eut raison de ces scrupules, et le public des tribunes commença à dicter des ordres aux législateurs. « Les spec- « tateurs ne furent ni muets ni impartiaux [1]», dit Mounier, et Malouet nous livre un détail caractéristique : « Je pro- « posai à l'Assemblée d'examiner froidement et sans « tumulte, avant de formuler le décret, de quel côtése trou- « verait la majorité, promettant que le parti de l'opposition, « dont j'étais, s'y soumettrait et signerait l'arrêté comme « unanime, si nous étions dans la minorité. Nous étions « sûrs du contraire, et dans un instant tous les *non* se ran- « gèrent de mon côté, au nombre de plus de trois cents. « Pendant ce mouvement, un homme de la taille et de la « figure d'un portefaix, mais très-bien vêtu, s'élance des « galeries dans la salle, fond sur moi et ne prend au collet « en criant : *Tais-toi, mauvais citoyen!* Mes collègues vin- « rent à mon secours. On appela la garde; l'homme dispa- « rut, mais la terreur se répandit dans la salle [2]. »

Il était près de minuit : le député Biauzat réclama la remise au lendemain, sous prétexte « qu'un acte aussi « important et aussi solennel devait être fait en plein jour », en réalité pour que, dans l'intervalle, on pût effrayer un plus grand nombre de timides. Cette manœuvre obtint un plein

----

[1] *Exposé de la conduite de M. Mounier*, p. 5.
[2] MALOUET, *Mémoires*, t. I, p. 353.

succès : le 17, 491 voix contre 90 adoptèrent le projet amendé de Sieyès. « La plupart de ceux qui, la veille, avaient « soutenu mon opinion », dit Mounier, « l'abandonnèrent « subitement. Quant à moi, qui n'avais pu dans un si court « intervalle en apercevoir les inconvénients, je persistai, et « je fis une réponse négative... On prit la liste de tous « ceux qui avaient rejeté la rédaction de M. Sieyès; on fit « circuler cette liste dans Paris; tous ceux qui s'y trou- « vaient nommés furent représentés comme des traîtres[1]. »

En même temps qu'il offre le premier exemple des mena- çantes injonctions adressées aux députés par le public, le vote du 17 juin marque aussi le premier échec de la poli- tique modérée. Jusque-là, elle avait pu s'effacer à cer- taines heures, elle n'avait pas été vaincue; le 17, après un débat approfondi, après une double intervention de Mounier, elle n'arrivait à réunir que le sixième à peine des voix.

La conséquence fatale devait être pour cette politique une diminution de crédit. A la cour, on se dit avec satisfac- tion que, décidément, l'arbitraire seul pourrait venir à bout des factieux. Dans l'assemblée, ces esprits indécis ou pusil- lanimes que l'on retrouve à toutes les époques disposés à grossir la majorité, s'enrôlèrent à la suite de Sieyès.

Parmi les défections d'alors, Mounier fut surtout attristé de celle de Barnave. Le jeune député du Dauphiné était inaccessible à la peur : ce fut à son amour-propre qu'on s'adressa. Il s'était fait applaudir en soutenant les proposi- tions de son collègue; on affecta de l'appeler « l'aide-de- « camp de Mounier[2] »; il n'en fallut pas davantage pour le piquer au vif. Afin de bien établir son indépendance, il se mit à combattre les idées de son prétendu général. Comme celui-ci lui en manifestait son douloureux étonnement, il en

---

[1] *Exposé de la conduite de M. Mounier*, p. 6.
[2] Droz, *Histoire de Louis XVI*, t. II, p. 368.

reçut cette réponse : « Monsieur Mounier, vous avez votre
« réputation faite; je veux faire la mienne aussi[1]. » On sait
que Barnave comprit plus tard son erreur, s'efforça en vain
de soutenir la monarchie et sut noblement mourir. Auparavant, il avait adressé à Mounier exilé l'expression de ses
regrets[2].

[1] MONTLOSIER, *Mémoires*, t. II, p. 241.
[2] *De l'influence attribuée aux philosophes, aux francs-maçons et aux illu-
mines*, p. 102.

CHAPITRE VI

En apprenant le vote du 17, Necker fut atterré : il avait compté jusqu'au dernier moment sur une majorité en faveur des propositions modérées[1]. Force lui était de reconnaître l'amoindrissement de son influence sur les communes. Sa situation à la cour devait en ressentir le contre-coup : l'entourage du roi le tolérait comme un homme nécessaire ; du jour où il se montrerait impuissant à contenir les aspirations factieuses, sa présence au ministère perdrait toute raison d'être.

Sans se rendre aux représentations de Malouet[2], qui lui conseillait de ne pas heurter de front les sentiments des députés et de les envoyer prendre de nouvelles instructions dans leurs bailliages, il résolut de faire intervenir directement l'autorité royale. En vain le prudent député de Riom lui remontra-t-il que cette décision serait bien tardive, après l'attitude désintéressée et presque passive que la monarchie avait observée pendant le premier mois. Necker, appuyé, du reste, par Montmorin, lui témoigna son mécontentement de cette insistance, et le seul ministériel de l'Assemblée se trouva, comme il en a fait la remarque, en opposition de vues avec les ministres.

[1] MALOUET, *Mémoires*. t. I, p. 318.
[2] *Ibid.*, t. I, p. 319-321.

Madame de Staël nous a raconté [1] que, dès la première quinzaine de la réunion des États, son père avait conçu le projet d'une déclaration consacrant les bases du régime parlementaire : les principaux articles en étaient la délibération en commun pour toutes les matières fiscales, et, dans l'avenir, la périodicité et la dualité des assemblées législatives. Il est probable que la grande majorité du tiers eût alors reçu ces mesures avec joie, car elles tranchaient en sa faveur des questions encore débattues. L'opposition vint du roi, toujours éloigné de prendre une résolution nette, et surtout du parti de la reine, qui, au témoignage de madame de Staël, « considérait comme un attentat la pensée de « réduire un roi de France au misérable sort du monarque « britannique ». Le tort du ministre fut de ne pas offrir sa démission, et de couvrir de son nom une politique qu'il blâmait.

Lorsque l'attitude des députés eut rendu indispensable une manifestation du pouvoir royal, Necker, avec l'incorrigible obstination des hommes infatués d'eux-mêmes et de leurs idées, exhuma son projet de déclaration. Il ne parut pas se rendre compte que depuis un mois les esprits avaient marché comme les événements; que les concessions d'alors paraîtraient à l'heure qu'il était des restrictions; que la monarchie entrait par là en lutte avec les communes; que la victoire était fort douteuse et qu'il valait peut-être mieux tenter une négociation. « Malebranche voyait tout en « Dieu », disait Mirabeau; « M. Necker voit tout en « Necker [2]. » Il attribuait un mérite absolu aux conceptions de son esprit, et n'admettait pas qu'elles pussent manquer de justesse ou d'opportunité. Sa fille a écrit que « l'à-propos « est la nymphe Égérie des hommes d'État »; Necker dédaigna toujours de prendre les conseils de cette nymphe.

---

[1] Madame DE STAEL, *Considérations sur la Révolution française*, première partie, ch. xx.

[2] DUMONT (de Genève), *Souvenirs sur Mirabeau*, p. 298.

Son aveuglement fut pourtant dépassé par celui du petit cercle de la reine et du comte d'Artois; l'influence dominante y appartenait alors au baron de Breteuil. On accepta le principe de la déclaration, mais pour en dénaturer les termes et la portée, pour la rendre inacceptable aux communes, pour y insérer des garanties en faveur des privilégiés. En entraînant Louis XVI à Marly, en lui représentant qu'il y allait de la sécurité de sa couronne, on lui fit tout approuver. Quant à Necker, partagé entre son amour-propre et son attachement pour le pouvoir, il se résolut à ne pas assister à la séance royale, mais à rester ministre, sans comprendre combien cette détermination manquait de dignité, ni à quelles accusations elle pouvait donner lieu.

Pendant les huit jours que la cour consacra à préparer la déclaration, les députés n'étaient pas restés inactifs. Le 19 juin, le clergé était enfin allé aux voix sur la question de savoir s'il se joindrait aux communes; aucune des deux opinions n'obtint la majorité absolue, parce qu'une dizaine de membres votèrent la réunion avec quelques réserves et constituèrent une tierce opinion. Le cardinal de La Rochefoucauld, président, venait de déclarer la motion repoussée, quand les partisans de la réunion pure et simple s'écrièrent qu'ils acceptaient les réserves de leurs collègues et que la majorité absolue était ainsi acquise. Le cardinal s'empressa de lever la séance et de partir pour Marly avec M. de Juigné; les libéraux, à l'instigation de l'archevêque de Bordeaux, restèrent dans la salle sous la présidence de Pompignan, et adoptèrent la réunion, pour laquelle il y eut 149 signatures.

A cette nouvelle, la cour n'eut qu'une pensée : empêcher la mise à exécution du vote. Le tiers devait siéger le lendemain 20, et tout indiquait que les 149 viendraient dès ce jour dans la salle commune. On s'arrêta au moins courtois et au plus mesquin des expédients : dans la nuit, un billet

du grand-maître des cérémonies avertit Bailly que les
ouvriers allaient commencer les préparatifs de la séance
royale, et, le matin, quand les députés se présentèrent
à l'heure convenue, ils trouvèrent la porte close.

Répandus par groupes dans les cours du palais, ils engagèrent des colloques animés. L'indignation était générale.
La mesure qui enjoignait inopinément aux représentants de
la nation de laisser la place aux tapissiers paraissait si
exorbitante que, derrière l'insulte, chacun soupçonnait la
violence imminente. On se répétait les propos tenus avec
jactance dans les cercles aristocratiques : que quelques
régiments auraient raison des factieux; que les députés
rebelles iraient bientôt délibérer à la Bastille. Comme il arrive
toujours en pareil cas, la malveillance semait des bruits que
la crédulité recueillait. On s'encourageait mutuellement à
ne pas céder, à tenir cette séance que la cour voulait empêcher. Les uns proposaient de se réunir sur la place d'Armes;
d'autres, d'aller à Marly, sous les fenêtres du château, pour
mieux défier la royauté; les plus ardents parlaient déjà de
gagner Paris et d'y soulever les habitants. Enfin Bailly,
averti que la salle du Jeu de Paume était libre, s'y rendit
avec ses collègues.

Mounier prit immédiatement la parole, et dit que pour répondre aux menaces dont elle était l'objet, l'Assemblée devait
s'engager par un serment solennel à ne pas se dissoudre avant
d'avoir fixé la constitution; il lut la formule suivante :

« Nous jurons de ne jamais nous séparer de l'Assemblée
« nationale, et de nous réunir partout où les circonstances
« l'exigeront, jusqu'à ce que la constitution du royaume
« soit établie et affermie sur des fondements solides. »

La motion souleva un enthousiasme que le fameux tableau
de David n'a pas exagéré. Target, Chapelier, Barnave
l'appuyèrent. Malouet rapporte dans ses *Mémoires*[1] qu'il

---

[1] MALOUET, *Mémoires*, t. I, p. 322.

proposa de jurer en outre fidélité au roi, et que ce modeste amendement fut salué par des huées; les journaux et les *Mémoires* de Bailly[1] sont muets sur ce point. Ce qu'il y a de certain, c'est que le sage, le modéré Malouet joignit sa signature aux autres[2].

On connaît le reste de la scène : l'appel nominal par bailliages; l'unanimité des députés, sauf une obscure et honorable exception, la clôture de l'appel aux cris de : *Vive le roi!* En vain Chapelier, jaloux de ressaisir l'influence qui lui échappait, présenta-t-il une adresse à Louis XVI, dont les termes étaient violents jusqu'à l'injure. Mounier représenta qu'un tel langage marquait « peu de décence »; qu'il convenait d'attendre la séance royale pour être fixés sur les intentions définitives du monarque; que tout au plus l'Assemblée pourrait-elle lui témoigner « sa surprise et sa « sensibilité ». La motion n'eut pas de suite.

Telle fut la séance du 20 juin, qui a reçu le nom de *Serment du Jeu de Paume.* La Révolution a compté nombre de journées plus décisives : elle en a eu peu d'aussi théâtrales; voilà sans doute pourquoi l'imagination populaire en a été fortement frappée et pourquoi les historiens lui ont attribué une importance exagérée. Le rôle joué par Mounier lui a valu des malédictions passionnées et des louanges équivoques. Un célèbre écrivain a été jusqu'à voir dans ce fait, que l'initiative fut prise par « le moins fervent des ser- « viteurs de la Révolution », comme il appelle Mounier, « un de ces coups éclatants où se reconnaît la volonté qui « mène les empires[3] ». Il serait aisé de prouver que le serment du Jeu de Paume a eu bien peu d'influence sur la marche générale des événements, qu'il a été une simple manifestation de sentiments qui s'étaient déjà révélés. Nous

---

[1] BAILLY, *Mémoires,* t. I, p. 192-194.
[2] Cf. le procès-verbal. Bibl. nat., L e²⁹, 29 A et 29 B.
[3] Louis BLANC, *Histoire de la Révolution française,* t. II, p. 297.

ne devons pas moins en apprécier la correction et comme la moralité.

« On a ignoré », dit Mallet du Pan, « que, rendus au
« Jeu de Paume, toutes les têtes étant parties, l'abbé Sieyès
« voulut profiter de cet échauffement en proposant de se
« transférer sur-le-champ à Paris, de s'y constituer et d'y
« décréter au nom de la nation. Cette idée prenait faveur ;
« l'abbé Sieyès, entouré des siens, allait en faire la motion,
« lorsque Mounier, pour détourner ce coup, proposa le
« serment de rester unis jusqu'à la constitution faite. Ce
« fut donc une mesure forcée de sa part et indispensable
« dans la circonstance [1]. »

Quelque créance que méritent d'ordinaire les assertions du publiciste génevois, tout porte à penser qu'ici le désir de disculper son ami l'a entraîné au delà de l'exacte vérité. Le motif qu'il signale a pu agir sur l'esprit de Mounier ; mais il n'a pas agi seul, et surtout il n'y a jamais eu là de « mesure « forcée », de contrainte même indirecte. Nous n'en voulons pour preuve que le témoignage de Mounier lui-même, qui écrivait avec sa franchise accoutumée :

« Craignant de voir s'évanouir cette grande occasion, si
« longtemps attendue de réformer les abus, d'améliorer le
« sort du peuple ; cédant au désir de reprendre sur le parti
« populaire le crédit que j'avais perdu et que je ne voulais
« recouvrer que pour l'employer au bonheur de ma patrie ;
« espérant que la réunion des ordres procurerait une ma-
« jorité favorable à l'autorité du roi, je crus ce serment
« moins dangereux, je le crus excusé par les circonstances ;
« je me chargeai imprudemment de le faire mettre en déli-
« bération [2]. »

Ainsi, Mounier partageait, le 20 juin, les sentiments de ses

---

[1] Mallet du Pan, *Mémoires et correspondance*, t. I, p. 165, en note ; cf. *Mercure britannique*, t. V, p. 20.

[2] *Recherches sur les causes qui ont empêché les Français de devenir libres*, t. I, p. 296, en note.

collègues. Il craignait une dissolution violente, des mesures
de rigueur, la ruine de ses vœux les plus chers; s'il désap-
prouvait les partis extrêmes, il considérait, ainsi qu'à
Vizille, la résistance légale comme un devoir, et n'hésitait
pas à en donner le signal. L'occasion lui paraissait propice,
il nous l'avoue, pour reconquérir honorablement sa popularité compromise depuis quelques jours, de façon à pouvoir,
à un moment donné, enlever un vote en faveur d'une
constitution parlementaire. Quel que soit le jugement
porté sur son attitude, il doit conserver l'entière responsabilité de cette attitude.

L'une des opinions les plus sévères est celle qu'il a formulée lui-même trois ans plus tard : « Ce fatal serment
« était un attentat contre les droits du monarque; c'était lui
« déclarer qu'il n'avait pas le pouvoir de dissoudre l'Assem-
« blée; c'était la rendre indépendante, quel que fût l'usage
« qu'elle se permettrait de son pouvoir. Combien je me
« reproche aujourd'hui de l'avoir proposé ![1] »

Il écrivait ces lignes à la veille du 10 août, alors que la
royauté se mourait parmi les défections et les outrages;
dans les élans de son indignation, il était disposé à exagérer les torts de sa conduite passée. Neuf ans après, exa-
minant les événements d'un œil plus exercé et d'un esprit
plus rassis, il revenait en partie sur son appréciation et
donnait cette excuse au serment : « Pour que nous eussions
« été coupables, il aurait fallu prévoir avec certitude toutes
« les circonstances qui devaient conduire les Français sous le
« joug de la tyrannie populaire[2]. »

Ici Mounier s'est rapproché davantage de la vérité. On a
souvent le tort (et il le partageait en 1792) de rattacher le
serment du Jeu de Paume aux sinistres événements qui ont

---

[1] *Recherches sur les causes qui ont empêché les Français de devenir libres,*
t. I, p. 296, en note.

[2] *De l'influence attribuée aux philosophes, aux francs-maçons et aux illuminés,* p. 109.

suivi : nous nous convaincrons plus loin qu'il n'en est rien.
Le 20 juin, le député du Dauphiné commit incontestablement
la faute de méconnaître le droit de dissolution appartenant à
la couronne ; mais Louis XVI pouvait-il exercer ce droit après
les promesses vingt fois répétées de fixer ou de réformer la
constitution du royaume ? L'Assemblée, bafouée et menacée
par le parti aristocratique, n'était-elle pas dans une situation bien voisine de la légitime défense ?

Un peu plus d'un an auparavant, une scène analogue
s'était passée. Le bruit vague courait que Brienne allait
retirer le droit d'enregistrement aux magistrats par une
décision du pouvoir arbitraire. Sans attendre le lit de justice, le Parlement de Paris se réunit, le 3 mai 1788, en
assemblée générale, et, sur la proposition de d'Esprémesnil,
prêta le serment solennel de ne pas acquiescer aux prochains
édits [1]. Cette motion était aussi factieuse que celle de Mounier, et pourtant celui-ci, en 1789, était qualifié d'insurgé
par d'Esprémesnil.

C'est peut-être madame de Staël qui a le plus équitable-
blement jugé la séance du 20 juin : « Si le parti des privi-
« légiés », dit-elle, « avait été plus fort dans le moment où on
« l'attaquait, et que le parti national se fût montré plus sage
« après le triomphe, l'histoire aurait consacré ce jour comme
« l'un des plus mémorables dans les annales de la liberté [2]. »
Or, les privilégiés s'imaginaient être en possession d'une
puissance formidable, et ils avaient fait partager cette idée
à leurs adversaires. Quant à la sagesse après le triomphe,
Mounier se dépensa pendant trois mois pour la prêcher. Il
n'a pas dépendu de lui que le serment du Jeu de Paume ne
marquât le début des pacifiques et fécondes réformes.

La séance royale avait été fixée au 23 juin. Le comte

---

[1] Cf. Aimé CHÉREST, *La chute de l'ancien régime*, t. I, p. 468 et s.
[2] Madame DE STAEL, *Considérations sur la Révolution française*, première
partie, ch. XVIII.

d'Artois crut mettre les députés dans l'embarras en faisant
avertir le propriétaire de la salle qu'il jouerait à la paume
le 22. Le curé de Saint-Louis prêta son église; le tiers était
réuni depuis quelque temps dans la nef, quand les portes
du chœur s'ouvrirent et donnèrent passage à l'archevêque
de Vienne, suivi de ses 148 collègues. Les premiers transports de joie à peine calmés, deux députés nobles du
Dauphiné, MM. de Blacons et d'Agoult, vinrent à leur tour
se soumettre à la vérification commune; le même enthousiasme éclata à leur entrée.

Ce n'est pas ici le lieu de retracer la séance royale du
23 juin, signalée plus tard par Mounier comme une des principales causes qui ont préparé l'anarchie. Le projet de Necker
avait été remanié de telle sorte que les réformes ne figu-
raient plus qu'au second plan. Quelques paroles sévères du
roi précédaient une déclaration où les privilégiés s'étaient
donné l'imprudente satisfaction de faire consacrer leurs
vœux les plus impopulaires. Après avoir subordonné la
délibération en commun au vote favorable de chaque
chambre, Louis XVI ou ses conseillers, non contents de
cette restriction, excluaient formellement de l'Assemblée
générale les « affaires qui regardent les droits antiques et
« constitutionnels des trois ordres, la forme de constitution
« à donner aux prochains États Généraux, les propriétés
« féodales et seigneuriales, les droits utiles et les prérogatives
« honorifiques des deux premiers ordres ». C'était faire de
ceux-ci les arbitres de la situation et leur permettre de
réaliser leurs rêves de gouvernement aristocratique , quant
aux revendications du tiers, on ne pouvait les mépriser
plus ouvertement. — Aussi la seconde déclaration, celle
qui établissait pour l'avenir certaines garanties constitutionnelles, fut-elle reçue avec une parfaite indifférence.
Mounier écrivait quelques mois après : « Je ne verrai
« jamais dans une pareille constitution que l'oppression du
« peuple, le maintien de tous les abus, un levain de haine et

« de discorde entre tous les citoyens, et la nécessité du
« choix entre l'esclavage et l'anarchie [1]. »

Le tiers, comme il l'avait décidé à l'avance, tint la déclaration pour non avenue, et, en persistant dans ses résolutions précédentes, proclama ses membres inviolables. La
cour, intimidée par les démonstrations populaires, maintint
Necker au ministère. Dès le surlendemain, la minorité de la
noblesse vint siéger avec les communes. Les conseillers
secrets du roi, tout en préparant de nouveaux actes d'arbitraire, l'engagèrent à une apparente capitulation, et, le
27 juin, les privilégiés reçurent l'ordre de prendre séance
dans l'Assemblée générale. Ils y furent accueillis avec
égards; les députés du tiers, en très-grande majorité,
désiraient consciencieusement travailler au bien public;
une fois la réunion obtenue, ils étaient tout disposés à
oublier leurs griefs momentanés. Un historien bien informé
nous a transmis une preuve caractéristique de l'état des
esprits : « On entendait beaucoup de personnes s'écrier :
« La Révolution est finie! Quelques-unes ajoutaient avec
« attendrissement : Cette révolution est l'ouvrage de la phi-
« losophie; elle n'aura pas coûté une goutte de sang [2]. »
Nous avons déjà relevé dans un écrit de Mounier l'expression de cette trompeuse confiance [3].

Plusieurs membres des deux premiers ordres ayant
allégué la défense de délibérer par tête, contenue dans
leurs pouvoirs, l'Assemblée, sur la proposition de Talleyrand, enleva aux mandats tout caractère impératif. Les
gentilshommes signèrent contre la réunion une protestation soi-disant secrète, qui ne contribua naturellement pas
à affermir la concorde.

---

[1] *Exposé de la conduite de M. Mounier*, p. 8.

[2] DROZ, *Histoire de Louis XVI*, t. II, p. 264.

[3] C'est dans ce sens qu'il écrivit à la commission intermédiaire des états du
Dauphiné, en lui annonçant la réunion des ordres, et qu'elle répondit, le 6 juillet,
par de chaleureuses félicitations. Procès-verbaux, p. 269. (Arch. dép. de
l'Isère.)

A ce sujet, il n'est sans doute pas besoin de démentir une anecdote contenue dans un ouvrage dépourvu de toute valeur historique, et où le nom de Mounier se trouve mêlé[1]. On y lit que Bailly, prévenu de la protestation de la noblesse par le vicomte Mathieu de Montmorency et la duchesse d'Aiguillon, travestie en homme, convoqua chez lui à la hâte Mounier, Barnave, Boissy d'Anglas, Lanjuinais et le poëte Cailhava. Mounier et Cailhava, délégués pour demander des explications au duc de Luxembourg, auraient été courtoisement reçus par lui; mais le comte d'Artois, caché derrière un rideau, leur aurait soudain fait une violente scène de reproches. De pareilles fables se mentionnent à peine ; elles ne se réfutent pas.

Cependant l'ascendant de Mounier sur ses collègues se manifestait par des signes non équivoques. Le 3 juillet, lors du premier renouvellement du bureau depuis la réunion des ordres, on avait désigné pour la présidence le duc d'Orléans, et, sur le refus du prince, l'archevêque de Vienne. Le scrutin s'ouvrit ensuite pour l'élection des six secrétaires : Mounier figura en tête de la liste avec 420 voix, suivi de Grégoire, Lally, Chapelier, Sieyès et Clermont-Tonnerre. Les deux fractions du parti libéral étaient ainsi également représentées.

L'Assemblée commençait, à la même époque, à s'occuper du travail de la constitution. Mais, pour ne pas scinder cet important sujet, qui a tenu la première place dans les préoccupations de Mounier et dominé sa vie politique, il est préférable d'en renvoyer l'étude au chapitre suivant et de continuer ici à analyser les événements généraux.

La cour n'avait ordonné qu'à contre-cœur la délibération en commun. Au lieu de se résigner aux événements, elle

---

[1] *Mémoires d'un pair de France*, t. I, p. 444 et s. Cette publication apocryphe, où le personnage mis en scène paraît être le comte Fabre (de l'Aude), est attribuée par Quérard au baron de Lamothe-Langon.

méditait une revanche prochaine (les plus ardents de ses amis disaient une vengeance); on n'attendait pour jeter le masque que l'arrivée des troupes commandées par le vieux maréchal de Broglie. Des bruits sinistres couraient de nouveau; les régiments venaient de toutes parts; aux protestations des députés, le Roi répondait en alléguant la nécessité de prévenir des troubles à Paris et en proposant à l'Assemblée de la transférer à Noyon ou à Soissons, c'est-à-dire au milieu de l'armée. Après avoir supplié Necker de rester aux affaires, la Reine et ses amis redoublaient de froideur à son égard; il surprenait partout des marques de dissimulation ou de mauvais vouloir. Il acceptait néanmoins cette situation peu honorable, et ne songeait pas à y mettre un terme par une explication nette. C'était son dévouement à la cause populaire qui lui dictait sa conduite, a soutenu madame de Staël. Il est permis de croire qu'il rendait à cette cause un assez mauvais service (car sa présence au ministère n'avait d'autre effet que d'endormir les soupçons), et qu'il obéissait plutôt à son invincible attachement pour le pouvoir. Quoi qu'il en soit, au lieu d'offrir sa démission, il prétendait attendre qu'on le congédiât. C'est ce qui arriva dans la soirée du 11 juillet. Il faut reconnaître que Necker mit à exécuter les ordres du Roi une scrupuleuse délicatesse. Peut-être savait-il que Louis XVI avait compté sur cette délicatesse en refusant de l'envoyer à la Bastille. Dans tous les cas, il n'est que juste de rendre hommage à sa conduite.

La nouvelle se répandit le lendemain, un dimanche, où l'Assemblée ne tenait pas séance, et sema partout l'inquiétude et l'indignation. Le 13, Mounier se fit l'interprète des sentiments de ses collègues dans un discours très-animé. Tout en proclamant le droit du Roi de choisir et de changer ses ministres, il dénonça l'exercice actuel de ce droit comme le résultat d'un véritable complot contre la nation. « On a prononcé », s'écria-t-il, « les mots liberté, « félicité publique. Ils ont réveillé le courage de ceux qui sont

« intéressés à maintenir le peuple français dans la servitude. »
Il proposa une adresse au Roi pour lui demander le rappel
de Necker et de ses collègues, et conclut par des conseils de
modération : « N'oublions jamais qu'il ne faut pas adopter
« une constitution qui ne convienne qu'aux circonstances
« présentes... N'oublions jamais que l'autorité royale est
« essentielle au bonheur de nos concitoyens. »

Si l'on observe que le nouveau ministère n'avait d'autre
programme ni d'autre raison d'être que la réaction violente ;
que son dessein avoué était, sinon de dissoudre l'Assemblée,
au moins d'en jeter en prison les principaux membres ; que
la cour détestait le *parti anglais* à l'égal des plus forcenés
démagogues [1]; qu'en prenant l'initiative du serment du Jeu
de Paume, Mounier s'était signalé d'une façon toute spéciale
aux haines de la faction aristocratique, on conviendra que,
pour un homme personnellement menacé, son langage ne
manqua ni de mesure ni de noblesse. Beaucoup, à sa place,
eussent donné libre cours à leurs ressentiments, et remis à
une autre époque le soin de réclamer des garanties pour
un prince qui abusait ainsi de son pouvoir. Ce fut l'origi-
nalité et le grand mérite de Mounier, de ne jamais sacrifier
les principes aux impressions du moment, et, tout en se pliant
aux nécessités pratiques, de poursuivre sans cesse la réalisation du même plan.

Les orateurs qui lui succédèrent à la tribune dans cette
séance, Lally, Virieu, Clermont-Tonnerre, furent d'accord
avec lui pour conseiller à l'Assemblée, une fois sa protestation faite, de continuer le travail préliminaire de la constitution. Seul, Grégoire fit entendre des paroles plus violentes,
en proposant d'instituer un comité de dénonciation contre
« les conseillers perfides du roi ». Averti par l'archevêque-
président qu'un tel langage « ne devait pas se trouver dans
« la bouche d'un ministre de paix », il offrit de le retirer.

---

[1] Cf. Malouet, *Mémoires*, t. I, p. 285

Les événements du 14 juillet vinrent dénouer la situation d'une façon inattendue. On ne saurait dissimuler qu'ils produisirent parmi les députés une impression d'immense soulagement, suivie d'un véritable enthousiasme, quand, le 15 au matin, le Roi fut venu annoncer le retrait des troupes. La prise de la Bastille ne pouvait manquer de réjouir ceux qui, depuis quarante-huit heures, s'attendaient d'un instant à l'autre à y être conduits sous bonne escorte. Ils ne connaissaient pas, alors, ou ils ne voulaient pas connaître les sanglantes horreurs qui avaient accompagné le triomphe de l'insurrection; tout disparaissait devant le fait capital de la délivrance de l'Assemblée.

Ajoutons qu'en 1789, on n'était ni blasé ni édifié comme aujourd'hui sur les manifestations populaires [1]. Cette armée de volontaires, recrutée en quelques heures pour la défense de la liberté, n'évoquait d'autres souvenirs que ceux de Tite-Live ou de Plutarque. Personne ne songeait à prononcer le mot de Casimir Périer en 1830, à savoir : que s'il était beau d'avoir fait sortir tout ce peuple de ses demeures, il serait plus beau de l'y faire rentrer. Personne ne semblait se douter que les émeutes les plus excusables assurent fatalement la prépondérance aux hommes de désordre, et qu'entreprises pour rétablir des droits méconnus, elles aboutissent trop souvent au plus lourd despotisme, celui de la rue.

Aussi, quand, dans la journée du 15, une députation alla féliciter les Parisiens et leur faire part des promesses royales, les membres les plus honnêtes de l'Assemblée, Lally, Clermont-Tonnerre, le duc de Liancourt exaltèrent, dans des harangues prononcées à l'Hôtel de ville, les défenseurs de la nation et les vainqueurs de la Bastille. Un dernier trait peint l'état des esprits. M. de Juigné faisait partie de la députation; son caractère écarte toute idée de dissimulation,

---

[1] Le comte de Ségur (*Mémoires ou Souvenirs*, t. III, p. 434) raconte qu'à l'arrivée de la nouvelle on s'embrassait dans les rues de Saint-Pétersbourg.

7.

et l'on sait qu'il s'était activement mêlé aux menées des privilégiés. Touché par la grandeur du spectacle, il crut devoir féliciter ces étranges diocésains et leur proposer d'assister à un *Te Deum* solennel à Notre-Dame. L'invitation fut acceptée avec empressement.

« Tout le monde, alors, semblait avoir la tête tournée », dit un contemporain; « Mounier lui-même, le vertueux, le « fervent royaliste Mounier, revenant de Paris, ne cessait « d'exalter les belles choses dont il avait été témoin. Je l'ai « entendu dire à l'Assemblée : « Ah! Messieurs, quel beau « spectacle! la place était couverte d'une foule prodigieuse « de citoyens armés et non armés![1] »

Montlosier fait ici allusion à la séance du 16 juillet, où Mounier, au nom de la députation, fit le récit du voyage de la veille. Les journaux nous ont conservé son discours, dont le ton est, en effet, fort enthousiaste. « Jamais », s'écria-t-il, « fête publique ne fut aussi belle, aussi touchante... L'his- « toire n'offre point de pareil exemple! » Mais il mit une insistance particulière à rendre hommage aux intentions de Louis XVI et à faire retomber sur ses conseillers toute la responsabilité de la crise; cette pensée monarchique ressort bien nettement de la conclusion : « ... Et parmi les actes de « désespoir du peuple, en pleurant sur la mort de plusieurs « citoyens, il sera peut-être difficile de résister à un senti- « ment de satisfaction en voyant la destruction de la Bastille, « où, sur les ruines de cette horrible prison du despotisme, « s'élèvera bientôt, suivant le vœu des citoyens de Paris, la « statue d'un bon roi, restaurateur de la liberté et du bon- « heur de la France. »

Plus tard, quand dans les héros du 14 juillet Mounier eut retrouvé ceux des 5 et 6 octobre, s'il ne désavoua pas ses impressions premières; il en donna la même explication que le lecteur a trouvée plus haut : « Comme j'ai toujours pensé

---

[1] MONTLOSIER, *Mémoires*, t. I, p. 211.

« qu'on peut repousser légitimement l'oppression par la
« force, je ne résistai pas à un sentiment de joie, en con-
« templant dans la capitale le triomphe de la liberté et la
« destruction de la Bastille, cet affreux monument du des-
« potisme... Combien cette joie eût été mêlée d'amertume,
« si j'eusse alors pu prévoir que les paroles de paix seraient
« vaines..., que Paris deviendrait une république ayant une
« armée complète à ses ordres[1] ! »

Avant de poursuivre le récit des événements, il faut faire
une remarque essentielle : c'est à partir du 14 juillet que
décline définitivement l'influence des modérés. Mounier,
vaincu par Sieyès lors de la constitution en Assemblée nationale, avait reconquis la confiance de ses collègues depuis
le Jeu de Paume; nous allons assister à l'insuccès de ses
efforts pour arracher la France à l'anarchie. Diverses causes
ont motivé cet échec, et il importe de les indiquer brièvement.

« Ce que je vais dire pourra surprendre, et n'en sera pas
« moins vrai », écrivait Mounier en 1792. « Le plus grand
« nombre des députés envoyés aux États Généraux de 1789
« étaient ennemis des anciens abus, mais fidèles au Roi, ré-
« solus à ne tenter aucune réforme sans le libre concours de
« l'autorité royale, bien convaincus du danger de trop en-
« treprendre et de multiplier les innovations[2]. » L'ouvrage
où se trouve cette appréciation contient un des plus viru-
lents réquisitoires qui aient été dressés contre l'œuvre de la
Constituante; loin de céder à un mouvement d'indulgente
connivence, l'auteur s'est donc laissé guider ici par le seul
souci de la vérité. Du reste, il est d'accord sur ce point avec
les plus impartiaux des contemporains.

----

[1] *Exposé de la conduite de M. Mounier*, p. 13-14. — Cf. *Recherches sur les
causes qui ont empêché les Français de devenir libres*, t. II, p. 32, en note.

[2] *Recherches sur les causes qui ont empêché les Français de devenir libres*,
t. I, p. 256.

J'ai raconté la profonde déception qu'avait éprouvée cette majorité en voyant la monarchie déserter ses traditions séculaires et manifester des velléités de coalition avec l'aristocratie. La défiance du tiers s'était aussitôt traduite par le vote du 17 juin et le serment du Jeu de Paume. Néanmoins, le maintien de Necker aux affaires, la réunion des ordres avaient suffi à apaiser cette première émotion. En vain quelques factieux, avides de fonder leur fortune sur le désordre public, s'efforçaient-ils d'attiser le feu ; l'Assemblée, dédaigneuse de ces excitations, se préparait, sous la conduite de Mounier, à doter la France d'une constitution libérale.

Le renvoi des ministres amena une rupture définitive. Les députés furent indignés d'une hostilité si persistante. La cour, à leurs yeux, était définitivement inféodée aux prétentions des privilégiés ; désespérant d'un rapprochement, ils placèrent leur seule chance de salut dans l'abaissement d'un pouvoir qui, à deux reprises, s'était armé contre la cause nationale. Chaque entrave apportée à l'exercice de l'autorité royale leur parut un gage de liberté ; selon le mot de Malouet, « ils acceptèrent comme moyens défensifs des « idées subversives[1] ». Les concessions de Louis XVI ne faisaient que redoubler leurs soupçons : victimes une première fois d'une politique de dissimulation, ils s'obstinaient à redouter une arrière-pensée dans les mesures les plus libérales et à révoquer en doute la sincérité du roi. Comme le dit encore Malouet, « la grande majorité, per-« suadée que la cour était toujours en embuscade contre « les patriotes, se considérait dans un état de défense lé-« gitime[2] ».

Ainsi, les premiers coupables étaient ceux qui, après avoir donné pendant quelques heures le spectacle de la plus téméraire incapacité, gagnaient présentement à la dérobée la

[1] MALOUET, *Mémoires*, t. I, p. 335.
[2] *Ibid.*, t. I, p. 324.

frontière et frayaient ce chemin de l'émigration que les victimes de leur folie allaient bientôt suivre en foule. Chez
quelques-uns, les préjugés de caste n'avaient pu tolérer la
perspective de l'égalité politique; mais la plupart, il faut le
dire, avaient senti se révolter bien moins leur morgue que
leur insatiable et jalouse cupidité. Ils avaient vu surtout
dans les réformes la réduction des grandes charges et la révision des pensions; il n'en avait pas fallu davantage pour
les jeter dans la réaction absolutiste Grâce au concours de
circonstances que j'ai indiqué plus haut, ils étaient parvenus à attirer la monarchie dans leur alliance, et n'avaient
abouti qu'à la compromettre irrémédiablement, qu'à la
laisser sans défense devant les passions déchaînées par eux.
C'est toujours Malouet qui le déclare : « La démocratie et
« toutes ses fureurs sont nées des prétentions irritantes de
« l'aristocratie[1]. »

Après les premiers moments d'effervescence, les députés
auraient pourtant été amenés à se rendre un compte plus
exact des choses; ils auraient vu les instigateurs de la dernière crise en fuite ou en exil, les troupes éloignées, le pouvoir remis aux mains des plus sages partisans de la liberté,
le Roi déterminé à accepter cette situation nouvelle. Mounier
et ses amis avaient immédiatement compris qu'un retour
offensif de la faction aristocratique n'était plus à craindre.
Ils auraient sans doute fait passer cette conviction dans
l'esprit de leurs collègues, sans les menées des démagogues.

Quelques hommes méditaient certainement, avant le
14 juillet, l'emploi de l'intimidation vis-à-vis de l'Assemblée;
le lecteur se souvient des faits qui avaient accompagné le
vote du 17 juin. Mais la prise de la Bastille marque le vrai
point de départ, l'organisation de cette tactique.

Les récents événements avaient eu trois résultats princi-

----

[1] MALOUET, *Mémoires*, t. I p. 334.

paux : l'exaspération du peuple contre le parti des privilégiés, la création des gardes nationales, le relâchement des
liens de la discipline dans l'armée régulière. En d'autres
termes, il devenait évident que tout homme soupçonné de
tendances aristocratiques était exposé aux fureurs d'une
multitude armée, sans pouvoir compter sur l'assistance de
la force publique : de tragiques exemples ne tardèrent pas
à le prouver. Dès lors, avec la complicité au moins tacite
des radicaux de l'Assemblée, un système de véritable terreur
s'organisa. A chaque délibération importante, journaux,
pamphlets, billets anonymes, vociférations des tribunes, tout
conspirait à faire entrevoir les plus sinistres perspectives
aux partisans de la politique modérée. Comme l'agitation
ne se limitait pas à Paris, ce n'étaient pas seulement des
dangers personnels qui menaçaient les députés indépendants. « En résistant aux factieux », dit Mounier, « on expo-
« sait, dans les provinces, sa famille à des outrages, ses
« propriétés à des dévastations[1]. »

De tels arguments étaient sans réplique pour beaucoup
de députés, hommes probes et loyaux dans la vie privée,
mais dépourvus d'un degré suffisant de courage politique.
La plupart, pour ne pas avouer qu'ils avaient peur de la
populace, exagéraient la frayeur que leur inspirait la cour
désarmée. La défiance était un masque dont ils couvraient
leur lâcheté.

Les sentiments qui agitent l'âme humaine sont, d'ailleurs,
étrangement complexes, et l'on risque toujours de faire une
œuvre factice en essayant de les démêler. A ces deux mobiles, il faut joindre l'amour de la popularité, qui assujettit
certains caractères à l'égal des plus dégradantes passions,
et s'exerçait alors avec toute la force de la nouveauté.
N'oublions pas non plus cette tendance, à laquelle les cœurs
généreux échappent seuls, et qui nous porte à accabler les

---

[1] *Recherches sur les causes qui ont empêché les Français de devenir libres*,
t. II, p. 61.

vaincus : tels, Mounier l'a souvent rappelé, n'auraient osé jadis élever la voix contre les actes les plus abusifs de la royauté, qui s'acharnaient autour d'elle pour l'insulter dans sa défaite.

Enfin, car je dois abréger, le parti de l'ordre inaugurait déjà ces habitudes de négligence et d'inertie qui, en France, n'ont cessé de demeurer son apanage ; en face d'adversaires actifs et résolus, ses membres étaient incapables de sacrifier au devoir leurs plaisirs ou leurs aises. Voici les plaintes de Mounier à ce sujet : « Il faut avouer aussi que beaucoup de « députés bien intentionnés avaient si peu d'énergie, qu'on « ne pouvait pas même obtenir d'eux qu'ils se rendissent « dans la salle des délibérations dès le commencement de la « séance, et que, pour y rester jusqu'à la fin, ils retardassent « l'heure de leurs repas[1]. » Ce n'est pas cette page qui a le plus vieilli dans le livre.

Je me suis efforcé de résumer les causes qui ont fait peu à peu dériver l'Assemblée vers les idées et les hommes de la gauche, et qui ont miné l'influence de Mounier. Ce changement s'accusa nettement dans les débats relatifs à la constitution : il s'était manifesté auparavant dans une série de faits qui touchaient à la politique courante. Nous devons les passer rapidement en revue, en raison de leur importance tout d'abord, puis parce que la plupart d'entre eux font ressortir la noble attitude du député de Grenoble.

On rapporte que, vers cette époque, il dit à son collègue Virieu, en usant des métaphores mythologiques qui étaient alors en vogue : « Nous pensions qu'il était nécessaire d'avoir « la massue d'Hercule pour écraser les abus, et il nous fau- « drait les épaules d'Atlas pour soutenir la monarchie[2]. » C'est un spectacle consolant que donnent Mounier et ses amis, dédaigneux des menaces et des injures qu'on leur

---

[1] *Recherches sur les causes qui ont empêché les Français de devenir libres,* t. II, p. 64, en note.

[2] Félix du Bois, *Éloge de Mounier,* p. 31.

prodigue des deux côtés, absorbés par le soin d'assurer ses libertés à la France et ses prérogatives à la royauté.

Cette politique s'affirma dès la séance du 16 juillet. Après que Mounier eut terminé son récit du voyage à Paris, l'Assemblée désira entendre le discours prononcé à l'Hôtel de ville par Lally-Tollendal. Celui-ci, cédant aux instances de ses collègues, répéta pour eux sa harangue de la veille, qui fut couverte d'applaudissements. De pareilles scènes paraîtraient aujourd'hui indignes de la gravité parlementaire; elles mettaient alors le comble à l'exaltation.

Mirabeau prit ensuite la parole et proposa une adresse au Roi pour lui demander le renvoi des ministres. Plusieurs membres, Barnave entre autres, appuyèrent la motion, et y ajoutèrent un vœu en faveur du rappel de Necker. Après la démarche que Louis XVI était venu faire la veille auprès des députés, après surtout l'éloignement des troupes, le changement du ministère et la rentrée du directeur général des finances étaient inévitables. La proposition n'avait donc d'autre portée que de proclamer bien haut la dépendance du Roi et la défiante hostilité de l'Assemblée.

Mounier le comprit. Il n'avait pas hésité, trois jours auparavant, alors que le ministère agitait des projets menaçants, à prendre l'initiative de la protestation : il ne balança pas davantage à combattre une mesure qui lui semblait irrégulière sans excuse et injurieuse sans courage. La modération du langage tenu par lui le 13 le sauvait, d'ailleurs, de toute contradiction : il avait dit que le principe de la séparation des pouvoirs donnait au Roi une liberté complète dans le choix de ses conseillers, et que l'éventualité d'un coup d'État militaire permettait seule à l'Assemblée de formuler des représentations. Le 16, il montra que l'éloignement des troupes avait dissipé toute crainte et replacé les députés dans l'obligation de respecter la prérogative royale. Il déclara que si de pareils empiétements étaient parfois pra-

tiqués par le parlement britannique, ils n'en constituaient
pas moins un abus dont la nation anglaise faisait justice;
il invoqua à l'appui de cette assertion la crise récente où
Georges III, sommé par la Chambre des communes de
se séparer de Pitt et d'appeler Fox au pouvoir, avait prononcé la dissolution et obtenu une majorité ministérielle.
— Après avoir nettement établi le droit, Mounier concéda
qu'en fait le Roi, ayant la veille sollicité les conseils de
l'Assemblée sur la conduite des affaires, on pourrait en
prendre texte pour lui demander le rappel de Necker, mais
en ayant soin de présenter comme une réponse à la question royale un vœu qui, autrement, serait une flagrante
usurpation.

C'était modifier complétement la pensée primitive de
Mirabeau, dont les protestations ne se firent pas attendre.
Il traita la doctrine de Mounier d'*impie*, de *détestable*, de
favorable au despotisme, s'emporta en invectives et en railleries contre la séparation des pouvoirs, et dit que les prérogatives monarchiques trouveraient toujours une garantie
suffisante dans le droit de dissolution. Il feignait d'oublier
que Louis XVI était alors dans l'impossibilité morale de
congédier l'Assemblée.

Mounier se contenta de répéter en quelques mots que le
choix des ministres était du domaine de l'exécutif, et que
les députés ne pouvaient s'y immiscer sans empiétement.
Il fut soutenu par Clermont-Tonnerre; mais Lally, non
encore dégrisé sans doute de ses succès oratoires, et désireux de payer de retour l'enthousiasme des Parisiens, soutint que « les prières d'un peuple étaient des ordres ».
L'Assemblée ne parut pas s'apercevoir que cet étrange
argument justifiait au besoin tous les crimes et toutes les
hontes : elle vota la motion.

Le débat avait donné lieu à un incident assez vif. Un
député breton, Gleizen, imagina, pour réfuter Mounier, de
lire une page des *Nouvelles observations sur les États Géné-*

raux, où les États de 1356 étaient loués d'avoir réclamé
le changement des conseillers du dauphin. La gauche couvrit cette lecture de ses applaudissements ironiques, malgré
le défaut absolu d'analogie entre les deux époques. Le journaliste Gorsas traça de cette scène un tableau fantaisiste,
et représenta Mounier comme terrassé par la citation de
Gleizen [1]. Le député du Dauphiné, peu habitué encore à
ces attaques de la presse, envoya au journal de Barrère
une lettre rectificative qui ne fut point insérée. Instruit par
cette expérience, il dédaigna désormais les calomnies des
gazetiers [2].

Ce n'est pas la seule inexactitude qui se soit glissée dans
le compte rendu de cette séance : nous avons à en signaler
une autre, plus grave et plus répandue. Le *Courrier de
Provence,* dont le *Moniteur* est ici la reproduction, fait dire
à Mounier que l'ingérence du Parlement dans les actes du
pouvoir exécutif a *perdu* l'Angleterre. En réponse à ce mot,
il place dans la bouche du député d'Aix le mouvement
oratoire si célèbre et si vraiment admirable : « L'Angleterre
« est perdue! Ah! grand Dieu! quelle sinistre nouvelle! Et
« par quelle latitude s'est-elle donc perdue? ou quel trem-
« blement de terre, quelle convulsion de la nature a englouti
« cette île fameuse?..... »

Bien peu de personnes doutent que Mirabeau ait réellement prononcé ces paroles; Prévost-Paradol n'hésite pas à
lui en faire honneur dans un de ses plus brillants articles,
et on les cite volontiers, entre l'apostrophe au marquis de
Dreux-Brézé et la harangue sur la banqueroute, parmi les
cris sublimes du grand orateur. Il est pourtant difficile
d'admettre que Mounier, partisan passionné des institutions
anglaises, ait laissé échapper un mot en aussi complète

---

[1] L'article du *Courrier de Versailles,* quoique fort malveillant pour Mounier,
n'est pas écrit sur le ton grossier que prendront bientôt les feuilles révolutionnaires.

[2] *Exposé de la conduite de M. Mounier,* p. 14-17.

contradiction avec les sentiments de toute sa vie. Dire que l'Angleterre était perdue, et en même temps s'efforcer d'acclimater en France la constitution britannique, eût été une inconséquence par trop choquante. Aussi sommes-nous disposés à accueillir sa protestation, quand il nie formellement avoir tenu ce propos [1]. Nous possédons, d'ailleurs, un témoignage plus précieux encore, celui d'un collaborateur de Mirabeau, qui nous livre en ces termes la vérité : « Quand Brissot parlait de constitution, sa phrase familière « était : « Voilà ce qui a perdu l'Angleterre. — Com- « ment, lui dit un jour Duroverai (autre secrétaire de Mira- « beau) en feignant de l'étonnement, l'Angleterre est per- « due ! Depuis quand avez-vous cette nouvelle, et par « quelle latitude s'est-elle perdue ? » Mirabeau, qui trans- « crivait alors un de ses discours contre Mounier, prêta à « Mounier cette sottise qu'il n'avait pas dite, pour avoir le « plaisir de lui appliquer ce petit bon mot volé [2]. »

L'anecdote n'est guère à l'honneur de l'illustre tribun, et prouve une fois de plus que chez lui le caractère n'égalait pas le génie. Mais l'on doit faire des réserves sur le procédé de celui qui, après avoir vécu dans l'intimité et de l'intimité de Mirabeau, a pris soin de dévoiler ainsi ses petitesses à la postérité.

L'aveuglement de Lally fut de peu de durée. Le lendemain, il est vrai, il retourna à Paris avec la délégation qui escortait Louis XVI, et débita à l'Hôtel de ville une seconde harangue aussi optimiste que la première. (Ces mots, par lesquels elle commençait : « Le voilà, ce roi..... », et l'attitude plus résignée que confiante du monarque, firent dire à Rivarol que Lally avait paraphrasé l'*Ecce homo* [3].) Mais

---

[1] *Exposé de la conduite de M. Mounier*, p. 15, en note.

[2] Dumont (de Genève), *Souvenirs sur Mirabeau*, p. 184.

[3] M Félix du Boys, dans son *Éloge de Mounier*, lu en 1867 à la rentrée de la conférence des avocats de Grenoble, rattache à ce voyage de Louis XVI à Paris une anecdote dont il n'indique pas la source (p. 31). Le lecteur sait qu'à Versailles on redoutait que les Parisiens ne retinssent le Roi de vive force. Selon

bientôt les violences dont chaque courrier apportait la nouvelle lui ouvrirent les yeux. Dès le 20, il proposa d'adresser une proclamation au peuple pour le rétablissement de l'ordre. Cette idée fut d'abord accueillie par des applaudissements presque unanimes; mais les protestations des membres de la gauche extrême, notamment de Robespierre et de Buzot, intimidèrent l'Assemblée, qui se contenta de prononcer le renvoi aux bureaux. Le 23, après qu'on eut rendu compte du meurtre de Foulon et de Berthier, Lally reprit sa motion et la développa au milieu des plus violentes interruptions, dont l'une, retenue par l'histoire, pèsera éternellement sur la mémoire de Barnave [1].

Mounier partageait les sentiments de son ami. La fureur des égorgeurs l'indignait presque à un moindre degré que la faiblesse de La Fayette et de Bailly. Il a stigmatisé dans dans un de ses écrits « ces vils serviteurs de la populace, « qui, revêtus par elle du pouvoir militaire et civil, jetaient « dans les fers d'innocentes victimes, étaient assez stupides « ou assez criminels pour croire ou paraître supposer que « l'emprisonnement de ces malheureux calmerait sa fureur; « qui les voyaient déchirer sous leurs yeux, et ne rougis- « saient pas de rester les chefs d'une horde de bêtes féroces, « de capter ses faveurs par de basses flatteries ou d'in- « fâmes remontrances, dans lesquelles on parlait encore de « la bonté du peuple, où l'on donnait le nom d'erreurs à « des actions d'anthropophages [2]. » Aussi, dans la séance

---

M. du Boys, Mounier aurait engagé le duc d'Orléans, si ces craintes se réalisaient, à aller réclamer la mise en liberté du monarque. Le duc aurait refusé tout d'abord, alléguant sa répugnance à froisser les volontés populaires, et n'aurait cédé que devant les instances indignées de son interlocuteur. Il est difficile d'admettre que ce fait ait échappé pendant quatre-vingts ans à tous les historiens; il est impossible d'expliquer comment Mounier l'a omis en 1790 dans son *Appel au tribunal de l'opinion*, véritable acte d'accusation contre le duc d'Orléans. J'incline donc à croire qu'il n'y a là qu'une légende locale, dépourvue de fondement.

[1] « Le sang qui a coulé était-il donc si pur? »

[2] *Recherches sur les causes qui ont empêché les Français de devenir libres*, t. II, p. 34.

du 23, il appuya la motion de Lally. Comme on objectait
l'inefficacité d'une semblable proclamation : « Si cela réus-
« sit », répondit-il, « comme il y a apparence, vous n'aurez
« qu'à vous louer de votre courage. Si cela ne réussit pas,
« au moins vous faites votre devoir, et cette considération
« doit l'emporter sur toute autre. »

Mirabeau fit dévier la discussion. Après avoir rejeté la
responsabilité des crimes sur les électeurs de Paris, il cri-
tiqua l'usurpation de pouvoir dont ces derniers s'étaient
rendus coupables et proposa d'engager la Commune à nommer un conseil spécialement chargé de dresser un plan de
municipalité. Une idée aussi anarchique ne pouvait manquer
de choquer Mounier. « Je demande à M. de Mirabeau »,
s'écria-t-il, « s'il a entendu autoriser toutes les villes à se
« municipaliser à leur manière ? Cet objet est du ressort
« de l'Assemblée nationale, et il serait trop dangereux de
« créer des États dans l'État, et de multiplier des sou-
« verainetés. » — Mirabeau consentait rarement à convenir de ses erreurs : une fois qu'il avait émis une idée, il
la poursuivait jusqu'aux dernières conséquences, et la
contradiction redoublait son opiniâtreté. Il insista, prit
des exemples dans les institutions américaines, et dit qu'en
sauvegardant quelques grands principes, comme l'union
indistincte des trois ordres, la liberté des élections et l'amo-
vibilité des offices, il fallait laisser les communes libres de
s'organiser à leur gré.

Le débat se poursuivit après cette digression. Malouet
et Virieu soutinrent la motion de Lally. Elle fut enfin adoptée dans la séance de nuit, mais avec des modifications qui
en affaiblissaient considérablement la portée [1].

Le 27, Mounier intervenait pour empêcher un nouvel
abus de pouvoir et peut-être un nouveau crime. Effrayé par

---

[1] Cette mesure était réclamée dans les provinces. Cf. une lettre écrite de Grenoble à Mounier par Savoye *de* Rollin, le 29 juillet ; Bibl. de Grenoble, fonds
Mounier.

les événements du 14, l'abbé Maury avait déserté l'Assemblée, où bientôt il devait remporter ses plus beaux triomphes oratoires, et quitté Versailles sous un déguisement. On l'avait reconnu à Péronne, et la municipalité avait pris sur elle de le tenir en état d'arrestation. A cette nouvelle, l'archevêque de Vienne protesta au nom de l'inviolabilité décrétée par l'Assemblée; outre l'adhésion de Mounier et de Lally, il obtint celle de Freteau de Saint-Just, l'un des parlementaires patriotes. On décida que la municipalité de Péronne devrait immédiatement laisser l'abbé Maury venir reprendre son siége à Versailles.

Quatre jours après, le 31, une affaire analogue se présentait encore. Il s'agissait du baron de Besenval, membre très-remuant de la coterie des Polignac, général en chef de l'armée réunie au Champ de Mars dans la première quinzaine de juillet, et possédant à ces deux titres une universelle impopularité. Il avait été arrêté sur la route de l'émigration, et on se disposait à le conduire à Paris, quand Necker, reçu dans la capitale avec des ovations enthousiastes, demanda sa grâce aux électeurs. Les droits de ces derniers n'allaient certainement pas jusque-là; mais ils s'étaient fait depuis quelques jours une facile habitude de l'usurpation, et ils accédèrent généreusement à la requête. Les factieux s'émurent en voyant leur échapper une proie sur laquelle ils comptaient; ils déterminèrent plusieurs sections à adresser une protestation à l'Assemblée, et celle-ci dut s'occuper de la question. Dans l'intervalle, les électeurs, intimidés, avaient rapporté leur arrêté de délibération; par suite, la discussion roula non pas sur la validité de cet arrêté, mais sur le point de savoir si l'incarcération primitive de Besenval était légale. A ceux qui objectaient l'incompétence d'une municipalité pour exercer des poursuites judiciaires, on opposait cette réponse spécieuse, que chacun avait le droit de s'assurer d'une personne désignée par la *clameur publique* comme l'auteur d'un crime, et que cette clameur accusait unanimement Besenval d'avoir pris une part importante à la conspiration des privilégiés.

Il est probable que le baron, en cas de réussite des projets de la cour, n'aurait pas hésité à faire enlever Mounier par ses soldats et à le jeter dans quelque forteresse. D'un autre côté, le député du Dauphiné risquait, en plaidant une cause aussi compromise dans l'opinion, de fournir un nouveau prétexte aux calomnies qui couraient déjà contre lui. Mais il n'était pas de ceux qui se laissent déterminer par des mobiles tels que la rancune et la pusillanimité. « Je n'ai « jamais connu M. de Besenval », écrivait-il plus tard, « mais je voulus défendre les principes de la liberté indi- « viduelle, sans laquelle la liberté politique n'est qu'une « absurde et dangereuse chimère[1]. » Il rappela que les poursuites pour crimes politiques ne pouvaient avoir lieu qu'à la requête de l'Assemblée nationale, et non sur l'initiative d'une municipalité. Quant à l'argument tiré de la *clameur publique*, il n'eut pas de peine à y montrer le plus détestable sophisme; cette clameur publique, n'étant en réalité qu'un prolongement du flagrant délit, ne pouvait motiver une arrestation qu'après un crime incontestable et indéniable; à la manière dont on voulait l'entendre, la liberté de chaque citoyen serait à la merci des délations. La justesse de ce raisonnement était évidente; les patriotes néanmoins témoignèrent à plusieurs reprises leur mécontentement. « Je fus interrompu par des huées dans le cours de « mes réflexions », dit Mounier, et il ajoute qu'il répliqua : « Je ne désire pas les applaudissements, je ne crains pas les « marques d'improbation, et je ne cherche pas à obtenir les « faveurs de la ville de Paris[2]. »

Mirabeau, qui répondit, fut réduit à soutenir que les électeurs de Paris n'avaient pas le droit d'accorder une amnistie. Nul ne le contestait; seulement, il s'agissait de fa-

---

[1] *Exposé de la conduite de M. Mounier*, p. 21.
[2] *Ibid., ibid.*

voir si, depuis la prise de la Bastille, ils avaient hérité du pouvoir d'expédier les lettres de cachet. Lally insista sur ce point; mais l'Assemblée ratifia les faits accomplis et plaça solennellement Besenval sous la garde de la loi, ce qui impliquait son maintien en état d'arrestation. Ce vote signifiait presque brutalement à Necker que son crédit sur la majorité avait des bornes, et qu'elle n'était rien moins que disposée à le suivre dans les voies de la modération.

Un incident plus grave encore se produisit le 3 août. L'Assemblée avait à renouveler son bureau, et tout présageait que la lutte serait chaude pour l'élection du président. Les avancés portaient Sieyès, et les modérés Thouret, qui avait parlé avec sagesse et talent le 16 juin. On n'avait pas manqué de répéter dans les pamphlets, dans les réunions populaires, au Palais-Royal, que l'élection de l'avocat normand marquerait un retour offensif du despotisme et rendrait nécessaire un nouvel acte de justice de la part du peuple; bref, on combinait le plan qui fut exécuté deux mois plus tard. Néanmoins, comme le vote avait lieu au scrutin secret, Thouret obtint la majorité, à la grande indignation des tribunes. Malheureusement, le nouvel élu ne comptait pas parmi ses qualités la fermeté du caractère : effrayé des menaces qui pleuvaient chez lui de toutes parts, il crut devoir monter à la tribune pour remercier ses collègues et décliner la présidence. Instruit par l'expérience, il commença dès lors une évolution qui devait le conduire sur les bancs de la gauche; il y retrouva plus tard ces honneurs qu'il avait repoussés à regret, et, par une bizarrerie de la destinée, ce fut lui qui occupa le fauteuil à la dernière séance de la Constituante.

L'autorité de la populace se manifestait au grand jour, et l'on pouvait prévoir le moment où les députés seraient absolument soumis à cette humiliante dictature. Les esprits éclairés sentirent la situation qui était faite à l'Assemblée, réduite à solliciter pour ses choix la ratification des tribunes.

Aussi bien, ne saurait-on trop blâmer la faiblesse de Thouret, qui, par son refus, se rendit coupable d'une véritable défection vis-à-vis de ses amis politiques : après avoir accepté la candidature, il lui était interdit de se dérober à la fonction.

Cette scène eut une autre fâcheuse conséquence. Le désarroi des modérés les empêcha de présenter un candidat à l'élection qui eut lieu le soir, et si leurs adversaires eurent la pudeur de ne pas voter pour Sieyès, ils firent passer Chapelier, dont les opinions étaient analogues. Le « président « breton »[1], comme l'appelle Camille Desmoulins, mit une grande habileté à seconder les desseins de la faction. Une de ses mesures les plus importantes consista à supprimer ou à laisser tomber les réunions dans les bureaux ; voici le témoignage de Mounier sur ce point : « Les bureaux offraient « une grande ressource. C'était là que, dégagés de tout ce « qui excite la vanité, n'ayant plus les applaudissements des « spectateurs à désirer, les marques d'improbation à craindre, « n'ayant point de discours à prononcer pour les faire insérer « dans les gazettes, on préparait, avec l'attention la plus « scrupuleuse, les diverses questions qui devaient être trai- « tées dans l'Assemblée, et que beaucoup d'hommes modestes « opposaient la froide raison et l'expérience à la chaleur des « idées prétendues philosophiques. Mais..... on soutint que « l'enthousiasme patriotique s'affaiblissait dans les bu- « reaux[2]. » Ils avaient, en effet, aux yeux de la gauche un grave inconvénient : en permettant aux députés de se faire une opinion raisonnée, de la développer à l'occasion, ils les protégeaient en partie contre les surprises des séances publiques et l'influence des tribunes. Celui qui, sur une question, s'était engagé dans un certain sens, soit au su de ses collègues, soit simplement dans son for intérieur, hésitait beaucoup plus à se rendre aux vociférations de la populace. Pour

---

[1] *Révolutions de France et de Brabant*, t. I, p. 129.
[2] *Exposé de la conduite de M. Mounier*, p. 23.

8.

celui, au contraire, que ces vociférations surprenaient sans opinion faite, la tentation était bien grande de demeurer dans une prudente ignorance et d'émettre un vote plus « patriotique », suivant le langage du temps, que raisonné et surtout qu'indépendant. Chapelier s'en rendait bien compte quand il négligeait volontairement de réunir les bureaux.

Le Roi notifia à l'Assemblée, dans sa première séance du 4 août, une décision qui était de nature à calmer toutes les défiances. Il choisissait parmi les députés deux prélats et deux gentilshommes, connus tous quatre pour leurs sentiments libéraux, et les admettait au nombre de ses ministres; l'archevêque de Bordeaux était nommé garde des sceaux, l'archevêque de Vienne recevait la feuille des bénéfices, le marquis de la Tour du Pin le ministère de la guerre, et le maréchal de Beauveau l'entrée au conseil. Ces nominations, évidemment inspirées par Necker, marquaient de la part de la royauté un rapprochement vers les hommes et le programme du parti modéré; à ce titre, elles devaient donner lieu à de nouvelles calomnies.

Le nom de Mounier ne figure pas dans le compte rendu de la nuit du 4 août; mais, pour qui connaît tant soit peu son caractère, il est facile de se le représenter, pendant cette séance mémorable, silencieux à son banc et quelque peu attristé au milieu de l'ivresse générale. Certes, le régime féodal n'avait pas eu d'adversaire plus déterminé; mais il en avait rêvé une autre abolition que cette scène où la générosité, la déraison, la jalousie rivalisaient d'ardeur; où un cadet de famille prenait l'initiative de sacrifices peu coûteux pour lui; où l'on jetait à bas en quelques heures le vieil édifice, sans prendre cure de ceux que les débris pourraient atteindre ni de ceux qui allaient se trouver dépourvus d'abri; où, en arrêtant des mesures de principe sans en régler l'exécution, on adressait à tous les paysans du royaume une véritable provocation à la jacquerie; où enfin, loin de mettre un terme à aucune division, d'opérer

aucune conciliation, on multipliait les malentendus, les
préventions et les rancunes. « La plupart des arrêtés du
« 4 août », a-t-il écrit, « ont au moins été à contre-temps.
« Fallait-il, par exemple, permettre la chasse à tous les
« propriétaires, avant d'avoir fait des lois de police contre
« ceux qui ne le sont pas? supprimer les justices seigneu-
« riales avant de les avoir suppléées, et cependant ordonner
« aux officiers supprimés de continuer leurs fonctions, et
« rendre la justice gratuite avant d'avoir réglé le sort
« des officiers? déclarer la dîme rachetable, l'éteindre
« quelques jours après sans rachat, et cependant vouloir
« continuer la perception [1]? »

On sait que l'Assemblée entrevit ces difficultés dès le lendemain, et qu'elle n'employa pas moins d'une semaine à
rédiger les décisions prises dans l'enthousiasme d'une nuit.
Le 6, Duport proposa un arrêté portant abolition immédiate
de toutes redevances ou prestations pécuniaires établies en
remplacement des droits féodaux et censuels. Mounier
demanda la parole : les assistants, devinant dans quel sens
il voulait intervenir, éclatèrent aussitôt en huées; un véritable tumulte s'organisa pour l'empêcher de monter à la
tribune. Sans se déconcerter, il mit Chapelier en demeure
de consulter l'Assemblée, qui ne put refuser de l'entendre.
Il établit en quelques mots que la motion de Duport constituait une monstrueuse iniquité, que les redevances en question étaient depuis des siècles entrées en ligne de compte
dans tous les contrats, qu'en les abolissant sans rachat on
enrichissait aveuglément les uns et on réduisait les autres à
la misère. Ses efforts demeurèrent inutiles ; Duport répliqua
sentencieusement : « Tout ce qui est injuste ne peut sub-
« sister ; tout remplacement à ces droits injustes ne peut
« également subsister », et l'Assemblée, subjuguée par
tant de logique, vota l'extinction sans rachat.

[1] *Exposé de la conduite de M. Mounier*, p. 49, en note.

Mounier fut plus heureux le 9, dans la discussion d'un emprunt demandé par Necker, en faisant écarter la nomination d'un comité de surveillance comme contraire à l'indépendance du pouvoir exécutif. Pareille idée était alors prématurée.

Le 10, il remporta un dernier succès. Target, rapporteur du comité de rédaction, proposait pour les troupes une formule de serment par laquelle elles se seraient engagées à ne combattre les rebelles que sur la réquisition de l'Assemblée et des magistrats civils. Mounier fit ressortir le double danger de la formule : « Si les troupes », dit-il, « juraient « de ne prendre les armes contre les citoyens que sur la « réquisition de l'Assemblée nationale et des magistrats « civils, il en résulterait que l'Assemblée réunirait le pou- « voir exécutif et le pouvoir législatif, tandis qu'elle ne « peut faire que des lois. Il arriverait que les soldats se « croiraient en droit de refuser l'obéissance à leurs chefs, « et que, dans les moments pressants, il faudrait lire à « chacun d'eux la réquisition des officiers civils. » Il suggéra l'amendement suivant : « Les soldats jureront d'être « fidèles à la nation et au Roi; on ajoutera au serment des « officiers, qu'ils ne pourront commander les troupes « contre les citoyens que sur la réquisition des magistrats « civils. »

La majorité lui donna raison, à la grande indignation des factieux. Cette distinction si juste entre celui qui donne l'ordre et ceux qui l'exécutent les révoltait par-dessus tout: leur espoir, justifié par les événements, était précisément d'amener les soldats à refuser l'obéissance militaire, en un jour d'émeute, sous des prétextes de légalité. Brissot, dans son journal, se fit en ces termes l'interprète de leur mécontentement : « M. Mounier a présenté une formule de ser- « ment différente pour le soldat et pour l'officier. Celle « pour les soldats suppose que ce sont des automates inca- « pables de distinguer quand ils doivent résister à l'ordre.

« C'est une doctrine qui cadre mal avec la Révolution et
« l'ordre de choses où nous sommes [1]. »

Mais la fureur croissante de la gauche contre Mounier
avait une cause plus sérieuse encore que son intervention
dans les détails de la politique générale : je veux parler de
ses plans de réforme constitutionnelle. Il convient à présent
d'en aborder l'étude.

[1] *Patriote français,* 12 août 1789.

CHAPITRE VII.

Préliminaires de la Constitution. — Déclaration des droits de l'homme.

Lorsque Mounier, rentré dans sa province après les événements d'octobre, rendait compte à ses compatriotes du rôle joué par lui à l'Assemblée, il leur disait que l'organisation constitutionnelle du royaume avait été l'objet constant de ses préoccupations, et qu'il y avait subordonné tout le reste [1]. Il ne faisait alors qu'exprimer l'exacte vérité. Sa conduite en Dauphiné, l'écrit qu'il avait publié à la veille de la réunion des États, indiquaient déjà clairement cette pensée maîtresse. Elle était entrée pour beaucoup dans son initiative au Jeu de Paume. Nous avons vu que le 13 juillet, à l'heure où le renvoi de Necker agitait le plus violemment les esprits, il avait insisté sur la nécessité de travailler à la Constitution, non pas comme à un acte de représailles, mais comme à une mesure d'apaisement. Une fois le danger des coups d'État écarté, il devait redoubler d'ardeur pour atteindre le résultat depuis si longtemps poursuivi.

Nous connaissons déjà les lignes générales de son plan de constitution. Conduit, par ses lectures et ses réflexions personnelles, à une profonde admiration pour le régime anglais, il se proposait d'en acclimater en France les principes essentiels. Trop sensé, d'ailleurs, pour présenter à ses concitoyens la copie textuelle d'institutions nées dans des circonstances particulières, il tenait compte dans une large mesure des traditions et des besoins de la France. Mais,

[1] *Exposé de la conduite de M. Mounier*, p. 3.

cherchant un système qui pût garantir tout ensemble la liberté des citoyens, la stabilité du trône, le maintien de l'ordre, la dignité du pays vis-à-vis de l'étranger, trouvant chez un peuple voisin une heureuse solution de ce grave problème, il ne se faisait aucun scrupule de se l'approprier et de la mettre au-dessus de telle conception abstraite.

Ces idées n'ont pu prévaloir. Les privilégiés, auxquels elles assuraient une influence prépondérante, n'y virent que la ruine de leurs avantages pécuniaires et de leurs prérogatives honorifiques. Le gros du parti populaire, séduit par cette aveugle passion de l'égalité, si souvent funeste, en France, à la cause libérale, repoussa avec fureur ce qu'il considérait comme une consécration du régime aristocratique. Les métaphysiciens, enfin, s'indignèrent qu'on pût préférer un état de choses issu des événements, du choc des intérêts et des passions, au projet combiné à loisir dans le cerveau d'un sage, et qu'on s'attardât à admirer la Grande Charte, alors que le monde était en possession du *Contrat social*.

Devant la coalition des rancunes, des jalousies et des utopies, les *anglomanes,* comme on les appelait, ont échoué; mais la postérité n'en doit pas moins enregistrer leur tentative et remarquer que, suivant le mot de M. de Lavergne, « il y a eu dès 1789 un grand parti monarchique et consti« tutionnel, dont le succès a été quelque temps possible et « même probable[1]. » On est souvent porté à l'oublier aujourd'hui : d'illustres historiens nomment à peine Mounier, et semblent presque ignorer qu'il a voulu inaugurer la Révolution en 1789 par où elle a fini en 1814[2]. — Tel met sous nos yeux, avec la magie du pinceau et la précision du

---

[1] L. DE LAVERGNE, *Le parti monarchien à la Constituante : Revue des Deux Mondes*, 15 juin 1842.

[2] Parmi ceux qui font exception, il convient de citer au premier rang M. Duvergier de Hauranne, dans l'*Introduction* de son *Histoire du gouvernement parlementaire* (t. I, p. 39 et s.), la lutte de Sieyès et de Mounier est retracée de main de maître.

scalpel, les plaies de l'ancien régime, les machinations de la
faction patriote, les aberrations des métaphysiciens, qui
garde le silence sur les doctrines soutenues par le représentant du Dauphiné. Sans doute, l'égarement a dominé à
cette époque ; mais ceux dont la vertu et la sagesse ne se
sont pas démenties n'en méritent qu'un plus solennel hommage. — Un grand homme d'État, qui a raconté tous les
excès de la Révolution avec un fatalisme résigné, bien voisin
parfois de l'apologie, soutient que la tentative de Mounier
fut prématurée, que la constitution anglaise devait être pour
la France le prix de longues épreuves, et qu'on ne pouvait
signer la paix avant le combat [1]. Comme si les traités les plus
utiles et les plus vraiment glorieux n'étaient pas ceux qui,
au lieu de terminer une guerre sanglante, la préviennent !

Dès le 6 juillet, un comité de trente membres fut nommé
dans les bureaux pour régler les questions préliminaires et
la procédure, pour préparer la grande discussion. Trois jours
après, à la séance du 9, Mounier lut, au nom de ce comité,
un rapport sur l'ordre du travail de la constitution.

Ses premières paroles étaient pour se rattacher aux
anciennes traditions de la monarchie et réfuter le système
de la table rase : « Nous ne pouvons pas dire », soutenait-il,
« qu'en France nous soyons entièrement dépourvus de
« toutes les lois propres à former une constitution », et,
cherchant dans le passé ces principes primordiaux, il y trouvait l'existence du pouvoir royal, l'incapacité dont les
femmes étaient frappées par la loi salique, et le droit pour
la nation de consentir les taxes. « Mais », s'empressait-il
d'ajouter, « malgré ces précieuses maximes, nous n'avons
« pas une forme déterminée et complète de gouverne-
« ment... L'autorité est éparse, ses diverses parties sont
« toujours en contradiction , et, dans leur choc perpétuel,

---

[1] Thiers, *Histoire de la Révolution française*, no'e 5 du t. I.

« les droits des citoyens obscurs sont trahis. » En résumant
ses arguments sur une question qui, à diverses reprises, l'a
heureusement inspiré, celle de savoir s'il y avait en France
une constitution, il faisait observer que « l'établissement de
« l'autorité royale ne suffit pas sans doute pour créer une
« constitution », et demandait ironiquement : « Dans quel
« temps de notre monarchie voudrait-on choisir les exem-
« ples de notre prétendue constitution ? » Il n'avait pas de
peine à démontrer que les Champs de Mai, la féodalité, les
anciens États Généraux, la monarchie absolue de Richelieu
et de Louis XIV offraient autant de régimes distincts, qu'aucun d'entre eux n'était assez dégagé de l'arbitraire pour
qu'on pût le qualifier de constitutionnel, et qu'au fond il y
avait là surtout une querelle de mots : « Ceux mêmes qui sou-
« tiennent que nous avons une constitution, reconnaissent
« qu'il faut la perfectionner, la compléter... Fixons, enfin,
« la constitution de la France ; et, quand les bons citoyens
« en seront satisfaits, qu'importe que les uns disent qu'elle
« est ancienne, et d'autres qu'elle est nouvelle, pourvu que,
« par le consentement général, elle prenne un caractère
« sacré? » Il avait soin, en terminant, de mettre encore ses
collègues en garde contre les entraînements philosophiques :
« Nous n'oublierons pas que les Français ne sont pas un
« peuple nouveau, sorti récemment du fond des forêts pour
« former une association...» Enfin, après avoir dit quelques
mots de la déclaration des droits de l'homme, dont nous
nous occuperons un peu plus bas, Mounier proposait l'ordre
de travail suivant : Droits de l'homme; principes de la
monarchie; droits de la nation ; droits du Roi ; droits des
citoyens ; représentation nationale ; pouvoir législatif;
assemblées provinciales et municipales; pouvoir judiciaire;
pouvoir militaire.

L'Assemblée ordonna l'impression du rapport et le renvoi aux bureaux. Mounier, qui n'hésite pas, on l'a vu, à
avouer à l'occasion l'accueil défavorable fait à ses commu-

nications, affirme que cette lecture rencontra sur presque tous les bancs une adhésion surprenante[1]. Il faut joindre à son témoignage celui de Rivarol, peu suspect en pareille matière : « M. Mounier, un des meilleurs esprits du comité..., « prouva d'abord que notre gouvernement, quoique essen- « tiellement monarchique, n'avait jamais eu de forme bien « déterminée[2]. » Ferrières, il est vrai, reproche au rapport d'avoir convié l'Assemblée à faire de toutes pièces une œuvre nouvelle plutôt qu'à réformer les institutions existantes[3]; mais les extraits précités montrent que l'accusation est peu justifiée, et qu'ici le gentilhomme angevin a cédé aux illusions ou aux préjugés de son parti. Mirabeau, dans son journal, émet une appréciation analogue : « On a trouvé « dans ce Mémoire le mérite de l'analyse et de la clarté, mais « le vague d'un programme dont le développement convien- « drait mieux à une société de philosophes, que rien ne presse « dans leurs méditations, qu'à une *Convention nationale* sou- « mise aux circonstances les plus impérieuses dont une « Assemblée politique ait jamais été harcelée[4]. » Le grief, explicable sous la plume d'un défenseur obstiné de l'ancien régime, est inattendu sous celle du tribun : accuser Mounier d'avoir trop sacrifié au goût philosophique est aussi fondé que de lui reprocher son mépris pour l'Angleterre. Aussi, quand Mirabeau veut préciser ses critiques, il tombe immé- diatement dans la contradiction : « On y a trouvé surtout », dit-il, « de grandes lacunes, telles que l'impôt, l'éducation « publique, etc., etc. » Le rapporteur n'avait pas de peine à lui répondre que les principales questions relatives à l'impôt se rattachaient aux droits respectifs de la nation et du Roi, et que, pour l'éducation, bien d'autres objets réclamaient

---

[1] *Exposé de la conduite de M. Mounier*, p. 11.

[2] RIVAROL, *Tableau historique et politique des travaux de l'Assemblée con-stituante*, p. 116.

[3] FERRIÈRES, *Mémoires*, t. I, p. 83.

[4] *Dix-neuvième lettre de Mirabeau à ses commettants*, p. 2.

plus instamment une solution [1]. En réalité, Mirabeau, jaloux du crédit de Mounier, s'efforçait de l'amoindrir sans se montrer scrupuleux sur le choix des moyens ni des arguments. Madame de Staël, qui avait hérité des rancunes paternelles contre le député d'Aix, a écrit sur son compte un mot cruellement vrai : « Mirabeau, comme tous les « hommes sans morale, vit d'abord son intérêt personnel « dans la chose publique, et sa prévoyance fut bornée par « son égoïsme [2]. »

Une question préliminaire restait à régler : comment se prépareraient, avant la discussion publique, les divers chapitres de la constitution ? La délibération s'ouvrit à ce sujet le matin même du 14 juillet, alors qu'on attendait avec angoisse l'exécution des projets du nouveau ministère. Deux avis furent présentés. La gauche proposait le mode qui a prévalu depuis dans notre procédure parlementaire, c'est-à-dire la nomination d'un comité (que nous appelons aujourd'hui commission) chargé de faire un rapport. Mounier, au contraire, s'inspirant des habitudes britanniques, aurait voulu que tous les députés participassent à cette étude préparatoire et qu'elle eût lieu dans les bureaux. Il redoutait de laisser ses collègues pendant quelque temps en proie à l'inaction, et, par suite aux excitations imprudentes ou perfides ; il s'en est très-nettement expliqué plus tard : « Je craignais que, pendant leurs travaux (des commis- « saires), l'Assemblée, pour ne pas rester oisive, ne se « livrât au cours irrégulier des motions, qu'on ne perdît « un temps précieux dans l'espoir de l'épargner [3]. »

Aussi s'opposa-t-il « de tous ses efforts » (ce sont ses expressions) à la nomination d'un comité, en alléguant l'avantage qu'il y avait à ce que tous prissent une part active à la confection de l'acte constitutionnel. Une telle

---

[1] *Exposé de la conduite de M. Mounier*, p. 11, en note.
[2] Madame de STAEL, *Considérations sur la Révolution française*, 2ᵉ partie, ch. 1ᵉʳ.
[3] *Exposé de la conduite de M. Mounier*, p. 13.

conduite marquait chez lui un grand esprit d'abnégation
personnelle; car un rôle important l'attendait, selon toute
probabilité, dans ce comité dont il combattait la formation.
— Du côté adverse, la discussion manqua de logique et de
franchise. Barrère réclama une grande célérité dans le vote
de la constitution, et crut justifier sa demande par cette
figure de rhétorique : « Peut-être n'est-ce que l'ouvrage
« d'un jour, parce qu'elle est le résultat des lumières d'un
« siècle. » Pétion, Chapelier et Buzot insistèrent sur la supériorité des lois dues sinon à un seul homme, du moins à un
nombre très-restreint de législateurs : « Une seule personne »,
dit l'un d'eux, « qui pourrait combiner les droits de l'homme
« en société suffirait. » Et « un député de la noblesse », que
les journaux ne désignent pas autrement, s'exprima en ces
termes : « Des peuples amis de la liberté durent à Lycurgue,
« Solon, Numa, Penn, chacun en particulier, des codes qui
« firent l'étonnement de leur siècle et le bonheur de leur
« nation. » Pour être conséquents, ceux qui tenaient de tels
discours auraient dû engager l'Assemblée à nommer, comme
dans les républiques de l'antiquité, un dictateur ayant mission d'édicter un corps de lois. Ils auraient dû, tout au moins,
le comité une fois choisi, enregistrer ses propositions avec
une déférence respectueuse, au lieu de mettre la dernière
violence à les combattre. Il est vrai qu'en assimilant par
avance ce comité à un aréopage, ils comptaient que Sieyès
y dominerait sans conteste; du jour où les idées de Mounier
y prévalurent, ce ne fut plus à leurs yeux qu'un centre de
menées aristocratiques.

Après un débat qui dura plusieurs heures, on décida, sur
la motion de Pétion, qu'un comité de constitution serait
nommé en séance publique et qu'il se composerait de huit
membres. Ce nombre, qui risquait d'amener un partage égal
des voix, fut choisi pour accorder aux trois ordres la même
représentation proportionnelle qu'ils avaient dans l'Assemblée. Par une concession faite aux doctrines de Mounier, le

projet élaboré dans le comité devait être soumis à l'examen des bureaux avant de subir la discussion publique.

On procéda incontinent à l'élection, tandis qu'à Paris se préparait la prise de la Bastille. Les journaux nomment les huit commissaires dans l'ordre suivant, qui est probablement celui des suffrages obtenus : Mounier, Talleyrand, Sieyès, Clermont-Tonnerre, Lally-Tollendal, Champion de Cicé, Chapelier et Bergasse.

En dépit des circonstances exceptionnelles au milieu desquelles le vote avait lieu, l'Assemblée manifestait hautement ses préférences pour la politique modérée. Sans doute, elle faisait entrer dans le comité, avec les deux chefs de la gauche, le prélat le plus dévoué à leurs idées ; mais ces trois membres restaient en minorité en face de leurs cinq collègues. Mounier savait l'appui qu'il devait attendre des deux gentilshommes et de l'archevêque de Bordeaux ; quant à Bergasse, jusqu'alors un peu flottant et irrésolu, il se montra désormais le zélé partisan des institutions anglaises.

A n'en juger que par les résultats, l'œuvre du premier comité de constitution a été nulle et son rôle éphémère, puisque, après l'échec de ses propositions devant l'Assemblée, il crut devoir résigner un mandat qui n'avait plus de raison d'être. Il n'en a pas moins eu l'honneur de proclamer au seuil de la Révolution les principes de la monarchie tempérée, et de présenter un plan de gouvernement qui pouvait cimenter à jamais l'union de la France et de la royauté. La constitution anarchique de 1791 ne doit pas nous faire oublier le projet de 1789.

Bailly rapporte dans ses Mémoires qu'après l'élection des commissaires on désigna huit suppléants, appartenant en très-grande majorité à la gauche : l'évêque de Chartres, l'archevêque d'Arles, La Fayette, Fréteau de Saint-Just, Mirabeau, Bailly, Rabaud Saint-Étienne et Pétion [1]. Si la

---

[1] BAILLY, *Mémoires*, t. I, p. 359.

fermeté du premier maire de Paris a trop souvent laissé à désirer, sa sincérité ne peut être mise en doute : il a dû commettre ici quelque confusion. Non-seulement aucun témoignage ne confirme son assertion, mais Mounier dit positivement qu'après l'élévation de Cicé au ministère, le comité se trouva réduit à sept membres [1], et nous verrons que lors des démissions du mois de septembre, on procéda à de nouvelles élections. Voilà deux circonstances où les suppléants auraient dû remplir leur office.

Parmi les différentes parties qui devaient composer la constitution, Mounier avait placé au premier rang la déclaration des droits de l'homme, et c'est par là que le comité commença ses travaux.

Quand La Fayette écrivait : « L'ère de la révolution « américaine est, à proprement parler, l'ère des déclarations « des droits [2], » il traduisait fort exactement la pensée d'un bon nombre de ses contemporains. Cet énoncé de principes était ce qu'ils avaient le plus admiré dans la constitution des États-Unis; il leur semblait que la France entrerait en possession d'une félicité sans bornes du jour où ses représentants promulgueraient une déclaration analogue plus parfaite, c'est-à-dire plus abstraite. La majorité des cahiers en exprimait le vœu, et sur ce point les députés étaient peu disposés à transgresser la volonté de leurs commettants.

Une expérience d'un siècle a dissipé chez nous ces illusions. Nous pensons aujourd'hui qu'une assemblée politique doit se renfermer dans la discussion et le vote des textes de loi, et n'a pas qualité pour rédiger un symbole de vérités sociales. Dès qu'elle s'aventure sur ce terrain, elle voit manquer aussitôt à ses décisions deux éléments essentiels,

---

[1] *Exposé de la conduite de M. Mounier*, p. 36, en note.
[2] LA FAYETTE, *Mémoires et correspondance*, t. II, p. 303.

la compétence et la sanction. Elle ne peut espérer qu'une définition votée par elle s'impose à tous les esprits comme une mesure législative s'imposerait à tous les citoyens, puisque le pouvoir exécutif est ici réduit à l'inertie. Elle ne peut pas davantage compter sur cette unanimité morale des croyants qui s'inclinent devant les canons d'un concile, car, en se privant du secours de la force armée, elle n'a pas acquis le droit d'anathème. Enfin, un inconvénient plus grave est à redouter : c'est que le peuple, dont la logique brutale se prête mal aux subtilités métaphysiques, ne comprenne pas qu'au lieu de légiférer ses élus dogmatisent, et qu'il se mêle de donner une application positive aux théories énoncées par eux. — Je ne parle pas du danger qu'il y avait pour les constituants eux-mêmes à commencer leur tâche par la discussion de principes abstraits : il devait leur être malaisé, ensuite, de redescendre de ces espaces nébuleux pour régler la marche du monde réel, et de s'arracher tout d'un coup aux spéculations des philosophes pour suivre les conseils des hommes pratiques. Le péril serait sérieux à toute époque : il était immense en 1789, où l'opinion était si fort engouée des systèmes *à priori*.

Ces objections se présentèrent à quelques esprits que leur rare clairvoyance préservait de l'entraînement général. En dehors de l'Assemblée, où nous aurons à mentionner le discours de Malouet, Mallet du Pan écrivait avec sa gravité génevoise : « L'Évangile a donné la plus simple, la plus « courte et la plus complète déclaration des droits de « l'homme, lorsqu'il a dit : Ne fais pas à autrui ce que tu ne « voudrais pas qui te fût fait[1]. » Chez Rivarol, un bon sens égal revêtait une forme plus profane : « Pourquoi « révéler au monde des vérités purement spéculatives? Ceux « qui n'en abuseront pas sont ceux qui les connaissent « comme vous, et ceux qui n'ont pas su les tirer de leur

[1] *Mercure de France,* 29 août 1789.

« propre sein ne les comprendront jamais, et en abuseront
« toujours[1]. »

Mais l'immense majorité se prononçait en faveur d'une
déclaration solennelle. Les uns nourrissaient avec orgueil
la pensée dont Lameth s'est fait l'écho attardé en écrivant :
« La substitution seule du mot de *déclaration* des droits à
« celui de *pétition* des droits employé par les Anglais prouvait
« que le temps avait apporté aux peuples de nouvelles lu-
« mières, en ce qu'ils ne réclamaient plus comme une faveur
« l'exercice des droits qu'ils tenaient de la nature[2]. » Bien
des hommes modérés formaient le même vœu. A la vérité,
ils trouvaient une excuse non-seulement dans l'atmosphère
philosophique au milieu de laquelle ils avaient vécu, mais
dans les errements de la royauté absolue. Aujourd'hui, les
grands principes de liberté civile et religieuse, d'égalité
devant la loi, de consentement des taxes sont, on peut le
dire, unanimement reconnus : nous n'en discutons guère
que l'application, et les gouvernements qui les violent ont
soin de leur rendre hommage. Dès lors, l'idée nous séduit peu d'en donner une pompeuse formule, dont nous
comprenons la superfluité. Les conditions n'étaient pas les
mêmes en 1789 : sans s'associer en aucune sorte aux déclamations démagogiques contre l'ancienne monarchie, en
reconnaissant hautement ce que les trois premiers Bourbons
en particulier ont fait pour la grandeur nationale, tout
homme impartial doit convenir que le principe dominant, le
seul resté debout au milieu des transformations sociales et
administratives, était celui du bon plaisir. Sous les princes
mêmes doués des plus nobles qualités morales, comme
Louis XIV, le pays en avait subi mainte fâcheuse conséquence ; sous un roi faible et dissolu, comme Louis XV, les
abus s'en étaient manifestés d'une intolérable manière. Les

---

[1] RIVAROL, *Tableau historique et politique des travaux de l'Assemblée
constituante*, p. 76.

[2] A. DE LAMETH, *Histoire de l'Assemblée constituante*, t. I, p. 129.

contemporains estimaient que ce n'était pas assez d'endi-
guer par des règles précises le pouvoir arbitraire, qu'il
fallait proclamer les droits méconnus depuis de longs siècles,
opposer une contradiction éclatante aux théoriciens de la
monarchie absolue, donner enfin à la liberté, comme on
disait alors, des assises philosophiques. Ces considérations
ne diminuent assurément pas les inconvénients politiques de
la déclaration : elles peuvent du moins servir à en expliquer
l'idée première.

Mounier était trop perspicace, trop porté à envisager le
côté positif de chaque question, pour ne pas comprendre ce
que les disciples de Rousseau gagnaient à voir commencer
par la déclaration le travail de la constitution. Aussi, en
proposant cet ordre de discussion dans son rapport du
9 juillet, il avait cédé au vœu de ses collègues bien plutôt
qu'exprimé son sentiment personnel. Il en a fait l'aveu trois
ans plus tard : « Plusieurs personnes m'ont blâmé d'avoir
« contribué à la déclaration des droits. Je dois observer
« qu'instruit du désir de plusieurs députés de proposer à
« cet égard l'exemple des États américains, je fis tous les
« efforts possibles pour les détourner de ce projet. Ne pou-
« vant les persuader, j'eus quelque raison de croire que
« les précautions indiquées dans le rapport du comité en
« préviendraient les inconvénients [1]. »

Ces précautions consistaient à promulguer la déclaration
en même temps que la constitution, comme une préface
inséparable du corps de l'ouvrage. Mounier espérait lui
donner ainsi un caractère moins vague et moins théorique.
Les termes du rapport indiquaient clairement cette intention : « Le comité a cru qu'il serait convenable, pour
« rappeler le but de notre constitution, de la faire précéder
« par une déclaration des droits des hommes, mais de la
« placer, en forme de préambule, au-dessus des articles

[1] *Recherches sur les causes qui ont empêché les Français de devenir libres,*
t. II, p. 23, en note.

« constitutionnels, et non de la faire paraître séparément.
« — Le comité a pensé que ce dernier parti présenterait
« peu d'utilité, et pourrait avoir des inconvénients ; que
« des idées abstraites et philosophiques, si elles n'étaient
« accompagnées des conséquences, permettraient d'en sup-
« poser d'autres que celles qui seront admises par l'As-
« semblée. » — Mais une fois le principe posé, les garanties devaient être faciles à éluder, et l'on ne peut
s'empêcher de partager le regret qu'exprimait Mounier
désabusé : « J'eusse mieux fait, sans doute, de soutenir,
« comme quelques députés, que toute idée abstraite sur les
« droits des hommes, admise en législation, peut être mal
« interprétée et produire de funestes conséquences[1]. »

Le 10, c'est-à-dire le lendemain du jour où le rapport
avait été déposé, La Fayette donna lecture à la tribune d'un
projet de déclaration assez modéré, et analogue, en somme,
au texte définitif, mais qui, isolé de tout système constitutionnel, dérogeait complétement sur ce point au programme
du comité. C'est ce que fit observer Lally dans une improvisation fort heureuse et fort applaudie. Après avoir rendu
hommage au patriotisme de La Fayette et dit « qu'il parlait
« de la liberté comme il l'avait défendue », il insista sur la
nécessité de maintenir entre la déclaration et la constitution une étroite connexité ; sa péroraison, où il faisait ressortir la différence de situation de la France et de l'Amérique,
n'était pas exempte de quelque ironie.

A dater de cette époque, les projets de déclaration
affluèrent dans les bureaux de l'Assemblée et au comité de
constitution. Je ne crois pas devoir en donner ici la minu-
tieuse et monotone analyse : il suffit de parcourir la collection de la Bibliothèque nationale pour se convaincre que
presque toutes ces élucubrations procèdent de l'école de
Rousseau. L'ambition de leurs auteurs ne se borne pas à

[1] *Recherches sur les causes qui ont empêché les Français de devenir libres,*
t. II, p. 23, en note.

énoncer quelques principes élémentaires de droit constitutionnel : ils prétendent établir une théorie philosophique complète de la vie sociale et de ses phénomènes. Ce n'étaient pas seulement les plus obscurs d'entre les députés qui tenaient à honneur de soumettre à leurs collègues le fruit de leurs méditations : les publicistes montraient le même empressement. Le 30 juillet, on distribuait un projet dû au fameux avocat général Servan, et dont le premier article consacrait en ces termes la doctrine du *Contrat social :* « Toute société civile est le produit d'une convention entre « tous ses membres. »

Alors que tous les membres de la secte saisissaient cette occasion de développer leurs idées, le chef ne pouvait garder le silence. Une déclaration des droits, avec ses formules théoriques, convenait tout particulièrement au genre d'esprit de Sieyès. Le bruit courait que ses longues études l'avaient conduit à la possession de la vérité suprême, et qu'il se réservait, le moment venu, de la livrer au monde. Aussi apprit-on avec émotion qu'il avait lu un projet, le 20 juillet, dans le sein du comité, puis, le lendemain 21, devant un petit nombre d'auditeurs privilégiés. Le chef-d'œuvre ne tarda pas à être imprimé et répandu dans le public.

Fidèle aux habitudes de singularité qui lui valaient une partie de sa réputation, Sieyès n'avait pas donné à sa déclaration la forme ordinaire d'une suite d'énoncés de principes. La portion capitale, celle à laquelle il attachait le plus d'importance, était un exposé doctrinal et didactique ; puis, par une concession aux nécessités de fait et aux habitudes intellectuelles de ses contemporains, concession qu'il annonçait d'une façon passablement dédaigneuse, il résumait ses idées en un symbole comprenant un certain nombre d'articles et rentrant dans les conditions normales. Cette seconde partie (je ne dirai rien de la première, dont la profondeur reste presque constamment insondable) fut à plusieurs reprises retouchée par son auteur : la Bibliothèque nationale en possède jusqu'à six éditions différentes; mais le caractère en demeure sensiblement identique. C'est toujours une succession de maximes plus ou moins fausses en théorie, et éminemment propres, en pratique, à faire germer dans une âme grossière les plus dangereuses passions. Ici, Sieyès débute, comme Servan, par proclamer le sophisme de Jean-Jacques : « Toute société ne peut être que l'ouvrage « libre d'une convention entre tous les associés [1]. » Là, il place au seuil de son résumé un aphorisme qui, sous sa forme ridicule, constitue un véritable appel à la jacquerie et au communisme : « L'homme reçoit de la nature des besoins « impérieux, avec des moyens suffisants pour y satisfaire [2]. » Nous retrouvons dans presque tous les projets l'article suivant : « L'ordre intérieur doit être tellement établi et servi « par une force intérieure et légale, qu'on n'ait jamais besoin « de requérir le secours dangereux du pouvoir militaire. » Le lecteur sait que Sieyès s'est chargé par deux fois d'assurer le respect de ce principe, au 18 fructidor et au 18 brumaire. Enfin, les six rédactions se terminent invariablement par l'expression de cette idée favorite du parti patriote, qu'une assemblée spéciale devra se réunir à des échéances fixes pour procéder à la révision de la constitution; dans l'une des éditions, ce développement y est ajouté : « A cet égard, « l'intervalle le moins arbitraire est celui de la vie moyenne « de l'homme, c'est-à-dire de trente-trois ans, parce qu'il « laisse l'espoir à chaque citoyen de consentir une fois dans « sa vie, par lui-même ou par ses représentants, la constitution qui fait son bonheur [3]. » L'abus de l'esprit de système atteint ici à l'extravagance.

Cependant Mounier avait, de son côté, préparé un projet de déclaration en seize articles, dont il donna connaissance au comité. Je crois utile de le reproduire en entier [4].

---

[1] Bibl. nat., Le 29, 71.
[2] Bibl. nat., Le 29, 138.
[3] Bibl. nat, Le 29, 71 B.
[4] Bibl. nat., Le 29, 81.

I

La nature a fait les hommes libres et égaux en droits.
Les distinctions sociales doivent donc être fondées sur l'utilité commune.

II

Tout gouvernement doit avoir pour but la félicité générale. Il existe pour l'intérêt de ceux qui sont gouvernés et
non de ceux qui gouvernent.

III

Le principe de toute souveraineté réside dans la nation:
nul corps, nul individu ne peut avoir d'autorité qui n'en
émane expressément.

IV

Le gouvernement doit protéger les droits et prescrire les
devoirs. Il ne doit mettre au libre exercice des facultés
humaines d'autres limites que celles qui sont évidemment
nécessaires pour le bonheur public. Il doit surtout garantir
les droits imprescriptibles qui appartiennent à tous les
hommes, tels que la liberté, la sûreté, le soin de son honneur et de sa vie, la libre communication de ses pensées,
la résistance à l'oppression.

V

C'est par des lois claires, précises et uniformes que les
droits doivent être protégés, les devoirs tracés et les actions
nuisibles punies.

VI

Les lois ne peuvent être établies sans le consentement
des citoyens ou de leurs représentants librement élus, et

c'est dans ce sens que la loi doit être l'expression de la
volonté générale.

<h2 style="text-align:center">VII</h2>

La liberté consiste à pouvoir faire tout ce qui ne nuit pas
à autrui ; ce qui n'est pas défendu par la loi ne peut être
empêché, et nul ne peut être contraint à faire ce qu'elle
n'ordonne pas.

<h2 style="text-align:center">VIII</h2>

Jamais la loi ne peut être invoquée pour des faits antérieurs à sa publication, et si elle était rendue pour déterminer le jugement de ces faits antérieurs, elle serait oppres-
sive et tyrannique.

<h2 style="text-align:center">IX</h2>

Pour prévenir le despotisme et assurer l'empire de la
loi, les pouvoirs législatif, exécutif et judiciaire doivent
être distincts et ne peuvent être réunis.

<h2 style="text-align:center">X</h2>

Tous les individus doivent pouvoir recourir aux lois et y
trouver de prompts secours pour tous les torts et injures
qu'ils auraient soufferts dans leurs biens, dans leur personne ou dans leur honneur, ou pour les obstacles qu'ils
éprouveraient dans l'exercice de leur liberté.

<h2 style="text-align:center">XI</h2>

Nul ne peut être arrêté ou emprisonné qu'en vertu de la
loi, avec les formes qu'elle a prescrites et dans les cas
qu'elle a prévus.

<h2 style="text-align:center">XII</h2>

Les peines ne doivent point être arbitraires, mais déterminées par les lois ; elles doivent être absolument sembla-

bles pour tous les citoyens, quels que soient leur rang et leur
personne.

XIII

Chaque membre de la société ayant droit à la protection
de l'État, doit concourir à sa prospérité et contribuer aux
frais nécessaires dans la proportion de ses facultés et de ses
biens, sans que nul puisse prétendre aucune faveur ou
exemption, quel que soit son rang ou son emploi.

XIV

Aucun homme ne peut être inquiété pour ses opinions
religieuses, pourvu qu'il se conforme aux lois et ne trouble
pas le culte public.

XV

La liberté de la presse est le plus ferme appui de la liberté
politique. Les lois doivent la maintenir et assurer la punition de ceux qui pourraient en abuser pour nuire aux droits
d'autrui.

XVI

La force militaire destinée à la défense de l'État ne peut
être employée au maintien de la tranquillité publique que
sous les ordres de l'autorité civile.

Ce document n'est pas exempt des défauts inhérents à
toute déclaration : on pourrait assurément y noter plus d'un
principe auquel l'ignorance et la mauvaise foi ont donné
une interprétation dangereuse. Confessons pourtant, en définitive, que le vote d'une déclaration ayant été admis, il
était difficile de présenter une rédaction plus sage et plus
modérée. Pour s'en convaincre, on n'a qu'à placer en regard
les projets de Sieyès et de ses coreligionnaires politiques.
Tandis qu'ils s'égarent à tout instant dans l'utopie, Mounier

laisse entrevoir sans cesse la préoccupation d'adapter ses théories aux conditions pratiques du gouvernement. Au lieu de se complaire comme eux dans les énonciations abstraites, on sent qu'il a hâte d'en venir à la législation positive.

Pour juger équitablement la déclaration de Mounier, il faut surtout tenir compte des institutions de l'ancien régime et remarquer que chacun de ses articles sonne le glas d'un abus. Il nous est aisé, à nous qui n'avons souffert ni des priviléges, ni des lettres de cachet, ni des édits arbitraires, il nous est aisé de critiquer çà et là la banalité d'une revendication ou la vivacité d'une formule. Mais quand Mounier proclamait ces maximes, incriminées ou raillées aujourd'hui, il travaillait à interrompre la prescription qui courait contre la liberté humaine depuis plusieurs siècles, et il est excusable d'avoir un peu enflé la voix. A ceux qui le blâment d'avoir solennellement énoncé des vérités incontestées, on doit rappeler que, dans le domaine de la politique comme dans celui de la littérature ou des sciences, les lieux communs du lendemain sont bien souvent les audaces de la veille. Pour ceux qui anathématisent dans cette déclaration un catalogue d'hérésies subversives, il suffit de leur répondre par le défi d'ériger en dogmes le contre-pied de ces propositions; car nul n'oserait donner son adhésion à un aussi monstrueux manifeste de despotisme.

L'Assemblée, réduite à cet état d'inaction que Mounier avait bien prévu, attendait avec impatience le résultat des travaux du comité de constitution. Le 27 juillet, l'archevêque de Bordeaux donna lecture d'un rapport sommaire sur les principales questions. Le prélat, dévoué au fond à la politique modérée, montra en cette circonstance peu de fermeté de langage. Peut-être, comme ses ennemis l'en ont accusé, cédait-il à un excessif besoin de popularité; peut-être aussi, connaissant son imminente élévation au minis-

tère, se flattait-il de prévenir les calomnies qu'on ne manquerait pas de répandre sur son compte. En tout cas, après
avoir insisté sur le chaos administratif où la France avait
été plongée jusque-là, il établit l'utilité d'une déclaration
dans les termes les plus compromettants et les plus propres
à servir les factieux : « Vous avez voulu qu'à chaque instant
« la nation, que nous avons l'honneur de représenter, pût y
« rapporter, en rapprocher chaque article de la constitu-
« tion..., s'assurer de notre fidélité à s'y conformer, et
« reconnaître l'obligation et le devoir qui naissent pour elle
« de se soumettre à des lois qui maintiennent infaillible-
« ment tous ses droits. » Ce *referendum* général et indéfini,
« source perpétuelle d'anarchie, était le véritable danger
d'une déclaration, et Mounier s'était bien gardé d'en parler
le 9 ; à plus forte raison ne fallait-il pas l'exalter. Champion
de Cicé ne s'en tint pas là : alors que la tactique de la gauche
consistait à rabaisser les institutions de la Grande-Bretagne
au profit de celles des États-Unis, il rendit à ces dernières
un hommage au moins inutile : « C'est le nouveau monde,
« où nous n'avions autrefois apporté que des fers, qui nous
« apprend aujourd'hui à nous garantir du malheur d'en
« porter nous-mêmes. » Il exposait que le comité s'en était
remis à l'Assemblée du soin de choisir entre les projets de
Sieyès et de Mounier, et il les appréciait brièvement tous
deux, de façon à laisser percer sa préférence pour le dernier : « La première (déclaration) s'empare de la nature de
« l'homme dans ses premiers éléments, et la suit sans dis-
« traction dans ses développements et dans ses combinaisons
« sociales. Pour la seconde..., ce sont des formules pleines,
« mais détachées les unes des autres ; les personnes exer-
« cées les liront aisément et suppléeront les vides laissés entre
« elles. Les autres... ne seront pas effrayées par la crainte
« de mal choisir, dans une suite de propositions, celle où
« réside le résultat qui les intéresse. » Sur la constitution
positive, l'archevêque annonçait des rapports ultérieurs et

traitait rapidement quelques points, comme la permanence
du corps législatif, unanimement adoptée par le comité, et la
dualité des chambres. Ici, il se bornait à résumer les opinions
adverses : une secrète prédilection pour le système des deux
chambres se dégageait cependant de son exposé.

Clermont-Tonnerre lut ensuite un rapport sur les doctrines et les vœux émis dans les cahiers. Il énuméra, en
guise de conclusion, les principes proclamés par tous les
cahiers et ceux sur lesquels les électeurs avaient manifesté
des opinions divergentes. Les premiers, au nombre de onze,
consacraient la forme monarchique du gouvernement, l'inviolabilité royale, la loi salique, l'attribution au Roi du
pouvoir exécutif, la responsabilité ministérielle, la sanction
royale, la participation de la nation au pouvoir législatif, le
consentement de l'impôt et de l'emprunt, la nécessité de
renouveler ce consentement à chaque tenue d'États Généraux, le respect de la propriété et de la liberté individuelle.
Ces onze principes constituaient, à vrai dire, la plus nette et
la meilleure des déclarations des droits, précisément parce
qu'ils tranchaient seulement des questions pratiques ; mais
on connaît la violence du mouvement qui entraînait les
esprits d'un autre côté.

Enfin, Mounier monta à la tribune, toujours au nom du
comité, pour lire un projet de déclaration des droits. Cette
démarche était en contradiction absolue avec le rapport
de l'archevêque, qui avait représenté le comité comme
indécis entre les deux textes de Sieyès et de Mounier. Les
éclaircissements nous manquent sur ce point, et nous sommes réduits aux conjectures. Il est probable que Champion de Cicé avait exprimé le premier état d'esprit du comité, puis qu'au dernier moment ses collègues se ravi-
sèrent et résolurent de présenter à l'Assemblée des propositions positives. Quoi qu'il en soit, le texte lu par Mounier
était inspiré par une assez malheureuse pensée de transaction. On avait évidemment cherché à maintenir les parties

essentielles de son projet primitif, en les revêtant d'un ver-
nis plus philosophique. Ainsi, le premier article proclamait
que « tous les hommes ont un penchant invincible vers la
« recherche du bonheur ». Ainsi encore, la nomenclature
des divers droits s'était accrue de celui de repousser la
force par la force, prudemment passé sous silence la première fois, et de celui d'échanger sa patrie contre une
autre. Les gouvernements sont bien contraints de reconnaître, en fait, cette dernière liberté, mais ils n'ont pas pour
habitude de l'inscrire à une place d'honneur en tête de leur
loi fondamentale ; les chimères cosmopolites jouissaient
alors de tout leur prestige.

Après ce document, Mounier lut un projet sur les principes de la monarchie, qui, selon le plan proposé le 9,
devaient former le second titre de la constitution. La nature
même du sujet le forçait à se limiter au développement des
prérogatives royales, puisque les droits de la nation devaient
être discutés plus tard. Ses adversaires n'en exploitèrent
pas moins contre lui la crédulité populaire, en prétendant
qu'il y avait là de sa part une omission volontaire, destinée
à favoriser le despotisme[1].

La discussion s'ouvrit, le 1er août, sur le point de savoir si
la constitution comprendrait une déclaration des droits de
l'homme. Les cinquante-six orateurs inscrits ne prirent pas,
sans doute, tous la parole ; mais le débat se traîna, pendant
trois longues séances, à travers les banalités ou les paradoxes. Ce fatras métaphysique, qui nous rend tellement
pénible aujourd'hui la lecture du compte rendu, paraît
avoir lassé par moments les contemporains eux-mêmes, si
conforme qu'il fût à leurs habitudes et à leurs goûts. On ne
peut expliquer autrement l'accueil favorable fait le 3 à la
ridicule motion de Bouche, tendant à faire placer un sablier

---

[1] *Exposé de la conduite de M. Mounier*, p. 21.

sur le bureau du président et à ne laisser la parole à chaque
orateur que pendant cinq minutes. La discussion immédiate
en fut ordonnée à une grande majorité, et il fallut l'intervention d'hommes tels que Target, Clermont-Tonnerre et
Mounier pour en obtenir le rejet.

L'analyse des dissertations qui furent lues ou débitées
dans le sens du vote d'une déclaration ne saurait trouver
place ici. Citons celles du vicomte Mathieu de Montmorency
et du comte d'Antraigues,

> Et ce même Sénèque et ce même Burrhus
> Qui depuis...,

de Virieu, de Sillery, de Target, de Barnave, qui donna à
la déclaration le qualificatif dangereux de « catéchisme
« national », enfin du comte de Castellane. Ce dernier, après
avoir insinué qu'en Angleterre des abus existaient « qui
« disparaîtraient si les droits des hommes étaient mieux
« connus », s'exprima sur le compte de l'ancien régime
avec une grossière exagération. « Si l'on en excepte le
« règne de Charlemagne », s'écria-t-il, « nous avons été
« successivement soumis aux tyrannies les plus avilis-
« santes. »

Quelques députés se trouvèrent, assez indépendants et
assez sages, pour combattre le principe même d'une déclaration : ce furent, avec Grandin et de Landelle, le duc de
Lévis, les évêques d'Auxerre et de Langres, et surtout
Malouet. Celui-ci, continuant à se faire l'avocat éclairé des
causes impopulaires, prononça, le 2 août[1], un discours ou,
comme on disait, une « opinion » des plus remarquables :
alors que les partisans du système adverse avaient tous
parlé en philosophes ou en rhéteurs, il tint à la tribune le
langage d'un homme politique. Une comparaison fort juste
des deux pays lui servit à repousser l'éternel exemple des
États-Unis ; il trouva des accents pathétiques pour établir

---

[1] C'est la date indiquée par la brochure spéciale : Bibl. nat., Le ²³, 93.

qu'il fallait d'abord travailler au rapprochement effectif des
diverses classes, avant de proclamer une égalité théorique.
Abordant ensuite le point fondamental : « Il n'est aucun des
« droits naturels », fit-il observer, « qui ne se trouve
« modifié par le droit positif. Pourquoi donc commencer
« par transporter l'homme sur une haute montagne, et lui
« montrer un empire sans limites, lorsqu'il doit en des-
« cendre pour trouver des bornes à chaque pas? » Il insista
en terminant sur la stérile longueur des discussions métaphysiques, et proposa à ses collègues de commencer par
établir les principes du gouvernement français.

Ce fut ce discours si net, si sensé, qui amena l'union
définitive de Malouet et de Mounier[1]. Jusque-là, il y avait
eu entre eux non pas une division, mais un malentendu,
causé surtout par la susceptibilité un peu ombrageuse de
l'ancien intendant. Mounier fit les premières avances. Nous
avons vu que sa pensée avait été de s'opposer au vote
d'une déclaration, et qu'il s'était incliné devant le vœu
général sans le partager; il devait être touché d'entendre
exprimer avec tant d'autorité un sentiment qui, au fond,
n'avait pas cessé d'être le sien. Adressa-t-il à Malouet,
comme celui-ci l'a raconté[2], des sortes d'excuses sur sa
conduite précédente? Il est plutôt à croire que, sans récri-
miner sur le passé, tous deux s'accordèrent pour sauvegar-
der l'avenir.

La discussion fut close dans la première séance du 4 août.
On vota d'abord sur une motion de Grégoire et de Camus,
tendant à joindre à la déclaration des droits une déclaration des devoirs : 433 voix seulement se prononcèrent en
faveur de cette idée, qui fut repoussée par 570 voix. Le
principe de la déclaration des droits fut ensuite adopté à la
presque unanimité.

Grâce aux longs et passionnés débats que suscita la

[1] MALOUET, *Mémoires*, t. I, p. 340.
[2] *Ibid.*, t. I, p. 317.

rédaction des arrêtés votés d'enthousiasme dans la nuit du
4 août, ce fut le 12 seulement que la déclaration revint à
l'ordre du jour. L'Assemblée aurait pu prendre pour base
un des projets et commencer à discuter les articles; mais la
majorité préféra prolonger la période des irrésolutions et des
tâtonnements. Elle agréa une proposition de Desmeuniers,
tendant à nommer un comité de cinq membres pour présenter à bref délai une nouvelle déclaration. On spécifia que
les auteurs de projets ne pourraient faire partie de ce
comité ; cette clause, mieux à sa place dans un concours
académique que dans une délibération politique, caracté-
risait à la fois les législateurs et la tâche à laquelle ils gas-
pillaient leurs séances. Les commissaires furent Desmeuniers, M. de La Luzerne, Tronchet, Mirabeau et Redon.
On proposa bien, pendant qu'ils élaboraient un projet, de
statuer sur quelques points essentiels de la constitution
positive, comme la sanction et les deux chambres, ou
d'aborder l'étude des assemblées locales. La majorité décida
de surseoir.

Le 17, Mirabeau déposa le rapport du comité des cinq.
Le grand orateur possédait trop le sens des choses de gouvernement pour se complaire dans les subtilités théoriques.
Il rendit compte à ses collègues des difficultés en face desquelles s'était trouvé le comité, chargé de rédiger « un
« préambule à une constitution qui n'était pas connue ».
Le projet dont il donna connaissance était moins complet
que celui de Mounier, mais inspiré par le même souci d'exprimer avant tout des vérités pratiques.

Le même jour, Bergasse lisait au nom du comité de constitution un rapport sur le pouvoir judiciaire. Tout en rendant hommage aux services et aux qualités des parlements,
il montrait que leur maintien intégral était incompatible
avec les réformes politiques. Il proposait d'établir dans
chaque province une cour de justice et plusieurs tribunaux
inférieurs : les juges des divers degrés auraient été choisis

par le Roi sur une liste triple dressée par les assemblées
provinciales. On ne peut le constater sans mélancolie, cette
question judiciaire, qui nous préoccupe encore aujourd'hui,
avait reçu de Mounier et de ses amis une solution intermédiaire entre les systèmes excessifs de 1790 et de l'an VIII.
Sur ce point, comme sur plusieurs autres, un pays voisin s'est
bien trouvé d'avoir conformé ses lois aux traditions de 1789.

Mais il nous faut revenir avec l'Assemblée aux utopies,
c'est-à-dire à la déclaration des droits de l'homme. Malgré
les réclamations de Mirabeau, qui faisait observer que le
projet des cinq restait seul en délibération, le débat se rou-
vrit sur les généralités, et chacun s'empressa d'apporter à la
tribune la dissertation depuis longtemps préparée. Parmi
ceux qui critiquèrent le projet des cinq, Duport, que ses
fonctions judiciaires auraient dû préserver de semblables
aberrations, lui reprocha de ne pas s'appliquer exactement
« à tous les temps et à tous les pays ».

La discussion s'était poursuivie pendant toute la séance
du 18, quand tout à coup Mirabeau, désertant l'opinion
qu'il était chargé de défendre comme rapporteur, proposa
d'ajourner les débats sur la déclaration des droits jusqu'après
le vote de la constitution. A l'appui de cette procédure, il
invoqua des considérations d'ordre pratique. « Je vous
« annonce », s'écria-t-il, « que toute déclaration des droits
« antérieure à une constitution ne sera jamais que l'alma-
« nach d'une année [1]. »

C'était évidemment sa pensée véritable que Mirabeau
mettait brusquement au jour. Mais, comme le comité lui
avait donné un mandat tout contraire, celui de déposer et
de soutenir un projet de déclaration, rien n'égala la surprise
des députés ni la fureur du côté gauche. Pétion, Duport,
Chapelier, Gleizen se succédèrent à la tribune pour accabler
Mirabeau de leurs invectives. Ils furent puissamment servis

____

[1] DUMONT (de Genève), *Souvenirs sur Mirabeau*, p. 140.

par la mauvaise réputation du député d'Aix : beaucoup se persuadèrent qu'il avait voulu se jouer de l'Assemblée et en user avec elle comme les rhéteurs de l'antiquité, qui faisaient successivement applaudir le pour et le contre à un auditoire ravi d'admiration. D'ailleurs, la majorité était bien décidée à voter avant tout une déclaration. Elle prononça le renvoi aux bureaux du texte des cinq, qui, le lendemain 19, par un revirement inexplicable, fut rejeté sans presque trouver de partisans.

La motion de Desmeuniers avait absorbé huit jours en pure perte. Il ne pouvait échapper aux représentants que, dans des circonstances aussi graves, ces stériles débats se prolongeaient à l'excès. Pour en finir, on prit pour base un projet préparé par le sixième bureau; les principes abstraits y tenaient une large place.

Le vote des articles se poursuivit du 20 au 26, et donna lieu à un nouvel essor de controverses métaphysiques qu'on m'excusera de ne pas résumer ici. Sieyès continua à garder un silence fort remarqué : son amour-propre avait été froissé de ce que comité et députés, loin de recevoir son projet avec le religieux respect dû au Décalogue de l'ère nouvelle, s'étaient permis de le critiquer. Il est juste, en effet, de reconnaître que, si la discussion de la déclaration eut une influence fatale en égarant l'Assemblée dans le monde des chimères et en la préparant fort mal à l'élaboration des lois positives, les textes définitivement adoptés portent l'empreinte d'une certaine modération. Les maximes vagues et dangereuses n'y font assurément pas défaut; mais bien des paradoxes en ont été écartés.

Mounier intervint, dans la séance du 20, pour appuyer Virieu, qui demandait que le préambule fît mention de la Divinité. Le même jour, après une fatigante discussion sur la liberté naturelle, il présenta trois articles auxquels la lucidité de sa parole rallia la majorité, et qui furent placés en tête de la déclaration.

Le lendemain, on discutait le sixième article, relatif à
l'égalité devant la loi, et Talleyrand voulait proclamer
« tous les citoyens également admissibles à toutes dignités,
« places et emplois ». Mounier fit remarquer qu'on serait
peut-être amené, par la suite, à exiger pour certaines fonctions des conditions de fortune ou d'instruction, et qu'il ne
convenait pas d'adopter une formule qui, par ses termes
absolus, semblait exclure cette éventualité. Il proposa
d'ajouter à la rédaction de l'évêque d'Autun les trois mots :
selon leur capacité. Ces observations, présentées sur un ton
fort mesuré, soulevèrent un grand tumulte. La gauche et
les tribunes étaient indignées qu'on osât apporter une restriction aux théories spéculatives dont il était facile d'abuser.
« Hier », disait-on, « on a décidé que nous étions tous
« égaux, et aujourd'hui il voudrait rétablir l'inégalité [1]. »
Le langage de Mounier avait pourtant été si persuasif, si
conforme à la vérité politique, que son amendement fut
adopté par assis et levé. La gauche, exaspérée, recourut à
son moyen ordinaire d'intimidation, que Mounier lui-même
dénonçait plus tard en ces termes : « J'avais vu plu-
« sieurs fois la minorité, quand elle était vaincue dans la
« forme ordinaire des délibérations, exiger à grands cris
« l'appel nominal, et triompher alors par la crainte que
« ressentaient beaucoup de députés d'être inscrits dans la
« liste fatale [2]. » Mais, ce jour-là, l'auteur de l'amendement,
par sa fermeté, fit échouer la manœuvre. Sans se soucier
des clameurs de ses adversaires, il soutint qu'une majorité
incontestable s'était prononcée en sa faveur, que le vote
était acquis, et il adjura le président de faire respecter la
décision de l'Assemblée. Les pouvoirs de Chapelier avaient
pris fin depuis trois jours, et les modérés avaient réussi à le
remplacer par Clermont-Tonnerre. Celui-ci, obéissant à la
fois à ses sympathies et à son devoir, déclara que l'amen-

---

[1] *Exposé de la conduite de M. Mounier,* p. 30.
[2] *Appel au tribunal de l'opinion publique,* p. 276.

dement était régulièrement adopté, et qu'il n'y avait pas lieu de procéder à l'appel nominal.

Pendant la suite des débats sur la déclaration, Mounier ne prit pas la parole. Il goûtait peu ces longues controverses; d'ailleurs, un travail auquel il attachait une tout autre importance le tint quelques jours éloigné des séances.

CHAPITRE VIII

Malgré la lenteur que l'Assemblée mettait à discuter la déclaration des droits de l'homme, nul ne pouvait oublier que c'était là seulement un préliminaire, et qu'il faudrait bientôt aborder le travail principal, c'est-à-dire la constitution. La nation devançait sur ce point ses mandataires : grâce aux procédés de propagande et d'agitation qui allaient se généralisant, les problèmes les plus ardus étaient étudiés partout avec passion, sinon avec compétence. Les publicistes, habitués depuis quelque temps à se considérer comme les guides de l'opinion publique, n'avaient pas perdu cette occasion d'éclairer leurs concitoyens, et les brochures sur l'organisation des pouvoirs, leurs droits respectifs, leurs rapports, ne cessaient d'éclore chaque semaine, inspirées pour la plupart des idées de la gauche extrême.

Mounier jugea opportun de ne pas laisser s'égarer les esprits. Le succès de ses *Nouvelles observations sur les États Généraux* l'encourageait à reprendre la plume. Si, d'ailleurs, c'étaient ses collègues surtout qu'il s'agissait de convaincre, il ne suffisait pas, pour atteindre ce but, d'un rapport ou d'un discours forcément incomplet, haché par les clameurs du parti adverse et les menaces des tribunes. Il se mit donc à l'œuvre et composa en quelques jours une courte étude qui parut sous ce titre : *Considérations sur les gouvernements, et principalement sur celui qui convient à la France*[1].

---

[1] *Considérations sur les gouvernements, et principalement sur celui qui*

Tout porte à penser que cet opuscule fut publié dans les premiers jours de septembre, alors que les débats sur la constitution étaient déjà ouverts devant l'Assemblée. Je crois néanmoins devoir en donner dès à présent l'analyse, pour maintenir plus d'unité dans le récit des faits. Il peut, du reste, sembler utile de se rendre un compte exact du programme de Mounier, avant d'assister à la lutte qu'il soutint pour le défendre.

Dans une *introduction* de deux pages, l'auteur présente l'apologie de sa conduite sur un ton d'ironique tristesse qui contraste avec la confiance des *Nouvelles observations*. Il s'attache surtout à établir qu'amené par les événements à combattre tour à tour deux factions opposées, il est demeuré en réalité fidèle aux mêmes idées politiques :

« Il est peut-être des circonstances où l'on est excusable
« de parler de soi. Je sais que plusieurs personnes m'accu-
« sent d'avoir des principes *faibles*. On conviendra du moins
« que, dans le moment présent, on n'a nul besoin de cou-
« rage pour montrer de l'énergie dans les prétentions et de
« la philosophie dans les moyens, mais que, pour avouer des
« principes *faibles*, il faut avoir un peu de fermeté.

« Ceux qu'on me reproche sont cependant les mêmes
« qu'on a souvent jugés exagérés dans le cours de l'année
« précédente; c'est que mes opinions n'ont point changé
« avec les événements : je ne crois pas qu'elles aient été
« jusqu'à ce jour favorables au despotisme.

« Il pourrait m'être permis de dire que, dans un temps où
« il était dangereux de résister aux ministres, j'ai donné
« quelques preuves de zèle et de fermeté; mais je dois
« avouer que je n'aime point à créer les obstacles pour le
« plaisir de les combattre; que je ne suis l'ennemi de l'au-
« torité que lorsqu'elle veut opprimer le peuple; que
« j'abhorre l'abus de la force, la tyrannie ou la licence de

convient à la France, par M. Mounier, membre du comité chargé du travail relatif à la constitution. Paris, Baudoin, 1789; 54 pages in-12.

« la multitude autant que le pouvoir arbitraire d'un seul;
« que, dans tout ce que j'ai fait, dans tout ce que j'ai écrit
« pour la révolution présente, j'ai tâché d'exprimer l'amour
« de la justice et de la modération; que j'ai hautement
« professé mon attachement extrême au gouvernement
« monarchique; que je n'ai jamais séparé la liberté du
« peuple de la puissance légitime du monarque; que ma
« province m'en a donné l'exemple et prescrit le devoir [1]. »

Le corps de l'ouvrage est divisé en un certain nombre de
chapitres ou paragraphes. Le premier, fort concis, est intitulé *De la liberté*, et contient le développement de cette
maxime, que la liberté consiste à pouvoir faire tout ce qui
n'est pas nuisible à autrui.

Dans le second chapitre, Mounier rompt décidément en
visière aux doctrines démagogiques. Les disciples de Jean-
Jacques représentaient dès lors comme un gouvernement
modèle celui où tous les citoyens participeraient au pouvoir
politique et où les décisions de la majorité ne rencontre-
raient pas d'obstacles. Ils se fondaient sur cet argument,
que, les hommes étant naturellement vertueux et nés pour
le bonheur, une fois débarrassés de toute entrave, ils se
porteraient spontanément vers les institutions les plus
propres à assurer leur félicité. L'esprit positif de Mounier
répugnait à ces chimères : nous le verrons, à quelques
années de là, réfuter par l'absurde le dogme du suffrage
universel. Dès 1789, il répondait à des spéculations
métaphysiques par des objections tirées de l'expérience
et dénonçait les périls de l'ochlocratie dans des pages
dont la saisissante vérité ne s'est pas affaiblie depuis un
siècle :

« Que le pouvoir arbitraire soit confié à un seul ou à
« plusieurs ou à la multitude, il a toujours les mêmes effets;
« et je n'y mets d'autre différence, si ce n'est que, plus le

____
[1] *Considérations sur les gouvernements*, p. 1-2.

« nombre de ceux qui l'exercent est considérable, plus la
« liberté personnelle est en péril. Le despotisme d'un seul
« est ordinairement tempéré par le sentiment de sa faiblesse
« et par la crainte de trop irriter ses sujets ; mais quelle
« digue opposer au pouvoir arbitraire de la multitude ?...

« Rien n'est plus fréquent que de rencontrer des gens
« d'honneur qui s'empressent de lutter contre l'autorité ar-
« bitraire d'un seul ; mais, devant la force de la multitude,
« tout cède à l'instant, on obéit sans rougir ; et comme elle
« distribue elle-même la gloire, puisqu'elle forme l'opi-
« nion publique, il faut avoir le plus sublime courage pour
« ne pas flatter ses passions ; il faut savoir dédaigner la
« gloire et même braver la honte [1]. »

La division des pouvoirs et la façon dont ils sont exercés
font l'objet des chapitres suivants. On se rappelle que, dans
son projet de déclaration, Mounier proclamait solennellement la séparation des trois pouvoirs législatif, exécutif et
judiciaire. Le livre de Montesquieu et les abus de l'ancien
régime avaient également contribué à mettre en honneur
cette théorie, qui, comme beaucoup d'autres principes politiques, juste dans son essence, présente de graves inconvénients quand on veut la pousser aux dernières limites.
La confusion des trois pouvoirs dans les mêmes mains est
évidemment le plus sûr indice d'un gouvernement despotique, et, d'un autre côté, leur séparation absolue aboutit
presque infailliblement à l'anarchie. Elle a notamment ce
double résultat de refuser au dépositaire du pouvoir exécutif toute part à la confection des lois, et de donner à la
magistrature une origine élective ou héréditaire, mais en
tout cas indépendante du pouvoir exécutif : la Constituante,
entraînée par une logique outrée, ne sut pas assez se garder du premier de ces deux écueils et échoua complétement
sur le second. Mounier en fut préservé par sa sagacité habi-

____

[1] *Considérations*, p. 5-6.

tuelle, et aussi par sa prédilection pour les institutions anglaises. Nous savons déjà que la sanction royale n'eut pas de plus convaincu défenseur, et que le rapport de Bergasse, rédigé sous son inspiration, attribuait au pouvoir exécutif la nomination des juges. En outre, la sécurité des justiciables lui semblait exiger l'inamovibilité, soit absolue, soit tout au moins étendue à une longue période.

C'est en passant seulement que les *Considérations* traitent du pouvoir judiciaire : l'auteur se préoccupe bien davantage de fixer l'origine et les rapports des deux autres. Il s'arrête à peine à combattre l'attribution du pouvoir législatif à un autocrate ou à une oligarchie ; car ces deux conceptions rencontraient alors peu de faveur. Le système qui faisait exercer l'autorité législative par l'ensemble des citoyens réunis dans leurs comices s'appuyait, au contraire, sur les souvenirs de l'antiquité et les déclamations des philosophes. Mounier montre que les institutions d'une ville ne sauraient convenir à une grande nation ; que, du reste, les citoyens actifs formaient dans les républiques de la Grèce une minorité aristocratique, et que, même avec ces restrictions, l'anarchie y était constante.

Les trois gouvernements despotique, aristocratique et populaire direct ayant été écartés, on devine aisément à qui Mounier va confier le droit de légiférer. Il célèbre ainsi le régime de ses préférences :

« La représentation du peuple était inconnue aux anciens,
« et quand on réfléchit à tous ses avantages, on est tenté
« de pardonner au gouvernement féodal, dont elle tire son
« origine, tous les maux qu'il a faits à l'Europe. La repré-
« sentation du peuple, malgré tous les sophismes des admi-
« rateurs outrés des Grecs et des Romains, est véritable-
« ment la plus belle, la plus heureuse de toutes les institu-
« tions politiques [1]. »

---

[1] *Considérations*, p. 11.

Mais le choix populaire est-il libre de se fixer à son gré sur toutes les têtes? Cet article de foi des démocrates n'est pas admis par Mounier, qui réclame nettement un cens d'éligibilité, et le justifie par cette simple réflexion : « Le « pouvoir législatif ne doit pas être confié à des hommes « sans fortune, qui n'auraient ni assez de loisirs, ni assez « de lumières pour s'occuper avec succès du bien géné- « ral[1]. »

Après avoir posé le principe de la représentation natio- nale pour l'exercice du pouvoir législatif, le publiciste se réserve d'en déterminer plus loin l'application, et, abordant l'étude du pouvoir exécutif, il se demande s'il doit être confié à un président élu pour un certain laps de temps. Cette condition élective et temporaire lui paraît trop énerver l'autorité pour qu'elle soit à sa place dans un grand pays comme la France. Un tel raisonnement dénotait en 1789 une large indépendance d'esprit. Mounier choquait la plupart de ses contemporains en rappelant ces vérités de sens commun : « Il y a nécessité de confier plus de force au pou- « voir exécutif dans un grand État que dans une petite ré- « publique. On ne dirige pas une armée comme une légion, « et une légion comme une compagnie de soldats ; il faut « toujours proportionner le levier à la pesanteur des corps « qu'on veut mettre en mouvement[2]. »

Quelques pages sont consacrées au gouvernement fédé- ratif, qui avait alors pour lui l'exemple contagieux de l'Amé- rique et les vieilles jalousies provinciales. Mounier en expose les conditions indispensables et les dangers avec une clair- voyance qui devance les leçons des événements : les mêmes causes qui ont amené dans notre siècle les guerres du Son- derbund et de Sécession sont analysées par lui, ainsi que la tendance qui porte le pouvoir fédéral à empiéter sans cesse sur les prérogatives des provinces.

[1] *Considérations,* p. 12.
[2] *Ibid.,* p. 13.

« Quel gouvernement, » conclut-il, « convient donc le « plus à une grande nation? Il est impossible d'hésiter dans « la réponse : c'est le gouvernement monarchique[1]. »

Ici les théoriciens soulèvent de nombreuses objections : le droit naturel comporte-t-il un magistrat héréditaire? le pouvoir exécutif peut-il avoir une autre origine que la volonté nationale? Mounier prend à parti ceux qui échafaudent ainsi des raisonnements abstraits, et les ramène d'une main un peu rude dans le domaine de la réalité :

« On doit surtout ne pas suivre aveuglément toutes les « leçons des philosophes : leur juste prévention contre les « préjugés vulgaires les a presque toujours entraînés au delà « des bornes. Ils ont trop souvent qualifié d'erreurs mépri- « sables des maximes ou des opinions nécessaires à la félicité « des citoyens; ils n'ont pas assez considéré que les insti- « tutions politiques, malgré leurs vices apparents, doivent « quelquefois leur origine à l'expérience. En matière de « gouvernement, beaucoup de philosophes ont imité « l'exemple de Platon, et créé des républiques qui ne pour- « ront jamais exister que dans leurs livres[2]. »

Si l'hérédité monarchique constitue une force incontestable, la nation n'aura-t-elle aucun contre-poids à opposer à cette force, et le prince sera-t-il libre de régner en despote? Il en était ainsi sous l'ancien régime, ce qui a permis aux abus de prendre naissance; mais Mounier énumère les garanties qui, dorénavant, protégeront le peuple contre toute velléité de pouvoir personnel : « La permanence ou le retour annuel « des Assemblées nationales; — la nullité de tous les sub- « sides qui ne seraient pas accordés par ces Assemblées; — « la liberté de la presse; — l'armée constituée de manière à « ne pouvoir jamais être employée contre la liberté publique; « — des administrations provinciales; — des municipalités; « — tous les citoyens plus directement intéressés aux affai-

[1] *Considérations*, p. 17,
[2] *Ibid.*, p. 18.

« res publiques; — la responsabilité des ministres, de tous
« les agents de l'autorité et la destruction des ordres arbi-
« traires[1]. »

Voilà qui doit calmer les frayeurs de l'opinion. Il reste à
lui faire entendre une délicate vérité, à savoir : que le danger
actuel n'est pas dans l'asservissement du pays par la royauté,
mais, bien au contraire, dans l'affaiblissement excessif de
celle-ci. Au lendemain du 14 juillet, on risquait, en
tenant ce langage, de passer pour un satellite du despotisme. Mounier, néanmoins, n'hésite pas à découvrir toute sa
pensée :

« La constitution doit, en organisant le pouvoir législatif,
« l'environner de tous les obstacles nécessaires pour qu'il
« ne porte jamais atteinte au pouvoir exécutif ou qu'il ne
« puisse pas s'en emparer. Dès qu'un peuple est éclairé sur
« ses droits, dès qu'il a recouvré sa liberté, il ne saurait la
« perdre que par le mauvais usage qu'il peut en faire; mais
« quand il importe à la conservation de cette même liberté
« de placer une grande puissance entre les mains d'un
« seul homme, il faut bien plus de combinaisons pour la
« défendre de toute usurpation, et pour l'investir d'une
« force réelle, qu'il n'en faut pour l'empêcher d'asservir le
« peuple[2]. »

Un chapitre expose les idées de l'auteur sur l'organisation
du corps législatif, telles que nous les retrouverons dans son
projet du 31 août : mandat assez court, élection au second
degré, nécessité, pour être éligible, de posséder au moins
12,000 livres de capital en propriété immobilière; refus de
l'initiative législative au pouvoir royal. J'aurai à insister sur
ce dernier point, qui est traité avec plus de détail dans le
rapport du 5 septembre.

Mounier en vient ensuite aux deux questions capitales et
d'abord au *veto*. Sans parler des contes absurdes par lesquels

---

[1] *Considérations*, p, 20.
[2] *Ibid.*, p. 21.

on abusait de la crédulité populaire, les métaphysiciens reprochaient à la sanction royale de constituer une usurpation du pouvoir exécutif sur le domaine législatif, de laisser la volonté d'un peuple impuissante à prévaloir sur celle d'un homme, de retarder ou d'empêcher la promulgation de lois patriotiques. Si on leur objectait l'éventualité d'une assemblée factieuse, votant des projets inconstitutionnels ou subversifs, ils répondaient que les droits de la nation étaient sans limites. Tout au plus, pour permettre au vœu populaire de se formuler d'une façon plus indiscutable, concédaient-ils le *referendum*, c'est-à-dire le vote plébiscitaire et direct sur les projets de loi adoptés par les députés et non acceptés par le Roi.

Mounier commence par écarter ce moyen subsidiaire, pour lequel il n'a cessé de témoigner une profonde aversion : avec tous les parlementaires, il faisait consister le véritable appel au peuple en de nouvelles élections législatives. En pratique, il savait que les consultations plébiscitaires, de même que le gouvernement direct de tous les citoyens dont elles sont un vestige, reposent presque toujours sur une équivoque. En théorie, il considérait cette intervention de la volonté nationale comme destructive de tout système constitutionnel : « Toutes les fois », écrivait-il, « que « la nation voudra juger entre ses représentants et le Roi, « elle ne pourra le faire sans se placer au-dessus d'eux, « sans anéantir leurs pouvoirs : elle ne pourra donc « intervenir que par le désordre, l'insurrection et l'anar- « chie[1]. »

L'argument capital contre la sanction était celui qui dénonçait en elle un empiétement sur le pouvoir législatif. Mounier y oppose une réponse bien simple : c'est qu'une participation légitime n'a jamais été un empiétement, et que cette participation du Roi à la confection des lois constitue

---

[1] *Considérations*, p. 25.

précisément la différence fondamentale entre la monarchie et la république. A ceux qui affectent de traiter le Roi de « délégué » de la nation, incapable, par conséquent, de résister à ses volontés, il réplique en précisant la portée de la délégation :

« Il est très-vrai que le Roi est le délégué de la nation ; il
« doit s'honorer de ce titre ; mais les députés choisis dans
« chaque district ne sont pas la nation ; ils ne sont aussi que
« des délégués ; ils n'ont d'autre pouvoir, d'autre autorité
« que celle qu'ils ont reçue par leurs mandats, et, à l'avenir,
« ils n'en auront d'autre que celle qu'établira la constitution.
« Cette autorité se bornera toujours à concerter les lois avec
« le monarque, tandis que celui-ci est délégué tout à la fois
« pour être chef suprême de la nation, portion intégrante
« du corps législatif, dépositaire des forces publiques, et
« chargé de faire exécuter la loi[1]. »

Mais cette conception de l'autorité royale n'aboutit-elle pas à la confusion des pouvoirs? Nullement, ainsi que le démontre une distinction fort juste :

« Qu'on ne dise pas qu'en laissant au monarque le droit
« d'approuver ou de rejeter une loi nouvelle, on réunit les
« pouvoirs législatif et exécutif dans les mêmes mains : un
« pareil droit n'est pas le pouvoir législatif, mais seulement
« une portion de ce pouvoir, puisque le Roi n'aura pas le
« droit de donner force de loi à ses volontés particuliè-
« res[2]. »

Il restait à parler du *veto* suspensif et du *veto* absolu ; il restait surtout à prouver qu'une loi réellement populaire finirait pour avoir raison du *veto* le plus opiniâtre, et que la sanction n'arrêterait que les agitations factices. Mounier, pressé par le temps, réserva cette partie de la discussion pour son rapport du comité, où elle est traitée de main de maître.

[1] *Considérations*, p. 26.
[2] *Ibid.*, p. 27.

Parmi ceux qui accordaient le *veto* au Roi pour les lois ordinaires, il s'en trouvait qui refusaient de l'étendre à la constitution. Suivant eux, l'Assemblée formait une *Convention* omnipotente, et ses décisions en matière constitutionnelle devaient être enregistrées comme l'expression d'une volonté souveraine. Mounier les rappelle à la juste appréciation des choses avec une fermeté dont malheureusement il se départit devant ses collègues :

« Supposer que l'Assemblée nationale représente une
« nation sans monarque, une société naissante, est vraiment
« une supposition absurde. Si l'Assemblée nationale est ce
« qu'on nomme chez les Anglais une *Convention*, il faut au
« moins reconnaître qu'elle a été formée pour agir de con-
« cert avec le Roi, et que la puissance du monarque qui l'a
« convoquée existait avant elle[1]. »

Il admet, toutefois, une différence entre la ratification de la constitution et celle des lois ordinaires. Tandis que le Roi peut opposer à ces dernières un refus pur et simple, péremptoire, il ne doit point repousser la constitution sans donner les motifs de sa décision. En effet, après avoir convoqué les États Généraux pour rédiger le pacte fondamental, le prince n'est plus libre de contester le principe même de ce pacte.

Mounier aborde ensuite une autre question aussi vivement agitée que le *veto*. Dans un chapitre sur la composition du corps législatif, il défend le système des deux chambres.

Il rappelle par un exorde insinuant l'importance considérable que donne aux représentants le pouvoir de voter ou de refuser l'impôt, et s'efforce de faire ressortir les dangers d'une assemblée unique. Dans des pages fort éloquentes, mais trop étendues pour que je puisse les rapporter ici, il montre les députés exposés aux entraînements de la passion,

[1] *Considérations,* p. 29.

placés sans intermédiaire en face du pouvoir royal, amenés à le considérer comme un rival ou un ennemi. Il fait le tableau des intrigues, des surprises, des tentations auxquelles est en proie une assemblée souveraine, et conclut à la nécessité d'un pouvoir modérateur, exercé par une seconde Chambre.

« Ce que je conçois de plus parfait en ce genre », poursuit-il, « est la pairie d'Angleterre... Cette hérédité choque « d'abord les notions philosophiques. Il est absurde, dit-on, « qu'un homme naisse magistrat. Mais, encore une fois, « rien n'est plus dangereux, en politique, que de s'arrêter « au premier aperçu. Ce qui paraît un inconvénient est un « grand bien dans certaines circonstances, parce qu'il pré-« vient des inconvénients plus funestes...

« Je suis toujours convaincu qu'on ne peut organiser « avec quelque perfection un gouvernement monarchique, « sans se rapprocher des principes de celui des Anglais. « On ne prétendrait pas pouvoir mieux faire que cette « nation, si l'on se rappelait qu'elle a profité des leçons de « l'expérience, et qu'elle a employé des siècles à concilier « la liberté publique avec l'autorité du Roi [1]. »

Mais la pairie héréditaire froissait à un tel point les préjugés ou les jalousies des contemporains, qu'on ne pouvait espérer la leur faire accepter. Mounier le constate à regret, et cherche un autre mode de recrutement pour la chambre haute. Avec une sagesse que n'égaleront pas les législateurs de 1830, il écarte la conception d'un Sénat dont les membres seraient nommés à vie par le Roi; car l'indépendance et le prestige feraient trop défaut à une telle assemblée. Du moment qu'on ne veut pas admettre l'hérédité, une seule origine lui semble présenter les garanties suffisantes : l'élection. Il ne songe pas à instituer pour les deux chambres le même corps électoral : elles consumeraient leurs sessions

---

[1] *Considérations*, p. 37.

dans des luttes stériles. — Son système, il en convient, est imité de la plupart des États de l'Union américaine : un sénat de trois cents membres élus pour six ans par les membres des administrations provinciales et par des délégués *ad hoc* en nombre égal; c'est le mécanisme qui avait été adopté à Romans pour la désignation des députés du Dauphiné aux États Généraux. Enfin, « les séna- « teurs devraient être âgés de trente-cinq ans accom- « plis, et posséder en immeubles dix mille livres de re- « venu[1]. »

Le sénat ainsi constitué sera-t-il un simple corps de contrôle, armé seulement d'un pouvoir suspensif, ou une véritable chambre haute, partageant le droit d'initiative avec la chambre basse en toutes les matières non relatives à l'impôt? Mounier n'hésite pas à adopter cette seconde idée : « Si le Sénat », fait-il observer, « n'avait que le « pouvoir suspensif, les riches propriétaires, les hommes « éclairés préféreraient d'être élus représentants; le sénat « ne serait formé que par ceux qui n'auraient pu réussir à « se faire nommer dans l'autre chambre; il serait bientôt « ridiculisé par son impuissance et par le peu d'impor- « tance de ses fonctions[2]. » — De plus, le sénat devrait, comme haute cour de justice, connaître de certains procès intéressant la sûreté de l'État. Enfin, le droit royal de dissolution ne pourrait s'exercer qu'à l'égard de la chambre des représentants, et jamais vis-à-vis du sénat.

Mounier s'occupe, en terminant, de la promulgation et de la révision de la constitution. Doit-on, selon le désir de certaines personnes, soumettre le texte constitutionnel voté par l'Assemblée soit aux provinces, soit à une assemblée nouvelle, et ne le tenir pour définitif qu'après cette ratification? L'auteur combat énergiquement cette opinion, en soutenant que les pouvoirs des députés sont suffisants et

---

[1] *Considérations*, p. 40.
[2] *Ibid.*, p. 42.

qu'il faut, loin d'ouvrir de nouveaux délais, opposer le plus tôt possible une législation fixe à l'anarchie.

En traitant de la révision, il rencontre la théorie formulée par Sieyès, d'une Convention se réunissant à des intervalles périodiques pour rechercher les améliorations dont la constitution serait susceptible. Il n'a pas de peine à établir que cette idée aboutirait, en pratique, à une instabilité complète : « On ne pourrait pas désigner un terme, « pour des changements indéterminés dans le gouverne- « ment, sans que chaque individu ne prît soin de les pré- « voir et de les calculer au gré de ses désirs... Ceux qui « connaissent les hommes savent que mille ou douze cents « personnes ne s'assembleraient pas extraordinairement « pour déclarer que tout est bien et digne d'être conservé. « Quelque excellente que pût être la constitution, elle « aurait sûrement des inconvénients ; et souvent, sans « réfléchir qu'ils tiennent à de plus grands avantages, dans « le dessein de la perfectionner, on la détruirait, ou on la « rendrait plus vicieuse encore [1] ».

Selon Mounier, l'accord des deux chambres et de la couronne suffit pour modifier la constitution, comme pour faire une loi ordinaire. Cette doctrine, éminemment conservatrice au fond, puisqu'elle écarte la dangereuse intervention d'une autorité exceptionnelle, a été admise, on le sait, sous la Restauration, où plusieurs articles de la Charte furent amendés par voie législative. Mounier, toutefois, en raison de la gravité d'une semblable réforme et du peu d'urgence qu'elle présente en général, voulait constater la sincérité et la constance du vœu public : à cette fin, la révision ne devait produire son effet que si à la législature suivante elle obtenait encore l'acquiescement de la nouvelle chambre des représentants, du Sénat et du roi. De même qu'on exige deux délibérations pour certaines

---

[1] *Considérations*, p. 50-51.

lois, il exigeait deux lois pour modifier la constitution.

La conclusion de la brochure trahit presque le découragement : on sent qu'aux approches de la lutte suprême, Mounier n'est rien moins qu'assuré du succès. Ce n'est plus le privilége, comme autrefois, dont il redoute surtout les résistances ; l'anarchie lui paraît le péril de l'heure présente :

« Dans ma province, on a juré de défendre la liberté
« publique et de maintenir dans toute son intégrité l'au-
« torité royale, sans laquelle la liberté ne peut exister en
« France. C'était jurer de combattre l'anarchie, et ce ser-
« ment doit être écrit dans le cœur de tous les bons
« Français [1]. »

Mounier a certainement publié des ouvrages plus importants par le développement des idées, plus attachants par la nature du sujet, plus remarquables par l'élévation des pensées et la force du style. Cet opuscule, presque oublié, mérite pourtant une mention spéciale dans l'histoire de la Révolution, comme le manifeste du bon sens contre l'utopie, de la raison pratique contre les divagations théoriques. Il s'attaque courageusement à la doctrine pernicieuse qui, substituant un arbitraire à un autre, déclarait le peuple incapable de vouloir autre chose que le bien et prêchait une soumission idolâtre à ses volontés. Il rappelle que la multitude a ses passions, plus terribles que celles des rois ; qu'un gouvernement n'est pas fait pour une humanité idéale, mais pour des êtres dont les vices sont trop réels, et que le meilleur moyen de protéger la liberté est de répartir le pouvoir entre plusieurs autorités qui s'unissent pour le bien, s'annulent pour le mal, s'équilibrent dans l'ensemble. Le plan constitutionnel proposé par Mounier, on ne saurait trop le dire, est celui qui a fait la prospérité de la France pendant la période de 1815 à 1848, celui que presque

[1] *Considérations*, p. 54.

toutes les nations de l'Europe ont successivement adopté. Sans doute, le député de Grenoble n'a pas le mérite de l'avoir découvert; mais c'est déjà quelque chose, à une époque où le dédain était de mode à l'égard de la constitution anglaise, c'est quelque chose de l'avoir défendue contre les sophismes et les railleries, d'avoir voulu l'acclimater sur notre sol, d'avoir pressenti que l'avenir de la France était là. Enfin, si le lecteur peut noter des incorrections et des négligences de forme, presque inévitables dans une brochure composée à la hâte, il trouve aussi bon nombre de fines remarques, présentées le plus souvent sur le ton d'une ironique simplicité. Les *Considérations sur les gouvernements* offrent par elles-mêmes un intérêt incontestable; mais, précisément parce que les idées en sont conformes à nos habitudes d'esprit, nous ne leur rendons pas suffisamment justice; pour en apprécier tout le mérite, il faut les lire après les productions de Sieyès et de Mably.

Lors de son apparition, cet écrit souleva une vive émotion. Brissot publia dans son journal des *Lettres* à l'auteur, où il lui répondait avec beaucoup d'animation, mais sans s'écarter des règles de la discussion courtoise [1]; il alla jusqu'à avouer que « les objections de M. Mounier, même en « faveur de la sanction royale, étaient très-difficiles à « résoudre ». Cette réserve ne fut pas imitée : les calomnies et les menaces redoublèrent contre celui qui avait la hardiesse de soutenir le *veto* et les deux chambres. Un journaliste [2] avait promis qu'il donnerait une analyse détaillée du nouvel ouvrage; « quatre hommes, qui s'annoncèrent « comme envoyés des patriotes du Palais-Royal, lui signi- « fièrent, le pistolet à la main, qu'il périrait s'il s'avisait « de faire l'éloge des principes de Mounier [3] ». C'est de

---

[1] *Patriote français*, 7 septembre 1789 et suiv.

[2] Je n'ai pu trouver de qui il s'agit; ce ne doit pas être Mallet du Pan.

[3] DROZ, *Histoire de Louis XVI*, t. II, p. 440, en note. Cf. *Exposé de la conduite de M. Mounier*, p. 28.

la sorte que la foule comprend souvent la liberté de la presse.

Quelques mois plus tard, Marie-Antoinette, au cours d'une conversation politique, donnait à entendre au comte de Ségur que ses idées n'étaient pas aussi exagérées qu'on le croyait communément; elle ajouta que son interlocuteur en aurait bientôt la preuve. « En effet », poursuit Ségur, « le jour suivant, madame Campan m'apporta de sa part « un paquet dont cette princesse lui avait laissé ignorer « le contenu. Je l'ouvris, et, à ma grande surprise, j'y « trouvai un écrit de M. Mounier, dont les idées étaient « fort analogues aux principes du gouvernement anglais [1]. »

Il s'agit ici, sans aucun doute, des *Considérations,* que le lecteur ne s'attendait probablement pas à voir placées sous ce patronage. Quand la reine, désabusée, allait ainsi emprunter à Mounier son programme politique, cette détermination était bien tardive. L'anecdote n'en est pas moins assez curieuse pour mériter d'être rapportée.

[1] Ségur, *Mémoires ou souvenirs,* t. III, p. 498.

CHAPITRE IX

C'était sur la dualité des chambres et le *veto* que Mounier avait insisté de préférence dans sa brochure : c'étaient ces deux questions qui se débattaient le plus vivement dans le pays.

Sans doute, la création d'une chambre haute était loin d'obtenir les sympathies de la foule, à qui l'on n'avait pas manqué de la représenter comme une conception aristocratique. Néanmoins, le député du Dauphiné ne se heurtait pas sur ce point, on peut le dire, à une opposition véritablement populaire : les principaux obstacles venaient d'ailleurs.

Tout d'abord, les métaphysiciens repoussaient avec mépris une institution qui ne rentrait pas dans le plan savamment combiné par eux. En face du pouvoir exécutif, confié au Roi, ils plaçaient le pouvoir législatif, exercé par les représentants de la nation : à quoi servait l'adjonction d'une seconde assemblée, sinon à compliquer le mécanisme constitutionnel, à empêcher le vote des lois libérales, à favoriser les intrigues des courtisans? En vain leur rappelait-on qu'à côté des bonnes lois à faire, il y en a souvent de mauvaises à empêcher, et que le rôle de la seconde chambre consiste précisément à arrêter les mouvements factices de l'opinion. Ils ne pouvaient entendre ce langage; car, dans le monde chimérique pour lequel ils statuaient, les hommes, naturellement bons, n'avaient pu être corrom-

pus que par le joug du despotisme ; rendus à eux-mêmes,
ils recommenceraient à vouloir le bien et à le dicter à leurs
représentants. Parler de précautions à prendre contre eux,
c'était faire injure à la pureté de leur patriotisme.

Quand on invoquait l'exemple de l'Angleterre, ces philosophes répondaient par quelques paroles de pitié. Il faut
convenir qu'ils auraient pu embarrasser les admirateurs de
la constitution britannique en leur montrant comment les
choses se passaient en réalité de l'autre côté du détroit : le
droit de suffrage réservé à une minorité de propriétaires ;
les siéges législatifs répartis avec la plus choquante inégalité ; les grands seigneurs, et le Roi tout le premier, dispo-
sant d'un certain nombre de nominations ; la corruption
s'étalant au mépris des prohibitions de la loi ; enfin, cette
forêt d'abus dans laquelle la réforme de 1832 a la première
porté la cognée. Il était facile de répondre, sans doute, que
c'étaient là des vices indépendants de l'institution, et que
les précautions nécessaires seraient prises pour les empêcher de s'introduire en France : ce tableau n'en était pas
moins de nature à ébranler bien des convictions. — Mais
les politiques de l'école métaphysicienne n'avaient pas pour
habitude de s'arrêter aux faits, et tous, sans exception,
négligèrent cette argumentation pratique pour développer
les plus étranges spéculations théoriques. Rousseau, comme
on sait, avait soutenu que les Anglais, libres au moment
où ils élisent leurs députés, retombent dans la servitude
pendant toute la durée de la législature : ses disciples
reprirent ce sophisme, et ne surent guère reprocher aux
institutions d'outre-Manche que leur origine peu rationnelle.

L'amour-propre national, qui nous a toujours fait croire
que l'Europe se réglait sur nous, donna naissance alors à
une conviction aussi répandue que ridicule : on se répétait
que l'Angleterre n'attendait que la fin des travaux de
l'Assemblée constituante pour modifier son régime politique.

Cette pensée fut exprimée à diverses reprises à la tribune
de Versailles. Vers la fin d'août, le bruit d'une adresse de
félicitations envoyée par la Chambre des communes à
l'Assemblée prit assez de consistance pour que Mallet du
Pan dût le démentir [1]. Déjà, au lendemain du 14 juillet, le
vicomte de Noailles, rencontrant le duc de Dorset, l'avait
interpellé en ces termes : « Savez-vous, milord, que de
« cette affaire votre pays *aussi* pourrait bien devenir libre ! »
La Fayette était seul capable de montrer une égale suffi-
sance. Il dit à un Anglais qui s'en retournait à Londres :
« Adieu, monsieur; vous ne trouverez plus de chambre
« haute à votre arrivée [2]. » On serait tenté de croire que
Rivarol a prêté ce mot à celui qu'il crible volontiers de ses
épigrammes, si le témoignage du grave Montlosier ne con-
cordait avec son récit [3]. Au reste, la phrase caractérise à
merveille la nation, l'époque et surtout le personnage.

Les deux chambres rencontraient des adversaires tout
aussi résolus à l'autre extrémité de l'Assemblée. Un double
motif réglait l'attitude des privilégiés sur cette question. Ils
obéissaient d'abord à ce détestable calcul, toujours déjoué
par les événements, qui consiste à pousser les choses au pis
pour provoquer une réaction. L'abbé Maury s'en expliquait
avec une franchise voisine du cynisme : « Si vous établis-
« siez deux chambres », disait-il, « votre constitution
« pourrait se maintenir [4]. » — D'autres, plus raisonnables
et plus égoïstes à la fois, auraient admis volontiers une
chambre haute élue par les gentilshommes et les prélats, et
une chambre basse nommée par le tiers, suivant le mode
que, quelques mois auparavant, l'évêque de Langres avait
proposé pour les délibérations des États Généraux; à défaut
de la division des trois ordres, la distinction entre la

[1] *Mercure de France,* 29 août 1789.
[2] Rivarol, *Tableau historique et politique des travaux de l'Assemblée constituante,* p. 240.
[3] Montlosier, *Mémoires,* t. I, p. 214.
[4] Droz, *Histoire de Louis XVI,* t. II. p. 457.

noblesse et la roture eût été ainsi conservée. Mais leur orgueil se révoltait à la pensée d'aller solliciter des électeurs un siége à la chambre basse, tandis que des gens du tiers entreraient au sénat; ils comprenaient que, par là, la ruine de l'ancien état de choses aurait été consommée, et leurs prétentions à jamais condamnées. L'agitation était vive, surtout parmi les petits hobereaux de province, qui formaient la portion la plus nombreuse et la moins éclairée du second ordre. Ils se disaient que les représentants des familles historiques et de la noblesse de cour seraient assurés d'entrer à la chambre haute avec les plus illustres membres de la bourgeoisie (comme il arriva, en effet, en 1814); qu'une nouvelle aristocratie se formerait en dehors d'eux; qu'ils seraient réduits à une humiliante égalité avec leurs vassaux. Mieux valait cent fois un système qui, en les privant de leurs prérogatives traditionnelles, ne les mettrait, du moins, dans un état d'infériorité vis-à-vis de personne. Ainsi, leur morgue blessée faisait de ces gentilshommes autant de niveleurs.

La sanction royale, au contraire, comptait peu d'ennemis dans le côté droit; mais elle soulevait d'autre part les plus violentes résistances. Nous avons indirectement exposé les objections des théoriciens, en rapportant les réponses que leur faisait Mounier dans ses *Considérations sur les gouvernements* : ils dénonçaient surtout la subordination de la volonté nationale à l'arbitraire d'un homme, et l'atteinte portée à la séparation des pouvoirs. A côté ou au-dessous d'eux, pamphlétaires, libellistes, orateurs de carrefours, tous s'efforçaient à l'envi d'exciter l'inquiétude populaire. Le succès ne répondit que trop à leur attente : la sanction, sous le nom de *velo,* devint pour la foule un fantôme d'autant plus redouté qu'on se forgeait de plus étranges idées sur son compte. Les contemporains nous ont transmis l'écho des rumeurs absurdes qui obtenaient créance. Le *veto,* cette arme essentiellement défensive, devenait une faculté donnée au Roi d'exercer le plus épouvantable despotisme, de faire intervenir son bon plaisir dans les actes de la vie privée de ses sujets, autant et plus qu'aucun tyran de l'antiquité. Rivarol n'a rien exagéré quand il énumérait parmi les opposants à la sanction « la halle et les clubs, « l'Académie et la police, les filles et les philosophes, les « brochures et les poignards, ceux qui raisonnaient sur le « veto, ceux qui le croyaient le grand mot du despotisme, « ceux qui le prenaient pour un impôt[1] ». On sait qu'il survécut quelque chose de cette émotion au débat qui l'avait provoquée, et que la Reine fut saluée jusqu'à la fin du sobriquet de « Madame Veto ».

Le Palais-Royal était le centre de l'agitation. Comme à l'époque du renvoi de Necker, Camille Desmoulins et ses émules y haranguaient un auditoire monté sans cesse au paroxysme de la fureur. Quiconque demeurait au-dessous du diapason général risquait de passer pour aristocrate et d'être, en cette qualité, plongé dans le bassin ou suspendu à un réverbère. On déclamait contre les suppôts de la tyrannie et de la féodalité; on en faisait circuler la liste, qui s'ouvrait le plus souvent par le nom de Mounier[2]. On disait que l'Assemblée était corrompue par le voisinage de la cour, intimidée par la présence des gardes du corps, et que le devoir commandait aux patriotes de la soustraire à cette influence, de l'affranchir de cette tutelle, de la ramener à Paris avec le Roi. On préparait au grand jour le plan qui devait être exécuté le 5 octobre[3].

Au moment où la discussion allait s'engager devant l'Assemblée, La Fayette eut la pensée de ménager une conciliation. Sur son initiative, des conférences s'ouvrirent chez lui entre Mounier d'une part, Duport et les Lameth de

---

[1] RIVAROL, *Tableau historique et politique des travaux de l'Assemblée constituante*, p. 210.

[2] DROZ, *Histoire de Louis XVI*, t. II, p. 444.

[3] Pour les détails de cette agitation du Palais-Royal, cf. *Histoire de la Révolution*, par deux amis de la liberté, t. III, p. 83-100.

l'autre. Ceux-ci exigèrent l'abandon du *veto* absolu, qui, selon eux, était susceptible d'allumer la guerre civile. Sur le refus de Mounier, les conférences furent rompues. On les reprit pourtant quelques jours après, et alors les chefs de la gauche se déclarèrent résignés à accepter la sanction illimitée, à la triple condition que le Roi ne pût pas dissoudre la chambre des représentants, que la chambre haute eût seulement un pouvoir suspensif, et que, selon un des articles fondamentaux du symbole démocratique, des *Conventions nationales* fussent périodiquement chargées de réviser la constitution [1].

Si les compromis sont chose indispensable dans la vie politique, du moins doit-on ne pas en abuser quand on a la prétention de faire passer dans la législation les principes immuables et essentiels qui président à la destinée du monde. On ne transige guère en philosophie, et les adversaires de Mounier se donnaient pour des philosophes. Aussi Lally-Tollendal était-il dans son droit en raillant « ces gar- « diens incorruptibles, ces défenseurs inébranlables de « vérités éternelles, qui un jour tenaient tant à leur prin- « cipe qu'ils juraient de le maintenir au péril d'une guerre « civile, et qui le lendemain étaient tout prêts à l'aban- « donner, pourvu qu'en retour d'une vérité sacrifiée, on « leur en sacrifiât une autre [2] ».

Mounier avait renoncé à l'hérédité de la chambre haute ; il ne crut pas pouvoir pousser plus loin les concessions sans ruiner le fondement de son système, et répondit, avec beaucoup de dignité, « que lorsqu'il croyait un principe « vrai, il était obligé de le défendre, et qu'il ne pouvait « pas en disposer, puisque la vérité appartenait à tous les « citoyens ». Il renouvela son refus le 29 août, lorsque Duport lui proposa de signer une convention sur les bases

---

[1] *Exposé de la conduite de M. Mounier*, p. 31-33. Cf. FERRIÈRES, *Mémoires*, t. I, p. 221.

[2] LALLY-TOLLENDAL, *Mémoire ou deuxième lettre à ses commettants*, p. 128.

que je viens d'indiquer. Le député de Paris, en le quittant, le menaça d'agir sur l'opinion publique et, par elle, sur l'Assemblée.

Le 30 août, c'est-à-dire le lendemain du jour où la négociation avait définitivement échoué, la motion fut faite, au Palais-Royal, d'aller chercher le Roi et épurer l'Assemblée. Parmi les plus exaltés, on distinguait le marquis de Saint-Hurugue, un de ces gentilshommes à la raison chancelante, comme il s'en est toujours égaré depuis lors dans les rangs du parti ultra-démagogique. Ce fut lui qui se chargea de mettre le projet à exécution : suivi d'une petite troupe d'énergumènes, il se dirigeait vers le Point du Jour, quand La Fayette, avec un détachement de la garde nationale, les força à rebrousser chemin.

Le jour suivant, Lally montait à la tribune : après avoir dénoncé les motions du Palais-Royal et la criminelle tentative de Saint-Hurugue, il raconta que plusieurs individus s'étaient présentés chez lui, comme envoyés par les patriotes de Paris, et lui avaient enjoint de renoncer à soutenir le *veto*, sous peine d'encourir la vengeance populaire; il fit également lecture de lettres de menaces qui lui étaient parvenues. Mounier parla dans le même sens : pour donner une sanction pratique à l'incident, il proposa de voter une prime en faveur de ceux qui révéleraient les complots dirigés contre le Roi et la représentation nationale. Ce fut précisément Duport qui lui répondit : il railla les appréhensions de ses collègues, affecta de n'attacher aucune importance aux mouvements de Paris, insinua même à mots couverts qu'il pourrait bien y avoir là une manœuvre du parti aristocratique. Mirabeau vint dire que lui aussi avait été l'objet de tentatives d'intimidation de la part des amis de l'ancien régime, et qu'il était indigne de l'Assemblée de s'arrêter à d'aussi misérables préoccupations. La majorité ne demandait qu'à se laisser convaincre, et le débat demeura sans conclusion.

La Fayette avait-il reçu des reproches sur l'énergie de
son attitude? Avait-il plutôt remarqué parmi ses hommes
un enthousiasme médiocre à défendre la cause de l'ordre,
et craignait-il de porter atteinte à sa popularité par une
plus longue fermeté? Quoi qu'il en soit, il écrivit à Mounier
le 1er septembre pour l'adjurer d'accéder aux dernières
conditions posées par Duport; il lui déclarait en terminant
que, par son opiniâtreté, il se rendait responsable de tout
le sang qui allait couler [1].

Mounier et ses amis n'avaient attendu pour se préoccuper
de la situation ni les menaces de Duport, ni la folle équipée
de Saint-Hurugue, ni les sinistres avertissements de La
Fayette. Depuis quelque temps, ils avaient formé un comité
de direction de quinze membres, dont les principaux
étaient Mounier, Malouet, qui nous a transmis tous ces
renseignements [2], Lally, Bergasse, M. de La Luzerne,
Virieu. Chaque membre du comité était en relations directes
avec un certain nombre de députés, et, par ces ramifica-
tions, on espérait exercer une réelle action dans l'Assemblée. En effet, et grâce aussi au scrutin secret, les
récentes élections pour le bureau avaient donné la majorité
aux modérés.

Dans les derniers jours d'août, le comité, convaincu par
des indices sérieux que les patriotes organisaient un coup
de main sur Versailles, jugea qu'il était temps d'aviser, et
de soustraire l'Assemblée au danger en la transférant à
Soissons ou à Compiègne. La tactique à laquelle on s'arrêta
fut de faire proposer la translation par Louis XVI. Il paraissait certain qu'on obtiendrait la majorité; car aux trois
cents voix modérées s'adjoindrait la masse des privilégiés,
tout disposés à s'éloigner de Paris pour suivre le Roi.
Malouet dit qu'assuré de leur adhésion, le comité n'avait
rien concerté avec eux. La fidélité de ses souvenirs l'a pro-

[1] *Exposé de la conduite de M. Mounier*, p. 39.
[2] MALOUET, *Mémoires*, t. I, p. 339-342.

bablement trahi sur ce point; car Montlosier place à la même époque une grande réunion de trente-deux membres, où se trouvèrent, avec les principaux modérés, les véritables chefs de la droite, tels que l'abbé Maury, Cazalès et d'Éprémesnil, et où l'on convint que la position n'était plus tenable à Versailles[1]. Ce détail ne saurait, du reste, modifier l'ensemble des faits.

L'obstacle vint du côté le plus inattendu. Malouet avait reçu mission, avec Redon, son collègue de la députation de Riom, et l'évêque de Langres, de soumettre l'idée à Necker et à Montmorin. Les deux ministres la goûtèrent fort, et se chargèrent immédiatement de la développer au conseil qui allait s'ouvrir. Le Roi rentra de la chasse harassé de fatigue et s'endormit dès le début de la séance. La translation était unanimement approuvée, quand il s'éveilla brusquement, dit *non* et se retira. Les trois députés, qui attendaient tout confiants dans le cabinet de Montmorin, apprirent avec consternation l'échec de leur démarche.

Comme l'a conjecturé Malouet, Louis XVI, doué surtout du « courage passif », trouva sans doute humiliant pour la dignité royale de paraître fuir le voisinage de Paris. Par suite de cette résolution, la constitution allait se discuter dans les conditions les moins rassurantes pour l'indépendance de l'Assemblée.

Le 26 août, on termina le travail de la déclaration des droits par le vote d'un article additionnel où Duport avait formulé les principes équitables qui règlent encore aujourd'hui l'expropriation pour cause d'utilité publique. Comme on annonçait un certain nombre d'autres articles additionnels, l'Assemblée, lasse enfin des débats théoriques, décida, au début de la séance du 27, que l'examen en serait renvoyé après le vote de la constitution.

[1] MONTLOSIER, *Mémoires*, t. I, p. 278.

Une discussion préliminaire s'engagea sur l'ordre dans lequel les diverses questions seraient abordées. Un membre émit l'avis, les bases fondamentales du gouvernement une fois jetées, de passer à l'organisation des assemblées locales. Mounier représenta qu'il était plus logique de s'occuper auparavant du corps législatif, au fonctionnement duquel était intimement liée la liberté politique. Camus et Virieu firent la motion très-plausible de voter sur-le-champ et sans débats les articles de principe que Clermont-Tonnerre avait proclamés un mois plus tôt comme contenus dans l'unanimité des cahiers. Pétion s'y opposa : les cahiers n'étaient déjà plus pour son parti que des monuments de l'esprit rétrograde.

Le lendemain 28, Mounier, au nom du comité, proposa l'ordre suivant : principes du gouvernement monarchique; organisation du corps législatif; organisation du pouvoir exécutif; organisation du pouvoir militaire; ordre judiciaire. Sur le premier de ces chapitres, il donna lecture, toujours au nom du comité, d'un projet en six articles, dont la teneur doit trouver place ici :

I

Le gouvernement français est un gouvernement monarchique. Il n'y a pas, en France, d'autorité supérieure à la loi. Le Roi ne règne que par elle; et quand il ne commande pas au nom de la loi, il ne peut exiger obéissance.

II

Aucun acte de législation ne pourra être considéré comme loi, s'il n'a été fait par les députés de la nation, et sanctionné par le monarque.

III

Le pouvoir exécutif suprême réside exclusivement dans les mains du Roi.

IV

Le pouvoir judiciaire ne doit jamais être exercé par le Roi, et les juges auxquels il est confié ne pourront être dépossédés de leurs offices pendant le temps fixé par les lois, si ce n'est par les voies légales.

V

La couronne est indivisible et héréditaire de branche en branche, de mâle en mâle, et par ordre de primogéniture. Les femmes et leurs descendants en sont exclus.

VI

La personne du Roi est inviolable et sacrée; mais les ministres et autres agents de l'autorité royale sont responsables des infractions qu'ils commettent à la loi, quels que soient les ordres qu'ils aient reçus.

Ce texte était dû à l'archevêque de Bordeaux, qui l'avait préparé avant son entrée au ministère. Dans son souci de bien marquer la substitution du régime légal à l'arbitraire, l'auteur avait donné à cette constatation une forme blessante pour la dignité royale. Il insistait sur l'état de subordination du prince par rapport à la loi; en fait, ce devait bien être là la conséquence du gouvernement constitutionnel; mais il était déplacé de trop le répéter au Roi et dangereux de le dire trop haut au peuple. Victime de ces idées absolues, qui firent alors tant de mal, Champion de Cicé ignorait que le gouvernement parlementaire est peut-être celui où la fidélité monarchique trouve ses plus respectueuses manifestations.

Le fond du projet offre peu de prise à la critique : les

principes essentiels de toute royauté constitutionnelle y
sont assez exactement reproduits. L'article qui donne au
Roi le « pouvoir exécutif suprême » a excité les railleries
de Rivarol; le célèbre pamphlétaire (qui attribue à tort la
proposition à Mirabeau) s'écrie : « C'est la suprématie d'un
« intendant de maison; tout domestique a le pouvoir exé-
« cutif suprême autour de son maître; Louis XVI n'est donc
« plus que le grand-officier de l'Assemblée nationale [1]! »
Rivarol a repris ici l'éternel argument des avocats du despotisme, qui invoquent les égards dus à la majesté royale.
Mais il faut remarquer que, la séparation des pouvoirs étant
admise, le texte du comité était un hommage rendu et un
appui prêté à l'autorité du souverain : les efforts des démagogues devaient tendre précisément à dépouiller Louis XVI
de ce pouvoir exécutif suprême pour ne lui en laisser que
l'ombre.

Après le rejet d'une motion de l'abbé d'Eymar, tendant
à faire déclarer le catholicisme religion de l'État, rejet que
Bouche détermina par cette considération, que « Phara-
« mond régnait avant Clovis », on commença la discussion
de l'article premier, définissant le gouvernement français.
Elle fut des plus confuses, à part un discours de l'évêque
de Chartres, qui soutint que dans le cas même où le Roi ne
commandait pas au nom de la loi, on lui devait obéissance
provisoire. Mounier, afin d'établir un peu d'ordre dans les
débats, demanda qu'il y eût une double liste, où s'inscri-
raient les partisans et les adversaires du projet du comité,
et qu'on leur donnât la parole alternativement. Aujourd'hui
que cette pratique est depuis longtemps usitée dans nos
assemblées délibérantes, on croirait à peine que Mirabeau,
dans une véhémente déclamation, la combattit comme
contraire « à la dignité et à la fraternité » des représentants.

[1] RIVAROL, *Tableau historique et politique des travaux de l'Assemblée constituante*, p. 225.

Plus de quarante amendements avaient été déposés : l'un, entre autres, qui qualifiait le futur gouvernement de la France de *démocratie royale*, aurait pu servir de digne préambule à la Constitution de 1791. La lutte ne tarda pas à se circonscrire entre la rédaction du comité et celle du député Roussier, ainsi conçue : « La France est un État « monarchique dons lequel la nation fait la loi, et le roi la « fait exécuter. C'est dans la division de ces pouvoirs que « consiste la constitution. » Cet amendement ménageait encore moins que le projet du comité les susceptibilités royales : il avait, en outre, le grave inconvénient de paraître condamner implicitement le *veto*. Aussi la discussion déviat-elle bientôt pour porter sur le droit de sanction. Enfin, un vote par assis et levé accorda la priorité au texte du comité, mais la priorité seulement. Mounier, désireux de pousser plus loin ses avantages, représenta que le débat était épuisé et proposa d'adopter ce texte provisoirement, sous la réserve d'une révision générale : malgré ses efforts, l'Assemblée remit sa décision à la séance suivante.

Le lendemain, 29 août, le vicomte de Noailles fit observer que la question de savoir si et dans quelle mesure on admettrait la sanction royale dominait tout le débat, et que la solution adoptée à cet égard pourrait influer sur les autres articles ; en conséquence, il proposa de discuter et de voter d'abord la sanction. Virieu et Regnault de Saint-Jean-d'Angely appuyèrent cet avis, qui fut énergiquement combattu par plusieurs de leurs collègues, et il en résulta une scène violente. La motion de Noailles finit par être admise : mais plus d'un orateur, en traitant la sanction, émit son opinion sur les deux chambres, qui ne furent pas l'objet d'un débat spécial.

Redon prit le premier la parole : compatriote et ami de Malouet, il défendit si bien les théories favorites de ce dernier, que Mallet du Pan, peu enclin d'ordinaire aux entraînements enthousiastes, a pu parler de son « éloquence

« prophétique[1] ». Pour lui, l'Assemblée n'avait pas à décréter
la sanction royale, mais à la reconnaître, de même qu'elle
n'avait pas à créer la monarchie, mais à lui rendre hommage, de même qu'elle n'avait pas à publier les droits du
peuple comme une conquête nouvelle, mais à les réclamer
comme l'acquittement d'une vieille créance. Il invoquait les
cahiers à l'appui de cette thèse, que nous avons déjà trouvée
à plusieurs reprises sur les lèvres de l'ancien intendant de
Toulon. Sans parler de la sanction, que tous les cahiers
mentionnaient (le rapport de Clermont-Tonnerre en fait foi),
il y avait un avantage incontestable à présenter le nouveau
régime comme contenu en germe dans l'ancien, à mettre
des réformes à la place d'une révolution. Trop sage pour
ne pas le comprendre, Mounier s'était efforcé de se rattacher à la tradition dans la mesure du possible, d'en tirer
quelques principes supérieurs, tels que ceux de l'hérédité
royale et du vote de l'impôt[2]. Mais, comme il l'avait remarqué dès le 9 juillet, ces principes étaient en bien petit
nombre; quand Malouet et Redon voulaient aller plus loin,
ils ne pouvaient établir entre les idées modernes et les pratiques de la vieille monarchie qu'un lien purement artificiel.
Il n'en était pas de la France de 1789 comme de l'Angleterre après les Tudors ou les Stuarts : elle n'avait pas à
invoquer d'antiques libertés tombées en désuétude ou en
servage; depuis un temps immémorial, le pouvoir absolu
était le droit commun, sinon pour l'administration locale,
du moins pour tout ce qui touchait au gouvernement général. Une telle argumentation n'aurait eu quelque chance
de succès (et Malouet le sentait bien) que si elle avait obtenu l'acquiescement des représentants attitrés de l'ancien

---

[1] MALLET DU PAN, *Mémoires et correspondance*, t. I, p. 204.

[2] Il n'était pas jusqu'à la vieille règle de l'hérédité qui, grâce à l'abus des idées
philosophiques, ne choquât certains esprits modérés : on en trouve la preuve
dans une curieuse lettre écrite à Mounier le 3 septembre par son ami Savoye *de*
Rollin (le futur membre du tribunat) ; Bibl. de Grenoble, fonds Mounier.

12.

régime, que si monarque et privilégiés s'étaient unis pour
dire : « Ces franchises que vous voulez vous attribuer, nous
« vous les concédons comme une conséquence naturelle
« des institutions nationales; celles-ci condamnent notre
« autorité arbitraire, nos priviléges, et nous y renonçons
« pour rentrer dans la vraie tradition. » Que ce langage
eût épargné à la France les horreurs de la Révolution, cela
est probable; mais quoi qu'on ait pu prétendre de nos
jours, il n'a jamais été tenu. Au contraire, Malouet, qui
était assez clairvoyant pour le conseiller, ne recevait de la
droite que des reproches ou des outrages; tandis que d'É-
prémesnil le traitait « d'hérétique à bonnes intentions[1] »
et que M. Ferrand le déclarait digne de la potence[2], on
l'accusait vivement (et non tout à fait à tort) de travestir
la vieille monarchie et d'en méconnaître les principes essentiels. La transition insensible qu'il rêvait était donc une
chimère.

Cette digression sur ce qu'on peut appeler l'école de
Malouet nous a fait quelque peu perdre de vue la sanction
et l'Assemblée qui la discutait. Pétion répondit à Redon :
bien qu'il appartînt déjà à la gauche avancée, il ne nia ni le
vœu des cahiers en faveur du *veto*, ni le bien fondé de ce
vœu; il soutint seulement qu'il appartenait à l'Assemblée
de fixer l'étendue et la durée de la sanction.

L'importante séance du 31 s'ouvrit par un succès pour
les modérés. On renouvelait le bureau, et les deux évêques
d'Autun et de Langres se disputaient le fauteuil. M. de
La Luzerne fut élu par 499 voix contre 328 données à
Talleyrand.

Après l'incident relatif aux motions du Palais-Royal, que
j'ai résumé un peu plus haut, Lally-Tollendal lut au nom du
comité de constitution un rapport sur l'organisation du

---

[1] MALOUET, *Mémoires*, t. I. p. 306.
[2] *Ibid.*, t. I, p. 352.

pouvoir législatif [1]. Ce document, œuvre de longue haleine, était en majeure partie exempt de la rhétorique ampoulée, habituelle à son auteur. Lally développait le système des deux chambres à l'aide d'exemples heureusement choisis et de citations empruntées de préférence à Blackstone ou à Delolme. Il établissait aussi la participation du Roi au pouvoir législatif, s'exerçant par le *veto* absolu. On pourrait donner d'intéressants extraits de ce rapport; mais les arguments au fond ne diffèrent pas de ceux que Mounier présenta plusieurs fois, et je craindrais de fatiguer le lecteur en les reproduisant sous cette nouvelle forme. Lally ne se séparait de son collègue que sur un point : après avoir renoncé bien à contre-cœur, lui aussi, à la pairie héréditaire, il ne demandait pas à l'élection les garanties d'autorité morale indispensables à une chambre haute; son esprit plus timide s'arrêtait au système de la nomination à vie, faite par le Roi sur la présentation des provinces. Comme conclusion pratique, il proposait à l'Assemblée de voter les dix articles suivants, qui étaient moins des textes législatifs que des décisions de principes, destinées à être développées dans le cours des débats :

<h2 style="text-align:center">I</h2>

Le corps législatif doit être composé de trois parties : du roi, d'un Sénat et des représentants de la nation.

<h2 style="text-align:center">II</h2>

Ce doit être le droit et le devoir du Roi de convoquer le corps législatif aux époques fixées par la constitution; il peut le proroger, et même le dissoudre, pourvu qu'à l'instant il en convoque un nouveau [2].

---

[1] Bibl. nat., Le ¹⁹, 175.

[2] L'expression de corps législatif désigne ici bien évidemment les deux chambres ; mais le droit de dissolution ne s'applique qu'à la chambre basse.

III

Toute délibération pour les subsides doit prendre naissance dans la chambre des représentants sur la demande du Roi; à eux seuls doit appartenir le droit de dresser l'acte qui les accordera, et le Sénat ne doit pouvoir que consentir ou rejeter cet acte purement et simplement.

IV

Le Sénat doit être seul juge des agents supérieurs du pouvoir public, accusés d'en avoir fait un usage contraire à la loi; la chambre des représentants doit être seule accusatrice; l'accusation, le procès et le jugement doivent être publics.

V

Chaque chambre doit juger privativement de ce qui concernera sa police et ses droits particuliers.

VI

Tout autre objet, tout acte de législation doit être commun aux deux chambres; il peut prendre naissance indistinctement dans l'une ou dans l'autre, et s'il passe dans l'une, il doit être porté à l'autre.

VII

La sanction royale est nécessaire pour la formation de la loi.

VIII

L'initiative, c'est-à-dire la proposition et la rédaction des lois, doit appartenir exclusivement aux deux chambres, et la sanction seule au Roi.

Cette façon de parler est empruntée à l'Angleterre, où l'on dit que la couronne dissout le Parlement, et non pas seulement la Chambre des communes.

IX

Aucune loi ne peut être présentée à la sanction royale
sans avoir été consentie par les deux chambres.

X

Les deux chambres doivent avoir la négative ou le *velo*
l'une sur l'autre, et le Roi doit l'avoir sur les deux.

Si par la composition du comité, par les intentions que
ses précédentes communications avaient laissé entrevoir,
on pouvait s'attendre à de pareilles propositions, c'était la
première fois qu'il en faisait formellement part à l'Assemblée. Aussi une vive émotion accueillit la lecture de Lally,
et le parti patriote manifesta bruyamment sa colère. Le
rapporteur, au témoignage de Mounier, « fut interrompu
« plusieurs fois par des murmures; et plusieurs personnes,
« qui probablement ne se piquaient pas d'être instruites
« dans le droit public de l'Europe, s'écrièrent qu'on voulait
« leur donner le sénat de Venise [1] ». A ces calomnies, on
joignit comme à l'ordinaire les tentatives d'intimidation :
« Au milieu même de l'Assemblée », continue Mounier,
« dans le cours de cette séance, les huissiers me remirent
« plusieurs lettres anonymes, qui leur avaient été confiées
« par des inconnus, dans lesquelles j'étais menacé d'être
« assassiné ou empoisonné. Rentré chez moi, j'en reçus
« encore, remplies des invectives les plus grossières et des
« menaces les plus atroces. Depuis cette époque jusqu'à
« mon départ, il ne s'est presque point passé de jour où je
« n'en aie reçu du même genre [2]. » Ces criminels efforts
étaient sans résultats sur un homme aussi fermement
attaché à la politique modérée : mais parmi les députés
combien n'y avait-il pas d'âmes faibles, pour lesquelles,

[1] *Exposé de la conduite de M. Mounier,* p. 36.
[2] *Ibid.,* p. 37

selon le mot de Malouet[1], la Terreur avait déjà commencé !

Du reste, le député du Dauphiné avait, dans cette séance du 31 août, justifié de nouveau les outrages de ses ennemis. Il avait remplacé Lally à la tribune, également comme organe du comité de constitution. Les principes posés par le premier rapporteur appelaient un développement : Mounier se chargea de le présenter[2].

Il s'excusa tout d'abord d'être obligé de remettre à une séance ultérieure l'exposé de ses idées sur le *veto* et les deux chambres, mais ajouta qu'il ne voulait pas laisser plus longtemps s'accréditer l'erreur d'après laquelle la constitution dépendrait de la sanction du prince. Reprenant alors une distinction qu'il avait déjà indiquée, il expliqua, dans un langage trop peu respectueux pour la dignité royale, que le souverain n'aurait pas à sanctionner la constitution comme une loi ordinaire, mais simplement à la ratifier. Il semblait ne pas s'apercevoir que si cette ratification était libre de la part du monarque, la différence des mots la séparait seule du *veto*, et que si elle était forcée, elle devenait une inconvenante comédie ; ce n'était pas résoudre la difficulté que de dire : « Le comité a pensé qu'on « ne devait pas même mettre en question si le Roi ratifierait « la constitution. » Mounier, effrayé de l'opposition que rencontrait son plan, espéra sans doute désarmer par cette attitude une partie de ses adversaires. De tels traits de défaillance sont bien rares chez lui, mais ils n'en doivent pas moins être relevés.

Il se retrouvait tout entier dans le projet très-long et très-étudié qui suivait ce rapport sommaire et réglait l'organisation du pouvoir législatif. Tout y était prévu, sauf le mode de recrutement du Sénat : le comité, hésitant entre la nomination royale et les divers systèmes électifs, avait ajourné sa décision sur cette grave question. Sans songer à repro-

---

[1] MALOUET, *Mémoires*, t. I, p. 353.
[2] Bibl. nat., Le 29, 175.

duire les soixante-dix-neuf articles du projet, tâchons d'en
résumer les dispositions principales.

Les deux chambres sont permanentes : non pas en ce
sens qu'elles siégent d'une manière constante soit par elles-
mêmes, soit par une commission de permanence, comme
sous la Constitution de 1848, mais en ce sens qu'elles se
réunissent de plein droit tous les ans pour tenir une session
d'une certaine durée, comme sous la Constitution de 1875.
Le minimum de cette durée est fixé à quatre mois : passé ce
délai, le Roi est maître de clore la session. Les taxes et impôts ne peuvent être consentis que d'une session à l'autre.
Les lois de finances, votées en premier lieu par la chambre
des représentants, ne peuvent être amendées par le Sénat,
mais seulement approuvées ou rejetées. Les deux chambres
ont concurremment l'initiative des lois ordinaires. Le monarque a le droit absolu de sanction, qu'il exerce en séance
royale. — Les élections de la chambre des représentants
ont lieu à deux degrés et au scrutin de liste. Pour être électeur du premier degré, il faut être domicilié et payer une
contribution égale à trois journées de travail; une propriété
foncière est nécessaire pour être éligible. Le royaume est
divisé au point de vue électoral en districts dont chacun,
peuplé d'environ cent cinquante mille habitants, nomme
trois députés; néanmoins, toute ville qui compte plus de
cent cinquante mille habitants ne forme qu'un district, et
élit autant de députés qu'elle a de fois cinquante mille habitants (Mounier calculait que cette proportion donnerait à
peu près six cents députés). La durée des pouvoirs est de
trois ans. Les mandats impératifs sont formellement inter-
dits. Tout député nommé à un emploi public est soumis à
la réélection. — Le Roi peut dissoudre la chambre des représentants. Chaque chambre élit son bureau au début de l'année.
Chaque chambre vérifie les pouvoirs de ses membres. Chaque
chambre doit se former en comité secret, si le tiers des
membres en fait la demande.

Lally et Mounier avaient développé, dans cette séance mémorable, les principes du régime parlementaire. Une restriction s'impose toutefois, puisqu'ils refusaient au Roi l'initiative des lois. Cette disposition était empruntée à l'Angleterre, où elle s'explique parfaitement. Nos voisins ont pensé qu'il était humiliant pour la majesté royale de s'exposer à un vote négatif; quand les ministres ont des projets à soumettre aux chambres, ils le font en leur qualité de lords ou de membres des communes, de telle sorte que l'initiative gouvernementale n'est pas distincte dans la forme de l'initiative parlementaire, et que la couronne n'intervient que pour exercer le droit souverain de sanction.

Malheureusement, les monarchiens de 1789, en proposant cette interdiction, obéissaient à de tout autres idées. Un passage du discours prononcé par Mounier le 5 septembre est explicite à ce sujet :

« Le Roi n'aurait pas le droit de rédiger (c'est-à-dire de « proposer) les lois, car il serait à craindre qu'instruit d'a- « vance par la connaissance que lui donnerait l'adminis- « tration de toutes les lois qui seraient nécessaires, il pût « toujours prévenir les désirs des représentants, s'attribuer « par l'usage le droit exclusif de proposer des lois, et pro- « fiter de toutes les circonstances favorables pour livrer des « attaques indirectes à la liberté. »

On voit par là les appréhensions que le spectre du pouvoir absolu inspirait aux meilleurs esprits. Ces lignes sont empruntées à un discours où Mounier prêche, dans les termes les plus courageux, la nécessité de fortifier l'autorité royale. Avec sa clairvoyance habituelle, il comprend et il expose que le pouvoir exécutif, chargé de l'administration, est mieux à même que personne de connaître les besoins législatifs du pays; c'est précisément pour cela qu'il lui interdit de les satisfaire, dans la crainte que les représentants ne lui abandonnent peu à peu le monopole de l'initiative : crainte en vérité bien vaine, car les velléités d'abdication, rares chez les autocrates, sont inconnues aux assemblées.

L'erreur de Mounier et de ses amis avait une portée plus grave encore, et n'allait à rien moins qu'à méconnaître un rouage essentiel du régime parlementaire.

La séparation des pouvoirs exécutif et législatif est la base de tout gouvernement : sans elle il n'y a que despotisme ou anarchie. Mais par cela même qu'elle sort du domaine de l'abstraction pour entrer dans celui des faits, elle cesse d'être absolue. Un théoricien peut se figurer l'exécutif et le législatif, cantonnés chacun dans leurs attributions et accomplissant isolément leur tâche ; en pratique, les points de contact abondent. Si l'on n'a pas pris soin de ménager entre les deux autorités un lien, un trait d'union, emportées par leur susceptibilité jalouse, elles risquent d'entrer sans cesse en conflit, et l'édifice constitutionnel, ébranlé par le choc de leurs prétentions rivales, s'effondre à la première commotion sérieuse, en couvrant le pays de ses ruines.

Si, au contraire, par une combinaison qui est le fruit de l'expérience et que la théorie s'est en vain épuisée à vouloir surpasser, si les agents suprêmes du pouvoir exécutif sont en même temps les orateurs les plus éloquents et les plus écoutés du corps législatif, les chefs de la majorité parlementaire ; si leur présence dans les conseils de la couronne est le résultat d'un contrat tacite par lequel le parlement s'engage à leur donner son appui et reçoit en retour la promesse de voir appliquer ses idées politiques, alors les choses changent de face, et l'antagonisme fatal disparaît. La majorité, au lieu d'user ses forces dans de stériles contestations, envisage en toute sécurité un pouvoir dont ses membres les plus éminents sont dépositaires, et se consacre sous leur direction à la préparation des lois réclamées par les besoins ou les vœux du pays. L'opposition elle-même, pour qui un

succès équivaut à la conquête de l'autorité, est forcée de
présenter au ministère et au pays, non pas de faciles déclamations, mais un programme de gouvernement : il lui est
interdit, sous peine d'un prompt discrédit, de se renfermer
dans les censures sans défendre de solutions positives.
Quand, par suite de nouvelles élections ou de toute autre
cause, la force respective des partis se trouve modifiée, le
Roi appelle les chefs de la majorité du jour pour remplacer
ceux de la majorité de la veille : le changement de cabinet
correspond ainsi à un changement dans la représentation
nationale.

Voilà ce que Mounier ne saisissait pas, lorsqu'il soutenait
l'incompatibilité des fonctions ministérielles et législatives.
Mirabeau seul, par ambition autant peut-être que par génie,
eut l'intuition de la vérité. Malgré leurs efforts pour se
dégager des conceptions abstraites, la clairvoyance
des modérés était obscurcie par le respect exagéré de la
théorie de Montesquieu. Proposer et voter d'une main des
lois qu'on exécute de l'autre, leur semblait non pas l'alliance désirable des deux pouvoirs, mais leur déplorable
confusion.

Les esprits étaient tellement prévenus sur ce point, que
Mounier, dans son projet, n'accordait pas même aux ministres le droit de prendre part aux discussions des chambres; ils ne pouvaient y faire que des communications
officielles. Néanmoins, la nécessité d'un échange de vues
entre les détenteurs des deux pouvoirs n'échappait pas au
député du Dauphiné. Pour concilier cette nécessité avec les
exigences factices de la théorie, il avait recours à un moyen
inspiré par les usages du parlement anglais. Chaque chambre
pouvait nommer des commissaires pour conférer avec les
ministres, et tous les membres de la chambre avaient le
droit d'assister aux conférences. En d'autres termes, les
ministres retrouvaient dans ces séances privées la faculté
qui leur était interdite dans les séances ordinaires. C'était

assurément une importante concession faite aux besoins pratiques du gouvernement ; mais le régime parlementaire n'en demeurait pas moins faussé.

Hâtons-nous d'ajouter à la décharge de Mounier et de ses amis que les publicistes les plus opposés à l'école métaphysique, comme Blackstone et Delolme, avaient consciencieusement exposé le mécanisme des institutions anglaises, analysé les principaux rouages dans leur nature et dans leur jeu, sans que le ministère trouvât place au cours de cette étude détaillée. Quelque invraisemblable que la chose puisse paraître, cet organe avait fonctionné sous leurs yeux, et ils n'en avaient pas compris l'importance. On ne saurait dès lors reprocher bien vivement à Mounier de n'avoir pas saisi, par la seule force de la réflexion, ce que l'observation n'avait pas enseigné à d'autres.

Je n'ai pas à rappeler que cette ignorance des véritables conditions du gouvernement libre devait longtemps subsister dans notre pays. On connaît la composition du premier ministère de Louis XVIII : au lieu de désigner les membres de la commission du corps législatif, et notamment M. Lainé, le choix du prince s'arrêta sur l'abbé de Montesquiou et M. de Blacas, étrangers à la chambre comme à ses idées. Alors même que les pratiques parlementaires se sont acclimatées chez nous, nous n'avons jamais pu nous défaire entièrement de cette tendance qui nous a été léguée par les gouvernements arbitraires et nous fait considérer les ministres comme des complices-nés de l'asservissement national. De là ce prestige habituel de l'opposition, de là cette nuance de dédain inhérente à l'épithète de ministériel, comme s'il n'était pas aussi courageux et patriotique de soutenir certains cabinets que coupable de les combattre. De là cette défiance insensible et involontaire parfois, mais toujours réelle, qui porte la majorité à considérer ses guides un peu comme des transfuges, dès qu'ils ont accepté le pouvoir. De là enfin cette propension, au lieu de juger les

ministres sur les explications fournies par eux à la tribune,
à multiplier les commissions parlementaires et à accroître
leurs attributions : ce qui revient à soumettre les chefs de
la majorité non pas au contrôle légitime de la majorité elle-
même, mais à celui de leurs lieutenants. Tous ces sentiments
et tous ces actes procèdent de la même crainte qui dominait Mounier il y a un siècle.

La discussion recommença le 1er septembre, pour se
continuer jusqu'au 9. — Malouet fit une courte déclaration
en faveur de la sanction absolue, qu'il représenta comme
une garantie donnée au peuple contre les abus possibles de
la part des députés; il termina en protestant de son mépris
pour les menaces dont on le poursuivait plus violemment
encore depuis quelques jours. — Mirabeau, qui dès le
15 juin avait déclaré qu'il aimerait mieux vivre à Constan-
tinople qu'en France, si l'on déniait au Roi le *veto* absolu,
soutint ce *veto* dans un discours prolixe, confus et embarrassé de subtilités métaphysiques, qui, paraît-il, lui avait
été remis par une sorte d'illuminé, le marquis de Caseaux [1].
— Parmi les orateurs qui parlèrent dans le même sens, il
faut encore mentionner le duc de Liancourt, Maury et Clermont-Tonnerre. Bergasse, qui avait préparé un discours un
peu long peut-être, mais judicieux et éloquent par endroits,
ne put le prononcer avant la clôture du débat et fut réduit
à le faire imprimer [2].

Les adversaires du *veto* absolu accordèrent pour la plupart au Roi un recours suspensif contre les décisions de
l'autorité législative, de façon à mettre celle-ci dans l'obligation de les réitérer. Grégoire lui-même, après avoir
violemment attaqué le principe de la sanction, déclara qu'il
se résignerait au *veto* suspensif, à condition qu'on se pro-

[1] Dumont (de Genève), *Souvenirs sur Mirabeau*, p. 152-155.
[2] Bibl. nat., Le 29, 204.

noncerait pour une assemblée unique et permanente. Cette opinion fut soutenue par Barnave, Target, Goupil de Préfeln, Rabaud Saint-Étienne et Alexandre de Lameth. Dupont de Nemours proposa des élections annuelles et générales; le Sénat aurait eu moitié moins de membres que la chambre basse, et pour le former, on aurait pris, « sur trois députés, « celui en qui le peuple trouverait le plus de maturité »; après avoir longuement développé ce système, le célèbre économiste se rallia au *veto* suspensif, comme intermédiaire « entre l'hydre de Lerne et le dragon de Cadmus ». Thouret tint à marquer sa défection par un discours contre la sanction absolue et les deux chambres. Sillery combattit un Sénat électif et ajouta dédaigneusement : « Quant au choix « des sénateurs qu'on veut attribuer à la cour, c'est un de « ces sentiments qu'on ne devrait plus manifester dans « l'Assemblée nationale. » Lanjuinais énonça cet axiome : « On sait que l'Angleterre, livrée à l'inertie du *veto*, manque « de bonnes lois. »

Tous ces orateurs repoussaient la sanction absolue comme un empiétement de l'exécutif sur le domaine du législatif. Le recours suspensif retardait seulement l'époque où les décisions du parlement recevaient force de loi, et permettait au monarque, en sa qualité de chef de l'administration générale, de soumettre aux députés ses représentations. Aussi était-il soutenu par ceux qui, tout en prétendant bien annihiler le pouvoir royal, désiraient cependant sauver les apparences. Mais de tels accommodements étaient loin de convenir à l'esprit entier et dogmatique de Sieyès. L'expérience ne lui avait pas fait acquérir cette souplesse de principes dont il devait donner des preuves si éclatantes dans la préparation de l'acte constitutionnel de l'an VIII : il se prononça nettement contre toute espèce de *veto*. Son discours, un des meilleurs qu'il ait composés, comprend une suite de paradoxes formulés comme autant de vérités indiscutables et développés avec une grande rigueur de logique :

« Je définis la loi, la volonté des gouvernés; donc les gou-
« vernants ne doivent avoir aucune part à sa formation.....
« Le suffrage du Roi ne peut valoir que comme celui d'un
« président..... Le droit d'empêcher n'est point différent du
« droit de faire..... Le *veto* absolu ou suspensif n'est rien
« autre chose qu'une lettre de cachet contre la volonté gé-
« nérale. » On le voit, c'est toujours le même procédé; mais,
cette fois, le raisonnement est par moments si serré et si
heureusement présenté, qu'il dissimule la fausseté radicale
des prémisses. Sieyès conclut en proposant, pour l'organisation du corps législatif, le renouvellement triennal et la
division des représentants, non pas précisément en trois
chambres, mais en trois sections.

J'ai tenu à résumer toute cette discussion, avant de parler
du discours qui la domina. Mounier prit la parole le 5 septembre, comme l'indiquent tous les journaux et comme
lui-même l'a rappelé plus tard[1]. C'est évidemment par une
erreur typographique que la brochure spéciale qui reproduit son discours donne la date du 4[2], date adoptée par
le *Moniteur*. Quoi qu'il en soit, il porta à la tribune un véritable manifeste, qui doit être analysé aussi complétement
que possible.

Rapporteur du comité, dont toutes les propositions cor-
respondaient à un plan unique, il commença par traiter
sommairement l'organisation du pouvoir législatif dans son
ensemble. Quelques mots lui suffirent pour faire justice du
gouvernement direct par le peuple et pour établir la nécessité du système représentatif. Sur la question des deux
chambres, il reprit fortement les arguments de Lally-Tollendal et réfuta l'objection si souvent produite : « Crain-
« drait-on de trop multiplier les obstacles et d'enchaîner
« l'autorité du corps législatif?.... Ce n'est jamais en ren-
« dant les nouvelles lois difficiles qu'on attaque la liberté;

[1] *Exposé de la conduite de M. Mounier*, p. 41.
[2] Bibl. nat., Le ²⁹, 191.

« c'est en prenant des résolutions imprudentes et préci-
« pitées. » Après avoir exposé les bases du système électoral et combattu le mandat impératif, il s'exprimait ainsi
au sujet du droit de dissolution :

« Le droit de dissoudre la chambre des représentants et
« d'ordonner une élection nouvelle a été jugé indispensable
« pour le maintien de la monarchie; c'est l'unique moyen
« qui, dans les temps de trouble, est propre à garantir le
« trône d'un parti d'ambitieux ou de mécontents. Il ne peut
« y avoir aucun danger pour la liberté publique, si l'acte
« de dissolution est considéré comme nul, à moins qu'il ne
« renferme une convocation nouvelle..... Les électeurs au-
« raient le droit de renvoyer les mêmes députés, et le prince
« ne s'exposerait pas, sans une nécessité évidente, au mé-
« contentement universel que ne manquerait pas d'exciter
« une dissolution légèrement ou injustement prononcée. »

Mounier passait ensuite au vrai sujet du débat et du discours, la sanction. Par une tactique dont l'habileté n'excluait à aucun degré la franchise, il débutait par célébrer
avec ses adversaires le principe de la séparation des pouvoirs, et il ajoutait :

« Voilà donc où doivent tendre tous les efforts de ceux
« qui s'occupent de l'organisation d'un gouvernement : c'est
« à la division des pouvoirs; mais, pour qu'ils restent di-
« visés, il faut qu'ils soient garantis de leurs attaques ou de
« leurs usurpations réciproques. »

On saisit dès lors son raisonnement, qui consiste à dire
que le *veto* absolu assure la séparation des pouvoirs, au lieu
d'y porter atteinte. Il rappelait d'abord les garanties nombreuses qui protégent le parlement contre les empiétements
de la royauté, et dont la plus importante est le vote de
l'impôt. Insistant sur la nécessité de ne pas laisser la monarchie sans défense, il montrait en elle le soutien de la
liberté nationale, et dans un passage qui n'est pas le moins
curieux à relire aujourd'hui, invoquait l'exemple du passé

pour établir que l'aristocratie seule hériterait des dépouilles
du prince :

« L'usurpation de l'autorité royale entraînerait la perte
« de la liberté publique. La démocratie, dans un grand
« État, est une absurde chimère. »

A la séparation absolue et idéale, Mounier opposait cette
maxime : « Pour que les différents pouvoirs restent à jamais
« divisés, il ne faut pas les séparer entièrement. » Il poursuivait en ces termes :

« Il faut donc, pour le maintien de l'autorité du Roi,
« qu'aucune loi n'existe sans la sanction royale. Et l'on ne
« peut pas dire que ce soit une réunion des pouvoirs dans
« les mêmes mains; car le Roi ne se trouverait pas revêtu
« des pouvoirs législatif et exécutif. Ces pouvoirs seraient
« toujours distincts et divisés, puisqu'il n'aurait pas la fa-
« culté de faire les lois. Il n'aurait une portion de l'autorité
« législative que pour maintenir à jamais la division des
« pouvoirs, défendre ses prérogatives et par là même con-
« server la liberté du peuple. »

Nous avons déjà vu dans les *Considérations sur les gou-*
vernements le développement de cette distinction, qui peut
paraître subtile au premier abord, mais correspond à
l'exacte vérité. Après avoir établi l'utilité de la sanction,
Mounier examinait les principaux expédients qu'on pouvait
lui substituer. Le *referendum* était repoussé par lui comme
une application de la théorie du gouvernement direct, et, à
ce sujet, il faisait une déclaration dont le courage contras-
tait avec les flatteries prodiguées autour de lui à « la
nation » :

« Il serait dangereux de le taire, dans un moment où les
« idées de liberté sont souvent si exagérées, si éloignées
« des vrais principes; c'est pour le bonheur de tous les
« citoyens que le gouvernement doit être institué, mais non
« pour tout subordonner aux divisions de la multitude. Je
« rivaliserai avec les plus démocrates en respect pour mes

« semblables, en amour pour l'égalité. Je désire ardemment
« de voir naître le jour où la liberté personnelle du citoyen
« le plus obscur sera aussi sacrée que celle de l'homme le
« plus opulent et le plus illustre; mais je penserai toujours
« que le peuple, pour être libre, pour ne pas s'exposer aux
« suites funestes des intrigues, des erreurs et de la précipi-
« tation, doit confier le pouvoir de faire des lois comme
« celui de les exécuter, et que, s'il veut gouverner lui-
« même, il perd sa liberté et se replace sous le despotisme
« ou l'aristocratie, après avoir parcouru toutes les horreurs
« de l'anarchie la plus cruelle. »

Le *veto* suspensif ne trouvait pas grâce non plus devant
les yeux de Mounier. Il montrait qu'au lieu de s'incliner
devant l'opposition du Roi, l'opinion publique serait toujours
disposée à escompter le terme légal de cette opposition, et
qu'un tel système rendrait le monarque impopulaire sans
lui conférer aucune puissance réelle; il faisait aux partisans
de cette transaction bâtarde une embarrassante objection :

« Je suppose qu'en suspendant une loi, le monarque ait
« fatigué l'impatience de quelques hommes actifs et entre-
« prenants, et qu'on propose une loi nouvelle pour le priver
« à l'avenir de la faculté de suspendre ; quel moyen aurait
« le Roi pour la maintenir, puisque la constitution ne ren-
« drait pas sa sanction indispensable. »

Mais si le *veto* ne détruit pas la séparation des pouvoirs,
n'est-il pas du moins un obstacle opposé par l'arbitraire d'un
seul au vœu de tous, et, à ce titre, ne mérite-t-il pas d'être
condamné par les vrais amis de la liberté ? Mounier répond
par une théorie de la volonté générale qui, pour heurter les
préjugés en cours à son époque comme aujourd'hui, n'en
présente pas moins de sérieux avantages au point de vue
de la stabilité politique :

« Les actes du corps législatif, c'est-à-dire les lois, sont,
« il est vrai, l'expression de la volonté générale; mais cela
« ne veut pas dire que chaque citoyen ait exprimé sa vo-

13.

« lonté ; cela signifie seulement que le corps législatif étant
« institué par la nation, et étant chargé de vouloir pour
« elle, et les députés qu’elle a librement choisis s’y trou-
« vant en grand nombre, ce qu’on y décide est la volonté
« générale légalement présumée.

« Ne peut-on pas dire avec raison que les députés choisis
« dans les différents districts ne sont pas les seuls repré-
« sentants du peuple ; que le Roi est son premier délégué ;
« qu’il est aussi le représentant du peuple dans toutes les
« parties de l’autorité qui lui a été confiée, et que le peuple
« les a chargés conjointement d’exprimer la volonté géné-
« rale ; qu’ainsi, lorsque le Roi ne donne pas sa sanction,
« il ne résiste pas à la volonté générale, et qu’elle n’est pas
« encore formée ? »

Mounier ajoute une considération dont l’événement n’a
cessé de prouver la justesse : c’est que s’il s’établit dans le
sens d’une réforme ou d’un progrès un courant d’opinion
sérieux et constant, il sera de l’intérêt comme du devoir
du Roi d’y céder. En fait, donc, le *veto* royal ne sera jamais
que suspensif, car il ne saurait tenir contre l’insistance de
plusieurs législatures successives. Mais pour obtenir ce résultat, pour protéger surtout les prérogatives constitutionnelles de la monarchie, il est indispensable que le *veto* soit
absolu en droit.

En terminant, Mounier reconnaissait s’être inspiré des
institutions anglaises, qu’il défendait contre les critiques
dont on les accablait :

« Il n’y a pas une année que nous parlions avec envie de
« la liberté des Anglais, avec un sentiment de commiséra-
« tion de la faiblesse du pouvoir de leur monarque ; et
« maintenant, pendant que nous nous agitons encore au
« milieu de l’anarchie, pour obtenir la liberté, avant de
« savoir si nous aurons le bonheur d’être libres, nous osons
« jeter un regard de mépris sur la constitution d’Angle-
« terre.

« Nous osons prononcer hardiment que les Anglais ne
« sont pas libres. Nous leur supposons, sur la foi de quel-
« ques novateurs, l'intention de changer leur gouverne-
« ment, tandis qu'ils n'eurent jamais plus de motifs pour y
« rester inviolablement attachés. Nous reconnaissons la
« nécessité de confier le pouvoir législatif à des représen-
« tants, et nous invoquons aveuglément les maximes d'un
« philosophe qui croyait que les Anglais n'étaient libres
« que lorsqu'ils nommaient leurs représentants, qui consi-
« dérait la représentation comme un genre de servitude.....

« Il était en notre pouvoir d'avoir une constitution supé-
« rieure à celle de l'Angleterre..... Il ne restait qu'à con-
« sulter les leçons de l'expérience, à ne pas dédaigner les
« exemples de l'histoire, à nous contenter de ce qui peut
« assurer la liberté personnelle, la jouissance paisible de
« toutes les propriétés. Plus de distinctions humiliantes :
« toutes les places offertes aux talents et aux vertus, égalité
« de peines, uniformité de lois; et nous perdrions de si
« grands biens pour obtenir une perfection chimérique ! »

Enfin, l'orateur s'attachait, dans sa péroraison, à prévenir
les effets des intrigues qui se multipliaient autour de Necker
et des menaces qui continuaient à assaillir les députés :

« Après avoir ôté au monarque tout ce qui peut nuire,
« et ne lui avoir laissé que ce qui est indispensable à la
« félicité des citoyens, c'est assurer cette félicité que de lui
« donner les moyens de défendre les prérogatives du trône.
« Elles n'existent pas pour son intérêt; elles appartiennent
« à la nation. Et si le Roi venait ici, accompagné de ses
« ministres, renoncer au droit de sanctionner les lois, tous
« les amis de la liberté devraient le conserver à la couronne
« malgré lui-même. Et s'il était possible que des hommes
« trompés pussent porter l'égarement jusqu'à vouloir at-
« tenter à la liberté de nos suffrages, jusqu'à même outrager
« la nation en faisant violence à ses représentants, pendant
« que leurs glaives criminels seraient suspendus sur nos

« têtes, nous devrions encore prononcer, pour le bonheur
« de notre patrie, la nécessité de la sanction royale. »

Ce jour-là, le talent de Mounier, comme ses idées, devança
le cours des temps. Cette lucidité dans l'exposition, cette
gravité dans les termes, cette modération et cette fermeté
dans la pensée nous reportent bien loin du fatras métaphysique qui s'étalait d'ordinaire à la tribune de la Constituante, et nous font songer aux grands orateurs de la
Restauration.

La gauche et les tribunes, en écoutant ce développement
magistral des théories qu'elles maudissaient, ne continrent
pas leur irritation. Au début, les protestations et les murmures s'élevèrent avec violence : mais j'ai déjà dit maintes
fois que le député du Dauphiné n'était pas de ceux qui se
laissent effrayer. Il apostropha rudement les interrupteurs,
les sommant de remplacer leurs cris confus par des arguments. Bientôt l'auditoire fut subjugué, et le discours, selon
l'expression de Lally, « triompha de toutes les clameurs et
« força les applaudissements [1] ».

Un détail pourra prouver à quel point l'intimidation était
entrée dans les pratiques du parti patriote. Quand Mounier
voulut faire publier son discours, afin de le distribuer à ses
collègues, son imprimeur ordinaire s'excusa en lui disant
« qu'il ne voulait pas s'exposer au ressentiment du peuple [2] ».
Cet homme avait certainement reçu des menaces. Il fallut
chercher un autre imprimeur, qui, de son côté, montra peu
d'empressement, et quelques exemplaires seulement purent
être distribués avant le vote.

Le 8 septembre, le débat étant à peu près épuisé, une
vive contestation s'éleva sur l'ordre dans lequel les diverses
questions seraient posées. Enfin, Camus fit décider qu'on

[1] LALLY-TOLLENDAL, *Mémoire ou deuxième lettre à ses commettants,*
p. 137.
[2] *Exposé de la conduite de M. Mounier,* p. 41, en note.

réglerait d'abord la permanence du corps législatif, puis le
nombre des chambres, et en troisième lieu la sanction.
L'Assemblée venait, après une discussion assez confuse,
d'adopter la permanence à une très-grande majorité, quand
Mirabeau, par une de ces surprises qu'il affectionnait, soutint que ce vote avait implicitement condamné les deux
chambres, et qu'il ne restait plus qu'à passer à la sanction.

Une indicible émotion s'empara des esprits : les députés
du centre interpellaient Mirabeau, lui reprochant de se
jouer de ses collègues; la séance se termina au milieu du
désordre. Le lendemain, Regnault de Saint-Jean-d'Angély
combattit l'interprétation du célèbre orateur : il montra
sans peine que la permanence et les deux chambres n'a-
vaient rien d'incompatible, et que le projet du comité les con-
ciliait précisément. Clermont-Tonnerre et Virieu parlèrent
dans le même sens. Ce dernier, le plus loyal des hommes,
était indigné des obstacles que l'intrigue et la mauvaise foi
suscitaient à la politique modérée; depuis quelque temps
déjà, son langage reflétait la vivacité de ses sentiments. Dans
cette circonstance il perdit toute mesure; dès les premiers
mots il s'emporta, traita les membres de la gauche de démagogues et laissa échapper un juron. Un tumulte épouvantable éclata, au milieu duquel il dut renoncer à la parole.
Quand le président put mettre aux voix la motion de
Mirabeau, elle fut repoussée. La gauche elle-même n'avait
pas osé la soutenir sérieusement, car elle reposait sur la
plus grossière des confusions.

Des cris s'élevèrent alors pour demander le vote immédiat
sur la question d'unité ou de dualité des chambres. Mounier
protesta : la discussion, en somme, n'avait eu pour objet que
la sanction; c'était incidemment qu'on avait parlé des deux
chambres, sans insister sur leur origine et leurs attributions;
il était indispensable d'en faire l'objet d'un débat spécial[1].

[1] FERRIÈRES, *Mémoires*, t. I, p. 219-220.

Alexandre de Lameth, au milieu des applaudissements de
la gauche, réclama la mise aux voix. Lally monta à la tribune pour signaler, comme il l'a écrit quelques mois plus
tard, « ce contraste si étrange, d'avoir passé cinq semaines
« en discussions métaphysiques, et de vouloir ensuite
« enlever en huit jours les trois questions les plus impor-
« tantes, les plus difficiles, les plus décisives pour le bonheur
« et même la durée de la France[1] ». Les rumeurs crois-
santes l'empêchèrent de se faire entendre ; il resta à la
tribune, indiquant qu'il attendrait le silence pour parler.

L'évêque de Langres présidait : les deux chambres avaient
peu de partisans plus convaincus. On le savait dans l'Assemblée, et le bruit courut aussitôt que c'était lui qui avait
engagé Lally à prendre et à garder la parole, afin de prolonger le débat. La gauche et les spectateurs le sommèrent,
de la façon la moins convenable, de faire procéder immédiatement au vote. Comme le prélat ne déférait pas à ces
objurgations, le tumulte devint indescriptible : députés et
assistants étaient debout, échangeant les cris et les injures ;
enfin, la voix de Dubois *de* Crancé (comme il se faisait
appeler alors) lança ces mots, qui dominèrent le bruit :
« Monsieur le Président, n'êtes-vous point las de fatiguer
« l'Assemblée ? »

Cette scène n'a rien qui s'écarte des habitudes révolutionnaires, et si Dubois-Crancé avait à quelques années de
là tenu un pareil langage à la Convention, nul, sans doute,
n'aurait songé à s'en étonner. Mais en 1789, la courtoisie
n'avait pas encore absolument disparu de nos mœurs politiques. De plus, l'insulte ne s'adressait pas au premier venu.
Au début de la Restauration, on vénérait à juste titre, dans
le cardinal de La Luzerne, le représentant le plus éminent
de l'ancienne Église de France ; à l'époque dont nous par-
lons, la dignité de sa vie, l'étendue et la modération de son

<hr>

[1] LALLY-TOLLENDAL, *Mémoire ou deuxième lettre à ses commettants*, p. 139.

esprit, la distinction de ses manières lui attiraient déjà la respectueuse estime de ses contemporains.

Le prélat tint la seule conduite qui fût séante en ce cas : il ajourna l'Assemblée au soir du même jour pour nommer un autre président, et sortit de la salle. Clermont-Tonnerre, appelé au fauteuil en qualité d'ancien président, invita ses collègues à refuser la démission ainsi offerte. Ce refus, qui s'imposait, fut en effet voté à la séance du soir ; mais l'évêque, justement froissé, persista dans sa résolution.

Ces incidents avaient retardé la décision définitive au sujet des deux chambres. Elle fut prise à la séance du 10 septembre. En vain Mounier et ses amis, tentant un dernier effort, allèrent-ils de rang en rang pour convaincre les hésitants et entraîner les timides ; l'un de ces derniers répondit aux encouragements de Lally : « Je ne veux pas « faire égorger ma femme et mes enfants[1]. » A l'appel nominal, 122 députés se déclarèrent insuffisamment éclairés, 89 seulement votèrent pour deux chambres, et 849 pour une chambre unique. J'ai exposé plus haut les diverses causes qui produisirent ce résultat : Lally-Tollendal en a mentionné deux des plus importantes en écrivant : « Ce « sont deux étranges bases pour une constitution que la « peur d'être assassiné et l'envie de la faire crouler[2]. »

D'après l'ordre adopté, l'Assemblée avait à se prononcer ensuite sur la question du *veto*. L'issue du débat sur ce point était beaucoup plus douteuse, à cause des voix de la droite, qui en très-grande majorité étaient acquises à la sanction absolue. Les adversaires de cette sanction obtinrent un appui assez inattendu de la part du directeur des finances. La Fayette lui avait déjà écrit, comme à Mounier, pour le rendre responsable des malheurs qui se préparaient : le ministre, moins ferme que le député et surtout moins déterminé à faire à son devoir le sacrifice de sa popularité,

---

[1] LALLY-TOLLENDAL, *Mémoire ou deuxième lettre à ses commettants*, p. 141.
[2] *Ibid., ibid.*

laissa voir quelque hésitation. On s'empressa d'en profiter.
« Duport, Alexandre Lameth, Barnave et quelques autres »,
raconte Mallet du Pan, « persuadèrent M. Necker du danger
« qu'on courait, et lui proposèrent le *veto* suspensif; il
« l'adopta, en revint, terrassé par Mounier, promit d'ap-
« puyer la sanction absolue au conseil, et fit tout le con-
« traire [1] ».

Lui et ses collègues se bornèrent d'abord à des recom-
mandations officieuses, adressées aux représentants sur
lesquels ils pouvaient avoir quelque influence. Mounier, en
rendant compte de ces démarches, en apprécie très-justement
la portée : « Ils dirent à beaucoup de députés que si l'on n'était
« pas assuré d'une grande majorité, il était beaucoup plus
« prudent de voter pour le *veto* suspensif, et comme cet acte
« de prudence fut recommandé à un grand nombre de per-
« sonnes, il rendait la majorité impossible [2] ».

Necker fit davantage : il amena le conseil à prendre une
résolution officielle en faveur du *veto* suspensif, et à la trans-
mettre à l'Assemblée. Le 11, le président annonça qu'un
mémoire au nom du Roi avait été déposé au sujet de la
sanction, et que le ministère en demandait la lecture avant
le vote. Target et Grégoire, qui probablement n'étaient pas
dans le secret, s'opposèrent à la lecture, que la majorité
néanmoins semblait disposée à ordonner. Mounier intervint
alors, et je ne saurais mieux faire ici que de transcrire le
récit de Rivarol : « M. Mounier montra une dextérité et une
« finesse dont il est rare que les honnêtes gens aient occa-
« sion de faire marque. Certain que le rapport envoyé par
« M. Necker était favorable au *veto* suspensif, il feignit de
« craindre [3] qu'il n'y fût contraire; et comme il n'est pas
« probable qu'un ministre cherche à rabaisser son maître,
« M. Mounier se servit très-bien de la vraisemblance contre

---

[1] Mallet du Pan, *Mémoires et correspondance*, t. I, p. 181, en note.
[2] *Exposé de la conduite de M. Mounier*, p. 40.
[3] Ou plutôt : d'espérer.

« la vérité, et de tous les partis contre le désir de M. Necker.
« Il fut donc décidé que, favorable ou non à la prérogative
« royale, la lettre ministérielle ne serait pas ouverte; et
« c'est à M. Mounier que M. Necker doit, ou le bonheur de
« n'avoir pas trempé dans la coupable décision de l'As-
« semblée, ou le malheur d'être compté pour rien dans la
« constitution [1]. »

Une fois cette question préliminaire vidée, on alla aux
voix sur le fond. L'habile tactique de Mounier prévint peut-
être une déroute : elle n'empêcha pas la défaite. Le principe
de la sanction, combattu par Sieyès, fut adopté par 730 voix
contre 143; mais l'énergie de l'Assemblée s'arrêta là. Il
s'agissait de déterminer le caractère de cette sanction : le
vote avait lieu par appel nominal. La liste serait longue de
tous les actes de faiblesse que ce mode de scrutin a produits
dans le cours de la Révolution. Le 11 septembre 1789, les
clameurs et les menaces retentirent comme de coutume :
« On huait », raconte Mounier, « le mot *indéfini;* on ac-
« cueillait avec bienveillance et applaudissement le mot
« *suspensif* [2] ». Il en résulta que le *veto* absolu ne réunit que
325 voix contre 673 données au *veto* suspensif.

Battue sur deux points capitaux de son programme, la
majorité du comité de constitution avait son devoir tout
tracé. Dès le lendemain [3], Mounier, Bergasse et Lally rédi-
gèrent une lettre de démission : par suite d'une inadver-
tance ou d'une mauvaise volonté dont Lally se plaignit
vivement [4], cette lettre ne fut pas lue en séance ni men-
tionnée au procès-verbal. Lorsque Clermont-Tonnerre connut
la démarche de ses amis, il s'empressa de joindre sa démission à la leur. Obéissant à un scrupule de délicatesse élé-

---

[1] Rivarol, *Tableau historique et politique des travaux de l'Assemblée constituante,* p. 220.

[2] *Exposé de la conduite de M. Mounier,* p. 43.

[3] *Ibid.,* p. 44.

[4] Lally-Tollendal, *Mémoire ou deuxième lettre à ses commettants,*
p. 147.

mentaire en pareille occurrence, les trois membres de la
minorité, à qui l'Assemblée avait donné raison, crurent devoir résigner aussi leur mandat de commissaires.

L'élection du nouveau comité de constitution eut lieu le
15 septembre. Lally-Tollendal raconte qu'il fut choisi pour
y siéger, et qu'on ne fit une autre désignation que sur son
refus obstiné[1]. Quoi qu'il en soit, on réélut Talleyrand,
Sieyès et Chapelier, en leur adjoignant pour collègues
Thouret, Target, Desmeuniers, Rabaud Saint-Étienne et
Tronchet. Ces noms étaient l'expression des idées qui venaient de prévaloir. Il est à remarquer qu'aucun membre
de la noblesse ne figurait dans le comité, et que le clergé y
était représenté seulement par le prélat que l'on sait[2].

Je n'entrerai pas dans le détail des discussions qui occu-
pèrent les séances suivantes : elles eurent pour principaux
objets l'exclusion de la maison d'Espagne de la succession
au trône et la promulgation des arrêtés du 4 août. Mounier,
condamné, par son double échec, à une certaine réserve,
n'en prit pas moins la parole toutes les fois que les prérogatives royales lui parurent menacées. L'antagonisme entre
lui et Mirabeau ne cessa de s'accroître durant cette période.
Il éclata surtout à la séance du 23 : Bouche avait proposé
de dire que le pouvoir législatif appartenait à la nation, et
le député d'Aix, en appuyant la motion, avait qualifié de
« traîtres à l'État » les opposants[3]. Mounier monta à la
tribune pour la combattre : il fit observer qu'elle contenait
ou bien une restriction au principe de la souveraineté nationale proclamé dans la déclaration, ou bien une atteinte
aux droits du monarque. La majorité lui donna raison.

---

[1] LALLY-TOLLENDAL, *Mémoire ou deuxième lettre à ses commettants,*
p. 147.

[2] Je n'ai pas besoin de rappeler que l'abbé Sieyès était député du tiers.

[3] *Exposé de la conduite de M. Mounier,* p. 51.

CHAPITRE X

Le plan politique de Mounier avait échoué. Après s'être
vu à la veille de fonder en France lá monarchie représentative, il lui fallait ajourner indéfiniment ses espérances.
La rancune des uns, l'ambition des autres, la timidité du
plus grand nombre avaient prévalu contre le véritable
intérêt public.

Je viens de parler de timidité : on eut bientôt la preuve
que ce sentiment avait déterminé sur les questions constitutionnelles une majorité factice. Le 28 septembre, l'Assemblée devait donner un successeur à Clermont-Tonnerre,
réélu président quinze jours auparavant. Par suite d'un
malentendu sur l'heure de la séance, six cents membres
seulement étaient présents, appartenant au tiers état pour
la plupart[1]. Le candidat de la gauche était Pétion, qui
avait prononcé un discours en faveur du *veto* suspensif :
il n'obtint que 143 voix; 52 suffrages allèrent s'égarer sur
le nom de Target. Enfin, une majorité de 365 voix porta
Mounier au fauteuil.

Un tel résultat est fait pour surprendre au premier abord.
L'histoire parlementaire nous présente peu de chefs de parti
élevés aux honneurs par la même assemblée qui vient de
condamner leurs idées politiques; dans les chambres même
les plus sujettes aux palinodies, quelques mois d'intervalle

---

[1] *Exposé de la conduite de M. Mounier*, p. 52.

sont indispensables pour restaurer un crédit aussi sérieusement ébranlé. Il convient, en outre, de rappeler que Mounier était un des plus jeunes membres de la Constituante : en constatant dans sa conduite et ses écrits l'empreinte d'une si grande maturité, nous sommes sans cesse tentés d'oublier qu'il avait à peine trente ans. Si l'on ajoute que son talent et sa fermeté lui avaient attiré bien des jalousies et des inimitiés, on tombera d'accord que de puissants motifs conspiraient à lui barrer le chemin de la présidence.

Son succès ne peut s'expliquer que par une seule cause. Parmi les députés qui avaient repoussé la sanction absolue et les deux chambres, beaucoup pensaient au fond comme lui. Au moment du fatal appel, devant les hurlements des tribunes et les menaces de la gauche, le cœur leur avait manqué : ils avaient cédé à la peur si naïvement exprimée par l'un d'eux à Lally. Ils saisissaient avec joie la première occasion qui s'offrait de faire amende honorable à Mounier sans se compromettre personnellement, et de satisfaire, à l'abri du scrutin secret, leurs scrupules de conscience.

Les patriotes avaient espéré que leurs manœuvres emporteraient l'élection du bureau, et le triomphe de Mounier provoqua de leur part un véritable débordement de fureur. Il n'y avait pas à faire fond sur la faiblesse du nouveau président : il avait assez montré que Thouret ne trouverait jamais en lui un imitateur. Aussi, tandis que les uns se disaient avec une demi-résignation : « Voici une « quinzaine par-dessus laquelle il faudra sauter à pieds « joints [1] »; tandis que les autres, plus impatients ou mieux au courant des projets qui se tramaient, faisaient au président sortant, Clermont-Tonnerre, cette sinistre recommandation : « Ne vous éloignez pas, il n'en aura pas pour « longtemps [2] », tous s'accordaient à déverser l'insulte et

[1] Prudhomme, *Révolutions de Paris*, xiie livraison, p. 2.
[2] *Exposé de la conduite de M. Mounier*, p. 53.

la calomnie sur la tête de Mounier. Les journaux et les pamphlets rivalisaient avec les billets anonymes et les harangues de clubs. Je ne veux citer ici qu'un échantillon de cette littérature; c'est un article des *Révolutions de Paris,* dû probablement à la plume de Loustalot :

« M. Mounier, ci-devant procureur[1], a été lancé au fau-
« teuil national, et l'apôtre du *veto* royal est le chef de
« l'Assemblée représentative du peuple..... »

Et traitant cette élection de « soufflet donné par l'aristo-
« cratie à l'opinion publique », le journaliste continue en ces termes :

« Si nous disions que sur six millions de bons citoyens
« français qui connaissent le nom de M. Mounier, il y en a
« 5,999,999 qui le regardent comme un homme vendu à la
« cour, et capable de faire une constitution toute de travers
« pour se faire une place de dix à douze mille livres de
« rente, nous dirions une chose très-difficile à prouver
« mathématiquement, et que disent pourtant sans hésiter
« plusieurs personnes qui font profession d'être bons pa-
« triotes..... Nous ne savons pas si c'est sur M. Mou-
« nier ou sur la patrie qu'il faut verser des larmes de
« sang[2]. »

Ce reproche de vénalité était adressé au nouveau président avec la plus absurde insistance. On semblait oublier que la coterie aristocratique ne lui pardonnait pas sa conduite au début des États, et qu'il venait tout récemment de s'attirer la rancune de Necker en faisant interdire la lecture de son mémoire. Mais l'esprit de parti tient rarement compte de la logique, et les âmes accessibles à certaines tentations grossières supposent aisément que leurs adversaires sont aussi prompts à y succomber. Déjà, au moment du vote sur les deux chambres, on avait colporté une prétendue liste des députés auxquels le ministère avait promis la pai-

<hr>

[1] Le lecteur sait que Mounier n'a jamais été procureur.
[2] PRUDHOMME, *Révolutions de Paris,* xii⁰ livraison, p. 26.

rie[1] ; Mounier y figurait en première ligne, et cette manœuvre
avait sérieusement contribué au résultat final. La calomnie
revêtait parfois d'autres formes : on affirmait que Mounier
était pensionné par le Trésor royal, qu'il avait vendu son
influence et ses suffrages[2].

En quittant Grenoble pour venir occuper son siége à
Versailles, le jeune député s'était fait accompagner de sa
femme et de ses enfants. La session promettait d'être longue ;
Mounier, nous le savons, avait fait un mariage d'inclina-
tion, et il se complaisait dans la vie de famille. Cette détermination n'avait donc rien que de fort naturel et plausible ;
tout au plus pouvait-on y soupçonner une arrière-pensée
d'innocente vanité, et dire avec Camille Desmoulins : « Vous
« aviez amené madame Mounier et le petit Mounier pour
« être témoins de vos triomphes[3]. »

Quelqu'un se trouva pourtant, dont la conscience puri-
taine démêla, dans un acte d'apparence si simple, une faiblesse condamnable et un commencement de corruption :
ce rigide censeur fut Mirabeau. Quand on parlait devant lui
des bruits que répandaient les ennemis de Mounier, il affectait de dire avec un sourire de pitié : « Venir aux États
« Généraux avec sa femme et ses enfants, qu'est-ce autre
« chose que donner deux anses pour vous soulever[4] ? »

Le mot fit fortune. Il servait trop bien les passions des
deux premiers ordres pour ne pas être recueilli par Ferrières[5].
Seulement, par une modification assez plaisante, le gentilhomme angevin suppose que Mounier fut acheté par Necker,
dès son arrivée, pour attaquer les deux premiers ordres.

Sans parler du caractère ridicule de ce grief, d'après
lequel la présence de notre famille porterait atteinte à l'in-

---

[1] *Recherches sur les causes qui ont empêché les Français de devenir libres,*
t. II, p. 160.
[2] BAILLY, *Mémoires*, t. II, p. 397.
[3] *Révolutions de France et de Brabant*, t. I, p. 39.
[4] *Ibid.*, t. I, p. 42.
[5] FERRIÈRES, *Mémoires*, t. I, p. 49.

dépendance et à la dignité de notre caractère, deux motifs devaient faire à Mirabeau une loi du silence. Mounier eût-il réellement sacrifié sa conscience à ses affections domestiques, il était interdit de le blâmer à celui qui avait rempli la France du bruit de ses déportements et de ses scandales conjugaux. Mounier eût-il été aux gages des ministres, il n'appartenait pas de l'accuser à celui qui allait contracter un marché avec la cour. En vain les amis de l'illustre orateur se sont-ils efforcés de parer des couleurs du dévouement cette dernière phase de sa vie : si sa conduite a pu être alors conforme à ses véritables sentiments, nous n'en possédons pas moins la preuve incontestable qu'il a vendu son génie. — On conçoit que de telles accusations, dans la bouche d'un tel homme, aient porté jusqu'à l'injustice l'indignation de Mounier, et qu'il se soit exagéré les torts de son collègue.

A côté des outrages, les témoignages de sympathie furent prodigués au nouveau président. Ce n'étaient pas seulement ses amis qui le félicitaient, mais des inconnus, admirateurs de son talent et de sa constance [1].

La commission intermédiaire des états du Dauphiné, dans sa séance du 3 octobre, sut célébrer l'élection de la façon la plus délicate. Sans se contenter d'envoyer à son éminent secrétaire général une lettre de congratulation (comme elle avait fait pour l'archevêque de Vienne), elle décida de se rendre en corps chez M. Mounier père pour lui adresser ses compliments [2].

---

[1] Cf. Bibl. de Grenoble, fonds Mounier. — Un de ses anciens condisciples du collége Royal-Dauphin lui rappela ses mésaventures d'écolier sous cette forme piquante :

« Monseigneur,

« *Lapidem quem reprobaverunt œdificantes, hic factus est caput anguli.*

« Je m'en félicite avec la patrie, et suis avec le plus respectueux et le plus tendre attachement,

« Monseigneur et camarade,

« Votre très-obéissant serviteur,

« CHANIAC. »

[2] Procès-verbaux, p. 566. (Arch. dép. de l'Isère.)

Les premières séances tenues sous la présidence de M. Mounier furent relativement calmes. Le 29 au matin, Thouret lut, au nom du nouveau comité de constitution, un rapport sur l'organisation électorale et administrative du royaume. Il y posait le principe de la division en départements, qui, en paralysant les résistances provinciales, a puissamment aidé à l'œuvre centralisatrice de la Révolution. — A la fin de cette même séance, Mirabeau voulut amener ses collègues à se prononcer sur la grave question de l'incompatibilité des fonctions législatives et ministérielles : il se déclara nettement partisan du cumul, et indiqua qu'on pourrait, comme en Angleterre, soumettre à la réélection les députés qui entreraient au conseil. Mounier fit observer que cette question serait mieux à sa place dans le débat sur les incompatibilités, et l'Assemblée se rangea à son avis.

Le 30, on commença à discuter le titre de la Constitution relatif aux pouvoirs publics. Sous l'empire des préventions auxquelles les meilleurs esprits ne pouvaient se soustraire, un vote unanime refusa au Roi toute initiative en matière de législation : il pouvait seulement prier l'Assemblée de prendre tel objet en considération; c'était la situation absolument inverse de celle qui fut établie par la Charte de 1814. Ensuite, Malouet et l'évêque de Langres soutinrent avec succès que le droit de faire des règlements était attaché au pouvoir exécutif.

Le 1er octobre, Necker vint entretenir les députés de la situation financière et leur demander le vote d'une nouvelle contribution. La discussion s'ouvrit aussitôt, et Mirabeau proposa un décret préliminaire, portant que le président irait soumettre à l'acceptation du Roi la Déclaration des droits et les articles constitutionnels déjà adoptés : cette mesure de défiance, en opposition directe avec le programme de l'ancien comité, rallia la majorité.

Le lendemain, on connaissait les détails du banquet des

gardes du corps. La première impression de Mounier, telle qu'il la publia quelques semaines après, fut de regretter l'imprudence de cette manifestation [1]. Plus tard, il est vrai, il a rétracté cette appréciation [2] ; mais son désir de charger le duc d'Orléans et Mirabeau a pu le faire déroger alors à son impartialité habituelle. Ferrières, peu suspect de complaisance pour les factieux, n'hésite pas à qualifier sévèrement les scènes qui suivirent le banquet, tout en montrant qu'elles ne pouvaient être le résultat d'un complot contre-révolutionnaire [3].

Cependant les esprits étaient échauffés à l'Assemblée ; quand Mounier ouvrit la séance, des voix s'élevèrent de toutes parts pour le sommer d'exécuter le décret de la veille et d'aller requérir l'acceptation royale. Il dut s'acquitter sans délai de cette mission, et céder le fauteuil à Clermont-Tonnerre. Au début de la séance du soir, il annonça que Louis XVI lui avait promis de faire connaître dans un bref délai ses intentions.

La séance du 3 fut remplie par une discussion sur la légitimité du prêt à intérêt. Un intermède caractéristique y prit place. Depuis quelque temps déjà, on adressait à l'Assemblée des dons patriotiques destinés à combler le déficit. Dans la séance du 7 septembre, on avait interrompu la discussion de la Constitution pour recevoir une députation de « citoyennes venant offrir leurs bijoux à la patrie ». Bouche avait lu une adresse en leur nom, et l'évêque de Langres, alors président, avait dû répondre. Le 3 octobre, Mounier donna lecture de la lettre suivante :

« Messeigneurs, j'ai un cœur pour aimer. J'ai amassé « quelque chose en aimant : j'en fais entre vos mains hom- « mage à la patrie. Puisse mon exemple être imité par mes « compagnes de tous les rangs. »

---

[1] *Exposé de la conduite de M. Mounier*, p. 56.
[2] *Appel au tribunal de l'opinion publique*, p. 73, en note.
[3] FERRIÈRES, *Mémoires*, t. I, p. 277-279.

Cette étrange offrande et ce plus étrange document, qui nous choquent à bon droit aujourd'hui, ne faisaient pas disparate avec les idées de l'époque. Nul ne s'avisa de soupçonner une irrespectueuse ironie, et la communication fut couverte d'applaudissements.

La séance du lundi 5 octobre commença au milieu de l'agitation : on savait que les récents événements avaient ému la population de Paris, et si peu de personnes prévoyaient les catastrophes qui se préparaient, chacun du moins était en proie à l'inquiétude [1]. Mounier lut la réponse royale : après avoir fait observer à bon droit que la Constitution devait former un tout homogène, et qu'il était incorrect d'en réclamer ainsi la promulgation par fragments isolés, Louis XVI se contentait d'*accéder* aux articles déjà votés, sous la condition expresse que la plénitude du pouvoir exécutif lui serait assurée. Quant à la Déclaration, bien qu'il en approuvât généralement les principes, il réservait sa décision jusqu'après le vote de la Constitution.

Ce message souleva les réclamations de la gauche, qui le rapprocha des incidents des derniers jours, et y vit un nouvel indice du complot aristocratique. Tandis que les spectateurs éclataient en murmures, Robespierre, montant à la tribune, attaqua vivement l'attitude du Roi, et engagea ses collègues à exiger une promulgation pure et simple.

C'est vers ce moment qu'eut lieu un dialogue singulier; voici la version de Mounier, dont les autres ne diffèrent pas sensiblement.

« Entre onze heures et midi, le comte de Mirabeau vint « se placer derrière moi, et me dit : « Monsieur le Président, « quarante mille hommes armés arrivent de Paris. Pressez « la délibération; levez la séance; trouvez-vous mal; dites « que vous allez chez le Roi.

---

[1] FERRIÈRES, *Mémoires*, t. I, p. 291.

« — Je ne presse jamais les délibérations. Je trouve qu'on
« ne les presse que trop souvent.

« — Mais, Monsieur le Président, ces quarante mille
« hommes...

« — Tant mieux; ils n'ont qu'à nous tuer tous, mais tous,
« entendez-vous bien; les affaires de la République en iront
« mieux.

« — Monsieur le Président, le mot est joli [1]. »

Mounier, en rapportant cette scène, exprime la conviction que Mirabeau voulait faire coïncider l'arrivée de la
populace avec une levée de séance, pour irriter son mécontentement et la déterminer sur-le-champ à des violences.
Cette hypothèse est assurément acceptable; mais on peut
croire aussi que le grand orateur, avec sa mobilité ordinaire, éprouva un scrupule et tenta d'épargner un péril à
ses collègues. Peut-être aussi nourrissait-il le secret espoir
d'inspirer à son rival une résolution pusillanime, et de le
discréditer ainsi. Dans tous les cas, Mounier était fondé à
se défier des conseils qui lui venaient de cette source.

Cependant, la discussion continuait. Duport avait le premier porté à la tribune les sentiments qui étaient au fond
de tous les esprits, et dénoncé en termes violents « l'orgie »
des gardes du corps. Pétion parla dans le même sens. En
vain le vicomte de Mirabeau et Virieu, ramenant la question à son point de départ, s'efforcèrent-ils de défendre le
message du Roi; Barère et Grégoire le taxèrent de défi jeté
à la représentation nationale. Enfin, comme la droite demandait à grands cris qu'on précisât les dénonciations, Mirabeau,
aigri sans doute par l'accueil que ses avis avaient reçu de
Mounier, dit qu'il était prêt à le faire, à condition qu'on
proclamât le monarque seul inviolable. Ces paroles étaient

---

[1] *Appel au tribunal de l'opinion publique*, p. 299-302. Plusieurs historiens
(et le baron Mounier est du nombre) ont soutenu que Mounier avait voulu jouer
sur le mot *république ;* il me semble que l'intention ironique réside exclusivement dans le mot *tous*.

assez claires; il ajouta pourtant à voix haute, en se tour-
nant vers ses voisins : « Je dénoncerai la Reine et le duc
« de Guiche. »

Le tumulte était à son comble; la présence d'esprit et le
sang-froid du président y mirent fin. Il déclara « qu'il ne
« consentirait pas à laisser interrompre l'ordre du jour, et
« qu'aucun membre ne devait se permettre une seule
« réflexion étrangère à la réponse du Roi [1] ». Le calme se
rétablit à demi; les tribunes firent trêve à leurs impréca-
tions, et l'on adopta un décret enjoignant au président
d'aller à la tête d'une députation réclamer l'acceptation
pure et simple.

On était sur le point de lever la séance, lorsque les
femmes de Paris arrivèrent. Mounier ordonna d'en laisser
entrer une vingtaine, avec leur chef et orateur Maillard.
Celui-ci, dans une harangue incendiaire, se répandit en
plaintes contre les conspirateurs, les accapareurs de grains,
et prétendit qu'on payait certains meuniers pour ne pas
moudre. Mounier, l'interrompant, lui dit qu'on ne lançait
pas de telles imputations à la légère, et l'invita à s'expliquer. Comme Maillard, interdit, se retranchait derrière de
prétendus motifs de délicatesse, quelques femmes se hasar-
dèrent à nommer l'archevêque de Paris. Un cri général les
força à se rétracter.

L'Assemblée, pour donner satisfaction aux pétitionnaires,
rendit un décret sur les subsistances, et chargea son président de le porter immédiatement au Roi, avec la Déclaration
des droits et les articles constitutionnels. Mounier se fit
remplacer au fauteuil par l'évêque de Langres, et partit
avec la députation. Mais le mieux est ici de lui laisser la
parole :

« Nous étions à pied, dans la boue, avec une forte pluie.
« Je dois décrire le spectacle qui s'offrit à mes yeux en sor-

____

[1] *Exposé de la conduite de M. Mounier,* p. 58.

« tant de la salle. Une foule considérable d'habitants de
« Versailles bordait de chaque côté l'avenue qui conduit au
« château. Les femmes de Paris formaient divers attroupe-
« ments, entremêlés d'un certain nombre d'hommes cou-
« verts de haillons pour la plupart, le regard féroce, le
« geste menaçant, poussant d'affreux hurlements. Ils étaient
« armés de quelques fusils, de vieilles piques, de haches,
« de bâtons ferrés, ou de grandes gaules ayant à l'extré-
« mité des lames d'épée ou des lames de couteau. De
« petits détachements de gardes du corps faisaient des pa-
« trouilles et passaient au grand galop à travers les cris
« et les huées.....

« Une partie des hommes armés s'approchent de nous
« pour escorter la députation. L'étrange et nombreux cor-
« tége dont les députés étaient assaillis est pris pour un
« attroupement; des gardes du corps courent au travers;
« nous nous dispersons dans la boue..... Nous nous rallions,
« et nous avançons ainsi vers le château [1]. »

Ce simple récit rend mieux que le plus achevé des ta-
bleaux l'état humiliant où étaient réduits les représentants
de la nation française. Mounier avait éprouvé bien des
désillusions depuis quelques mois : rien pourtant n'égalait
en amertume pour l'orateur de Vizille, pour l'admirateur
de la constitution anglaise, cette journée du 5 octobre, où,
entouré de bandits déguenillés et de femmes perdues, il
s'en allait signifier à la monarchie les volontés de la populace.

On sait que les femmes insistèrent pour entrer au château, que douze d'entre elles furent admises auprès de
Louis XVI, et qu'enthousiasmées par la paternelle bonté
du prince, elles faillirent, à leur retour parmi leurs compagnes, payer cher cette conversion royaliste. Mais ce n'est
pas l'histoire des journées d'octobre que je raconte, et le
rôle de Mounier doit seul nous occuper.

---

[1] *Exposé de la conduite de M. Mounier*, p. 61.

Demeuré au palais après le départ des douze femmes, il sollicita, comme il en était chargé, l'acceptation pure et simple de la Déclaration et des articles votés. Le Roi, entouré de conseils contradictoires, resta cinq mortelles heures sans prendre de parti. A dix heures du soir, enfin, il se décida à donner l'adhésion demandée, et le président reprit le chemin de la salle des séances.

La conduite de Mounier, dans cette circonstance, a été l'objet de vives critiques, dont une page de Rivarol présente le résumé :

« On est étonné que M. Mounier ait accepté une telle « députation, et ce refus manque en effet à la gloire du « député de Grenoble..... Il crut devoir partir, ou, pour « mieux dire, il partit sans rien croire, et plus près d'une « action que d'une pensée, ainsi qu'il arrive toujours dans « les grands troubles..... Comment pourra-t-il jamais se « disculper de son étrange persévérance à solliciter cette « signature, depuis cinq heures et demie jusqu'à dix? Il « alléguera peut-être l'espoir où il était que l'acceptation « pure et simple du Roi calmerait tout. Mais c'est précisé- « ment là sa faute, et il n'est guère possible d'absoudre un « homme qui a une idée si fausse, et qui l'a eue si long- « temps..... Cet honnête homme resta avec le regret d'avoir « servi, contre la voix de sa conscience, les fureurs de la « démagogie par l'extinction de la royauté, sans avoir pu « écarter celles de la faction d'Orléans [1]. »

Il semble difficile, tout d'abord, d'opposer une réponse à des reproches que ne dicte aucune inimitié personnelle (car Rivarol a plus d'une fois témoigné de sa sympathie pour Mounier). Néanmoins, un examen attentif révèle que le spirituel pamphlétaire s'est ici laissé tromper par les appa- rences.

On pourrait dire, en premier lieu, qu'une nouvelle dé-

[1] RIVAROL, *Tableau historique et politique des travaux de l'Assemblée consti- tuante*, p. 307-313.

marche auprès du Roi avait été décidée avant l'arrivée des femmes, et que Mounier se conformait à un vote rendu par ses collègues dans des circonstances normales. Quant au grief d'avoir indéfiniment prolongé son attente, il nous rapporte lui-même que « vingt fois » il voulut se retirer, et qu'il dut céder aux instantes prières des courtisans. En effet, son retour à l'Assemblée dans ces conditions eût été le signal des violences, et l'on comprend qu'il dut hésiter en face d'une telle perspective. L'acceptation, au contraire, enlevait tout prétexte aux séditieux, et mettait les députés dans la nécessité de se grouper autour de Louis XVI; elle pouvait même arrêter dans sa marche la garde nationale de Paris, en jetant l'hésitation parmi ses chefs. Dans cette pensée, à peine Mounier eut-il reçu la réponse du Roi, qu'il en adressa communication à La Fayette; le messager trouva le général à Viroflay. Quoique ces calculs aient été déjoués par l'événement, il ne faut pas moins en reconnaître la loyauté et la prudence.

D'ailleurs, le séjour de Mounier au château ne s'est pas consumé dans une stérile attente : il ne cessa, durant ces cinq heures, de conseiller au Roi des mesures énergiques, et ne se rabattit sur l'acceptation qu'après l'échec de ses premières propositions. Son ami et confident Mallet du Pan est explicite à ce sujet :

« Mounier et d'autres proposèrent la retraite d'abord de
« la Reine, qui ne voulut pas; ensuite de la famille royale.
« Les gardes du corps et huit à neuf cents gentilhommes
« assemblés à la galerie eussent escorté le convoi, qui serait
« monté à cheval, la Reine en croupe derrière un garde du
« corps, un autre garde tenant le Dauphin dans ses bras.
« Le Roi, éloigné, eût convoqué l'Assemblée à Rouen; le
« président était décidé à le suivre, ainsi qu'un très-grand
« nombre de députés; on eût publié un manifeste sur l'at-
« tentat des vingt mille hommes arrivant de Paris pour
« forcer la volonté et le palais du Roi; on eût ratifié toutes

« les concessions. M. de Saint-Priest fit passer le projet, et
« se mit en route avec sa femme. A deux lieues de là , un
« courrier vint lui apprendre que le Roi restait et attendrait
« M. de La Fayette. — Mounier avait pressé M. Necker
« auparavant de se rendre avec tous les ministres à l'As-
« semblée, d'y dénoncer la marche de M. de La Fayette,
« de la déclarer un attentat qu'on était en droit de repousser
« par la force, de requérir que l'Assemblée lui défendît
« d'avancer, et le déclarât traître à l'État et criminel de
« lèse-nation s'il avançait. L'Assemblée n'aurait pu se
« dispenser de le faire. M. Necker n'osa pas tenter cette
« démarche [1]. »

Il faut joindre à ce témoignage celui du comte de Morges,
le président de Vizille. Cinquante ans plus tard , son fils
écrivait qu'il lui avait fréquemment entendu parler des
vains efforts déployés par Mounier dans cette soirée du
5 octobre, pour déterminer Louis XVI à quitter Versailles
et à convoquer les députés auprès de lui [2]. D'après cette
version, la ville proposée aurait été Fontainebleau; mais
ces divergences de détail ne changent rien au fond du
récit.

Enfin, à ceux qui récuseraient Mallet du Pan et le comte
de Morges comme trop dépourvus d'impartialité, nous oppo-
serons une autorité plus décisive. Dans les premiers jours
de l'année 1795 , Mounier avait adressé un mémoire politique au comte de Provence, qui prenait alors le titre de
régent du royaume pendant la minorité de son neveu.
Ce prince lui répondit par une lettre sur laquelle j'aurai à
revenir, et qui, datée de Vérone, constituait comme une
préface à la trop célèbre Déclaration. Elle débutait en ces
termes :

« Lorsque vous me témoignez , Monsieur, quelques

---

[1] MALLET DU PAN, *Mémoires et correspondance,* t. I, p. 181, en note.
[2] Le comte de Morges au baron Mounier, 17 novembre 1838 ; Bibl. de Grenoble, fonds Mounier.

« craintes de me parler avec ouverture sur les moyens que
« vous croyez essentiels au retour de l'ordre en France,
« vous oubliez apparemment les titres que vous avez auprès
« de moi. Ma mémoire est plus heureuse : je me souvien-
« drai toujours de la conduite que vous avez tenue auprès
« du Roi mon frère, le 5 octobre 1789. Quoique chargé par
« l'Assemblée, que vous présidiez alors, d'une mission si
« opposée aux devoirs d'un sujet fidèle, que vous remplis-
« siez avec tant de zèle, je n'oublierai point que si de per-
« fides conseils n'avaient point prévalu sur les avis réitérés
« que vous fîtes passer au Roi, il serait parti de Versailles,
« et peut-être il eût prévenu par cette démarche le déluge
« de crimes et de malheurs dont la France n'a cessé d'être
« inondée depuis. Le souvenir d'une journée si affreuse en
« elle-même, mais si honorable pour vous, m'a déterminé
« à vous donner une marque particulière d'estime [1]...... »

Cette pièce clôt le débat. La portée en est d'autant plus
grande qu'elle n'émane ni du membre libéral de l'Assemblée
des notables, ni de l'auteur de la Charte et de l'ordonnance
du 5 septembre, mais du chef des émigrés, du prince qui
a pour conseiller principal l'évêque d'Arras, poursuit la
restauration intégrale de l'ancien régime, et n'admet les
constitutionnels qu'à faire amende honorable. Il est dès lors
impossible que les éloges décernés par lui à Mounier ne
soient pas l'expression de la vérité.

En revenant à la salle des Menus, le président se trouva
en présence du plus répugnant des spectacles. Après son
départ, l'entrée avait été forcée par les femmes et leurs
compagnons ; l'évêque de Langres, en butte aux plus grossières injures, avait dû lever la séance, et toute cette foule,
demeurée maîtresse de la place, dormait étendue pêle-mêle
sur les bancs.

Mounier, dominant son écœurement, détermina une femme

---

[1] Lettre du Régent à Mounier (imprimée à la suite d'un manifeste de Charette ;
Bibl. nat., Lb⁴⁴, 1901).

à quitter le fauteuil, où elle s'était installée, et fit avertir ses
collègues de revenir. Dès qu'il en fut entré quelques-uns,
il donna lecture de l'acceptation par le Roi de la Déclaration
et des articles constitutionnels. La populace écoutait : soup-
çonnant alors qu'elle avait bien pu être jouée par les meneurs, elle eut un mot étrangement profond dans sa naïveté :
« Monsieur le Président », dirent quelques femmes en s'approchant, « cela fera-t-il avoir du pain aux pauvres gens de
« Paris ? » Et les misérables de répéter : « Du pain ! du
« pain ! » Mounier eut un mouvement de pitié : il commanda
qu'on achetât du pain et qu'on en fît une distribution. Ses
ordres furent travestis par les factieux : on apporta dans la
salle même des comestibles, des liqueurs, et une orgie s'organisa sous les yeux des députés.

A ce moment, on annonça l'arrivée de La Fayette. Mounier était indigné de la marche de la garde nationale.
Depuis les conférences sur le *veto*, il se défiait du général,
qu'il savait capable de tout sacrifier au désir de conserver
sa popularité. S'il faut en croire La Fayette, Mounier serait
venu le trouver vers la fin de septembre, et l'aurait pressé
de se rallier à la cause royale, lui faisant entrevoir comme
récompense l'épée de connétable [1]. Cette démarche est contraire à toute vraisemblance; mais, quoi qu'il en soit, le soir
du 5 octobre, Mounier considérait la conduite de La Fayette
comme celle d'un rebelle. Cette appréciation était au fond
partagée par le général lui-même; s'il avait cru remplir une
mission de dévouement royaliste, il n'aurait pas montré une
telle répugnance à se mettre en route; une fois parti surtout,
il n'aurait pas tant redouté d'être mitraillé au pont de Sèvres
par les troupes fidèles [2]. Lui et ses amis ont insisté sur le
secours porté aux gardes du corps dans la matinée du 6,
sur le succès avec lequel il sollicita la grâce de la Reine
auprès de la populace. Ce jour-là, comme dans tout le cours

---

[1] La Fayette, *Mémoires et correspondance*. t. II, p. 298.
[2] Mallet du Pan, *Mémoires et correspondance, loc. cit.*

de sa carrière, il s'appliqua trop tard à réparer le mal causé
en grande partie par sa faute. Le résultat le plus évident de
l'arrivée de la garde nationale fut, en effet, de désorganiser
la résistance, d'enhardir les bandits, de les déterminer à
envahir le palais et à massacrer les gardes.

Le général entra, et, interpellé par Mounier sur les motifs
de son départ de Paris, répondit qu'il était venu protéger le
Roi et l'Assemblée. S'approchant du fauteuil, il ajouta que
les Parisiens réclamaient seulement le renvoi du régiment de
Flandre et un mot du prince en faveur de la cocarde tri-
colore, comme désaveu des scènes du banquet. Il se rendit
ensuite auprès de Louis XVI, qui fit bientôt appeler les
députés, et leur annonça son intention de rester à Versailles
auprès d'eux.

De retour dans la salle, Mounier voulut rendre la séance
permanente, afin que l'Assemblée pût, à la première alerte,
prendre des mesures décisives. Il ordonna la continuation
de l'ordre du jour, qui comportait la discussion des lois criminelles. A cette heure avancée, dans l'état d'émotion où
se trouvaient les esprits, en présence des envahisseurs qui
occupaient encore une partie de l'enceinte, la délibération
ne pouvait être bien calme. Quelques orateurs s'épuisèrent
vainement à lutter contre le tumulte ; bientôt Mirabeau
réclama que la séance fût levée. Ferrières voit dans cette
motion l'effet d'un complot[1] : il est permis de croire que le
député d'Aix obéit simplement à un sentiment de lassitude. Mounier refusa d'obtempérer à sa demande, et la
discussion continua jusqu'à une nouvelle intervention de
La Fayette.

Il faut lire dans Rivarol le récit des efforts déployés par
le marquis pour déterminer successivement Roi, courtisans,
gardes du corps et députés à aller prendre du repos, récit
qui se termine par le mot fameux : « C'était le général

---

[1] FERRIÈRES, *Mémoires*, t. I, p. 321.

« Morphée [1]. » On a accusé La Fayette, comme Mirabeau,
d'avoir voulu par cette tactique faciliter la tâche des égorgeurs. Un aussi atroce dessein répugne à son caractère. Il
est plus probable que sa vanité était flattée à l'idée de veiller
sur le sommeil des pouvoirs publics ; il se laissa séduire
par la générosité de ce rôle, sans prendre souci de l'ef-
frayante responsabilité qui y était attachée. Il eut surtout
le tort inexcusable de suivre lui-même le conseil qu'il avait
si libéralement prodigué autour de lui, et de céder à la
fatigue.

Après avoir décidé la famille royale et les courtisans à
regagner leurs appartements, il se dirigea vers l'Assemblée,
et fit demander au président de venir conférer avec lui
dans un bureau. Mounier, craignant qu'on ne profitât de
son absence pour remettre la séance au lendemain, refusa
de quitter le fauteuil et envoya ses deux amis, Clermont-
Tonnerre et Lally [2], savoir ce dont il s'agissait. La Fayette
leur représenta que toutes les précautions étaient prises,
tous les postes gardés, qu'il était sûr de ses hommes, et
qu'il répondait de l'ordre.

Il était trois heures de la nuit. Mounier se trouvait à jeun
depuis neuf heures du matin, brisé d'émotion et de souffrance. Les efforts qu'il lui avait fallu faire pendant sa présidence avaient amené chez lui une irritation des poumons, et
il commençait à cracher le sang [3]. L'énergie morale qui l'a-
vait soutenu jusque-là risquait d'être désormais impuissante. De plus, les assurances de La Fayette étaient aussi
positives qu'on pouvait le désirer. Il se résolut donc à lever
la séance, malgré le secret pressentiment dont il était
obsédé. En descendant du fauteuil, il alla trouver en toute
hâte La Fayette et lui dit : « Si vous avez la moindre crainte

---

[1] RIVAROL, *Tableau historique et politique des travaux de l'Assemblée constituante,* p. 337.

[2] *Appel au tribunal de l'opinion publique,* p. 169.

[3] MALLET DU PAN, *Mémoires et correspondance, loc. cit.*

« sur ce qui peut se passer, il en est temps encore, je vais
« prier les députés qui sortent de rentrer à l'instant[1]. » Le
général lui ayant répété que rien n'était à redouter, il s'en
retourna chez lui. Les siens, effrayés, lui racontèrent que
pendant la journée, à plusieurs reprises, des bandes armées
étaient venues stationner devant la porte en proférant des
menaces.

Entre huit et neuf heures du matin, il fut réveillé par
quelques députés de ses amis, qui lui apprirent l'envahisse-
ment du château, l'assassinat des gardes, le péril couru
par la Reine et la promesse arrachée au Roi de se transporter à Paris. Il alla aussitôt à l'Assemblée.

La séance ne s'ouvrit qu'à onze heures. Après l'adoption
du procès-verbal, Mounier, prenant la parole, dit qu'en
raison des circonstances, il croyait pouvoir s'affranchir de
l'usage qui interdisait au président de faire des motions, et
convier l'Assemblée à se rendre auprès du Roi ; il ajouta
qu'après un forfait aussi épouvantable, la place des représentants était autour du monarque, que celui-ci avait
exprimé un vœu dans ce sens, et que, s'il y avait des
mesures à prendre, on pourrait délibérer dans le salon
d'Hercule.

Une proposition de cette nature aurait dû être adoptée
par acclamation. Mirabeau, néanmoins, se leva pour la combattre, et soutint que la dignité de l'Assemblée lui défendait d'aller délibérer « dans le palais des rois ». Mounier, et
bien d'autres après lui, ont considéré cette attitude comme
une nouvelle preuve de la complicité de Mirabeau dans ce
qui s'était tramé. La vérité me paraît se trouver plutôt
dans cette appréciation d'un contemporain :

« Il est bien sûr que s'il y avait eu complot, et si Mira-
« beau était un des complices, il n'aurait pas pu se conduire

---

[1] *Exposé de la conduite de M. Mounier,* p. 69.

« autrement... Mounier présidait l’Assemblée ; Mirabeau
« était extrêmement jaloux de lui, et il n’eut peut-être pas
« d’autre motif, sans s’en apercevoir, que le désir de l’em-
« porter sur lui, et de lui nuire en représentant son avis
« comme dérogatoire à la volonté nationale [1]. »

Mounier répliqua en vain « que la dignité des représen-
« tants consistait à remplir leur devoir, et qu’il considérait
« comme un devoir sacré d’être, en cet instant de danger,
« auprès du monarque [2]. » Les paroles de Mirabeau avaient
éveillé chez ses collègues la susceptibilité démocratique, la
plus chatouilleuse de toutes sur le chapitre de l’étiquette.
L’Assemblée, pour emprunter le jargon des « Deux amis
« de la liberté », « savait combien l’air qu’on respire dans
« les palais des rois est mortel à la liberté [3] ». Elle repoussa
la motion de son président.

« J’aurais dû », écrivait celui-ci un an plus tard, « quand
« l’Assemblée nationale refusa, le 6 octobre, de se rendre
« chez le Roi, et qu’elle se couvrit d’un opprobre éternel
« en parlant de sa dignité, quitter le fauteuil de la prési-
« dence ; mais l’excès de l’indignation ne me permit pas
« de réfléchir, et je restai stupidement à ma place [4]. » La
franchise de cet aveu honore son auteur. Il est incontestable
qu’après le vote Mounier eût mieux fait de se lever et d’inviter tous les députés fidèles à le suivre chez le Roi.

Comme il demeurait au fauteuil, en donnant des marques
non équivoques d’affliction, un membre s’approcha de lui,
et, pour lui prouver que la décision prise était conforme aux
vrais principes, lui dit le plus sérieusement du monde :
« Le pouvoir législatif ne doit pas aller chez le pouvoir exé-
« cutif [5]. » Mounier n’a pas tort d’ajouter, en rapportant le
mot, que Montesquieu eût reculé d’horreur, s’il avait prévu

---

[1] DUMONT (de Genève), *Souvenirs sur Mirabeau*, p. 184.
[2] *Exposé de la conduite de M. Mounier*, p. 73.
[3] *Histoire de la Révolution par deux amis de la liberté*, t. III, p. 388.
[4] *Appel au tribunal de l’opinion publique*, p. 265.
[5] *Exposé de la conduite de M. Mounier*, p. 92, en note.

que sa théorie dût jamais servir de prétexte à d'aussi
odieuses inepties.

Sur la proposition de Barnave, l'Assemblée déclara
qu'elle était inséparable du monarque. Mais il fallait quelques jours pour préparer une salle à Paris, et la famille
royale partait dans l'après-midi : on décida qu'une députation de trente-six membres l'accompagnerait. Mounier,
accablé de fatigue et de douleur, pria Feydel, l'un des
secrétaires, de dresser la liste à sa place, et lui recommanda
expressément d'en exclure le nom de Mirabeau. Feydel
avait agi en conséquence, quand le duc de Liancourt vint
trouver Desmeuniers, qui siégeait également au bureau
comme secrétaire, et lui demanda d'inscrire le député d'Aix
au nombre des commissaires. Desmeuniers, n'étant pas
prévenu, déféra à cette requête, et remplaça un nom par
celui de Mirabeau. Grande fut la surprise du président
quand on proclama la liste à haute voix : il la reprit sans
hésiter et raya Mirabeau. Celui-ci, averti par Desmeuniers,
vint au fauteuil et insista « sur un ton de patelinage », suivant l'expression de Mounier, en faisant valoir les services que sa popularité pourrait rendre à la famille
royale. Mounier fut inflexible : son honnêteté se révoltait
en voyant le même homme qui avait empêché l'Assemblée
de se grouper autour du Roi briguer maintenant le soin de
l'accompagner à Paris ; l'idée d'un complot entrait de plus
en plus dans son esprit. Après d'inutiles instances, Mirabeau
dit : « J'obéis, Monsieur le Président », et se retira fort
dépité [1].

Cependant l'heure du départ avait sonné. Je n'ai pas à
peindre Louis XVI rentrant dans sa capitale, précédé des
têtes de ses gardes, entouré d'une cohue hurlante de femmes,
de bandits et de soldats. Je n'ai pas à apprécier la conduite
de Bailly, qui, après avoir vu défiler le sinistre cortége à la

____
[1] *Appel au tribunal de l'opinion publique,* p. 315.

barrière, où il attendait avec le corps municipal, eut le courage, en haranguant le Roi, de qualifier de beau jour celui qui avait vu ces horreurs. Mounier, resté à Versailles, nous montre un coin du tableau qui a son intérêt :

« Les habitants de Versailles étaient assez étonnés de « cette marche triomphale. Ils commençaient à découvrir « qu'après avoir combattu pour les Parisiens, ils pourraient « payer tous les frais de la guerre. On leur disait encore, il « est vrai : Soyez tranquilles, il reviendra [1]. »

[1] *Exposé de la conduite de M. Mounier*, p. 74.

CHAPITRE XI

Après le rejet de son plan de constitution, Mounier avait
espéré pouvoir servir encore utilement à l'Assemblée la
cause de l'ordre. L'attentat d'octobre lui enleva toute illusion à cet égard, en consacrant le triomphe de la démagogie ; les séances qui allaient se tenir à Paris, sous la férule
de la populace, ne pouvaient offrir qu'un simulacre de libre
discussion. Le représentant du Dauphiné ne crut pas devoir
se prêter à cette comédie. Le 8, il adressa à ses collègues
une lettre par laquelle il s'excusait, sur son état de santé, de
ne pouvoir continuer à occuper le fauteuil. Le 10, il se
mettait avec sa famille en route pour Grenoble.

Son départ était dicté par un motif plus grave encore
que le besoin de protester contre les outrages dont le Roi et
l'Assemblée avaient été victimes. Quelques instants après
l'envoi de sa démission de président, le 8 octobre, Lally-
Tollendal, entrant chez lui, l'avait trouvé absorbé dans une
profonde rêverie. Comme il l'interrogeait sur l'objet de
cette méditation : « Je pense, « répondit vivement Mounier, « qu'il faut se battre. Le Dauphiné a appelé les Fran-
« çais à établir la liberté ; il faut qu'il les appelle aujour-
« d'hui à défendre la royauté. J'ai déjà écrit à notre com-
« mission intermédiaire ; je lui demande une protestation
« contre les actes d'une Assemblée qui ne peut plus être

15.

« regardée comme libre, puis la convocation de nos états ;
« le reste viendra [1]. »

Mounier se laissait abuser par les souvenirs de Vizille et
de Romans, et par le sentiment de son influence sur ses
concitoyens. Les conditions étaient bien changées depuis
l'année précédente ; si l'élite de la population était toujours
avec lui, les idées subversives avaient fait des progrès
pendant son absence, et il allait falloir compter avec le
parti patriote. L'armée, complétement désorganisée, ne lui
serait d'aucun secours ou se tournerait contre lui. Des
scrupules de légalité arrêteraient les timides ; le fantôme de
la contre-révolution effrayerait les autres. En France, on
peut triompher de l'anarchie par un coup de main militaire,
mais non par une insurrection : Mounier devait bientôt s'en
convaincre. Il n'en faut pas moins reconnaître tout ce qu'un
pareil projet avait d'avantageux. Une énergique démonstration des provinces en faveur de Louis XVI eût peut-être
épargné bien des malheurs ; elle aurait mieux valu, dans
tous les cas, pour réprimer la démagogie, que le manifeste
de Brunswick ou les grenadiers de Bonaparte.

Mounier n'eût-il pas songé à soulever le Dauphiné, sa
dignité lui commandait de quitter l'Assemblée. Cette détermination a été l'objet de vives critiques de la part de ceux-
là mêmes qui partagent ses idées politiques et approuvent
d'ordinaire sa conduite. On a dit qu'au moment où le Roi
courait de nouveaux dangers, les députés fidèles devaient
se serrer autour de lui ; on a soutenu que de graves résolutions, adoptées à une majorité de quelques voix, auraient
pu être écartées sans la défection de Mounier et de ses amis ;
on a mis en regard, enfin, l'attitude de Malouet, de Cazalès
et de Maury, s'obstinant à défendre jusqu'au bout une
cause désespérée.

Il est permis de contester la justesse de ces reproches.

---

[1] *Biographie* Michaud, art. *Mounier.*

En allant siéger à Paris, les députés faisaient moins acte de
dévouement au Roi que de soumission à la Commune. Leur
présence avait surtout l'inconvénient de donner une apparence de légalité aux délibérations, sans pouvoir empêcher
aucune mesure funeste. Comme l'a fort bien dit Rivarol,
« la perpétuelle contradiction de la minorité a servi de frein
« aux factieux, et a donné je ne sais quel air de justice à
« tous les actes de leur despotisme [1] ». Mounier lui-même
a développé cette pensée en termes encore plus saisis-
sants : « On ne leur laissait la permission de parler que
« lorsqu'on s'était assuré de la majorité des voix et des dis-
« positions des galeries; et leurs discours, qu'on n'écoutait
« qu'autant qu'on avait les moyens de les rendre inutiles,
« étaient sans cesse invoqués comme la preuve la plus
« entière de la liberté des suffrages et tout à la fois comme
« un obstacle au bonheur public [2]. » Ajoutons que leur
opposition entretenait une cohésion forcée parmi leurs
adversaires, qui sans cela n'auraient pas tardé à s'entre-
déchirer. Malouet, Maury et Cazalès ont certainement
déployé un admirable courage; mais Mounier a montré en
cette circonstance plus d'habileté politique. Le départ de
tous les députés royalistes pour leurs provinces, véritable
émigration à l'intérieur, aurait eu pour résultat de démasquer les factieux et de les placer dans un cruel embarras.

Seulement, pour être féconde, une telle démarche devait
être générale, et c'est ici que Mounier commit une lourde
faute. Il partit le premier, pour entraîner ses collègues par
son exemple, comme un général qui monte à l'assaut, alors
qu'il devait s'éloigner le dernier, comme un capitaine qui
quitte un vaisseau désemparé. L'évêque de Langres abandonnait aussi l'Assemblée; Clermont-Tonnerre et le duc de

---

[1] RIVAROL, *Tableau historique et politique des travaux de l'Assemblée constituante*, p. 374, en note.

[2] *Recherches sur les causes qui ont empêché les Français de devenir libres*,
t. II, p. 69.

La Rochefoucauld se souciaient peu de siéger au fauteuil dans de semblables conjonctures; il s'ensuivit que, jusqu'aux nouvelles élections, la présidence provisoire fut dévolue à Chapelier. Celui-ci, saisi de plus de cinq cents demandes de passe-ports, s'aperçut de la manœuvre et résolut de la déjouer. Il fit voter une motion qui interdisait à tout député de prendre un passe-port sans avoir fait approuver les motifs de son départ[1]. En même temps, on provoquait parmi la population des manifestations menaçantes. Ces mesures arrêtèrent le mouvement prêt à se dessiner : quelques députés seulement partirent, dont les plus marquants étaient M. de La Luzerne, Lally et Bergasse. Mounier doit porter en grande partie la responsabilité de cet avortement : s'il était resté quelques jours de plus pour signer les passe-ports, les événements eussent probablement pris une tournure différente. N'oublions pas, néanmoins, qu'il existait une autre cause d'insuccès, indiquée ainsi par Malouet :

« Comme les députés les plus modérés savaient très-bien
« que ces messieurs (Mounier et ses amis), qui étaient à
« une grande distance de leur patriotisme, n'en étaient pas
« moins odieux à l'aristocratie, ils en concluaient une
« proscription absolue pour eux-mêmes. Il arriva donc
« qu'un très-grand nombre de membres de la majorité,
« tout à fait étrangers aux attentats du 5 octobre, se gar-
« dèrent bien de favoriser dans leurs provinces le soulève-
« ment qu'ils auraient excité s'ils avaient dit la vérité tout
« entière. Ils croyaient, au contraire, beaucoup d'entre
« eux à regret, que leur propre sûreté se trouvait liée au
« triomphe du parti populaire, quels qu'en fussent les
« moyens ; car, d'une part, les ressentiments de l'aristo-
« cratie étaient aussi indiscrets, aussi menaçants qu'ils
« furent impuissants, et, de l'autre, les nombreux prosé-

---

[1] MONTLOSIER, *Mémoires*, t. I, p. 301-307.

« lytes que les démagogues s'étaient faits dans toutes
« les classes du peuple, plus impétueux et plus féroces
« que leurs maîtres, étaient toujours prêts à mettre en
« pièces ceux qu'on leur désignerait comme traîtres au
« parti [1]. »

Cependant Mounier, après un arrêt de quelques heures
à Lyon, était parvenu à Grenoble. Le bruit fut répandu par
ses ennemis que, dans l'excès de son épouvante, il avait
voyagé à cheval, sous un travestissement de jockey ou de
courrier, et cette légende fit même le sujet d'une gravure
satirique, placée en tête du troisième numéro des *Révolutions de France et de Brabant*. Il va sans dire qu'elle ne
reposait sur aucun fondement. En réalité, bien loin d'avoir
dissimulé son passage, Mounier avait annoncé son arrivée à
ses amis de Grenoble, et la commission intermédiaire se
rendit au-devant de lui [2].

Dès le 8 au soir, au reçu des premières nouvelles, le
marquis de Viennois avait réuni extraordinairement ses
collègues. La commission tint séance encore les jours suivants, et le 11, elle chargea les procureurs généraux syndics de convoquer les membres des états provinciaux et
leurs adjoints pour le 2 novembre, à Romans. Cette décision,
comme nous l'avons vu, avait été inspirée par Mounier. La
commission y joignit une sorte de manifeste très-énergique,
dont l'idée, certainement, et peut-être aussi la forme, lui
avait été transmise par un courrier de Versailles. J'en
extrais quelques lignes :

« ..... Considérant que cette auguste Assemblée ne sau-
« rait plus exprimer dans ses délibérations son véritable
« vœu, et travailler avec succès à la régénération de l'État;
« qu'étant placée dans une situation de contrainte, avilis-
« sante pour la dignité de la nation, insultante pour les
« provinces, ses décrets ne sauraient plus obtenir cette con-

[1] MALOUET, *Mémoires*, t. I, p. 351.
[2] Lettre à Cerutti. (Cf. plus loin.)

« fiance si nécessaire à leur succès dans l'opinion publique...

« La commission..... déclare qu'elle regarde comme
« un devoir rigoureux de protester formellement, au nom
« de la province, contre toute délibération prise ou à prendre
« dans l'Assemblée nationale depuis le 5 de ce mois, tant
« qu'elle ne jouira pas d'une pleine et entière liberté[1]. »

L'arrivée de Mounier n'était pas pour modifier ces
résolutions. La commission les renouvela le 14, et décida
le 16 qu'elles seraient communiquées au Roi[2].

Cette attitude produisit une certaine émotion par tout le
royaume. On put croire un instant que le mot de Mounier
serait justifié, et que le Dauphiné allait, comme l'année précédente, entraîner les autres provinces à sa suite. A Paris,
les chefs de la gauche sentirent qu'il était urgent de parer
le coup. Ils déterminèrent d'abord l'archevêque de Vienne
à écrire à ses compatriotes, le 18 octobre, une lettre de
blâme[3] qui resta sans réponse. Puis Duport, dans la
séance du 26, dénonça à la Constituante l'arrêté pris par la
commission intermédiaire du Dauphiné. Après une violente
discussion, où cet arrêté, défendu par Cazalès, fut incri-
miné à nouveau par Mirabeau, l'Assemblée décréta qu'il
serait sursis à toute réunion d'états provinciaux jusqu'à ce
qu'elle eût déterminé un mode de convocation. On pouvait
espérer que la volonté royale mettrait obstacle au décret;
Louis XVI eut la faiblesse de le sanctionner le soir même[4].

Toute velléité de résistance devait être par là même
découragée. A la première nouvelle du débat du 26, la
commission intermédiaire avait décidé de reculer la convocation au 14 décembre et d'envoyer des explications à
Pompignan : c'était pour répartir les contributions qu'elle

---

[1] Procès-verbaux, p. 590-598 (Arch. dép. de l'Isère).

[2] *Ibid.*, p. 603 et 607.

[3] Je n'ai pu retrouver cette lettre, évidemment distincte de celle adressée par
le prélat à Mounier ; il y est fait allusion dans le procès-verbal de la séance du 28
(*Ibid.*, p. 635).

[4] FERRIÈRES, *Mémoires*, t. I, p. 356.

déclarait vouloir la réunion des états [1]. Comme on le voit, la capitulation était complète. Le 9 novembre, un message du ministre La Tour-du-Pin communiquait à la commission les lettres patentes portant sanction du décret [2].

Dans cette occasion, Mirabeau avait encore une fois combattu les idées de Mounier. Après les journées d'octobre, sa jalousie, satisfaite, s'était un instant apaisée, et il avait songé à utiliser pour le succès de ses vues ambitieuses l'influence et le talent du député de Grenoble. C'est ce que semble indiquer du moins une note remise par lui au comte de La Marck après la séance du 10 octobre, et contenant la liste d'un grand ministère parlementaire. Sous la présidence de Necker, La Fayette et Mirabeau eussent été ministres sans portefeuille, l'archevêque de Bordeaux aurait conservé les sceaux, le duc de Liancourt aurait eu la guerre, le duc de La Rochefoucauld la maison du Roi, le comte de La Marck la marine, Talleyrand les finances, le marquis de Ségur les affaires étrangères, Chapelier les bâtiments, et Mounier la bibliothèque du Roi [3]. Un tel amalgame de personnes et d'opinions paraîtra sans doute la fantaisie d'une imagination ardente plutôt qu'un projet étudié à loisir. Je ne le signale ici que parce qu'il marque une détente passagère dans l'animosité de Mirabeau contre Mounier.

Dès le 20 octobre, ce dernier avait exposé ses projets dans une lettre [4] adressée au philosophe Cerutti, qui avait précédemment loué sa conduite [5]. Il disait un mot de son voyage et démentait les ridicules calomnies que j'ai mentionnées, puis s'exprimait en ces termes :

« J'ai cru qu'ayant autrefois proclamé du fond de ma

---

[1] *Procès-verbaux*, p. 635.

[2] *Ibid*, p. 697.

[3] *Correspondance entre le comte de Mirabeau et le comte de La Marck*, t. I, p. 411.

[4] Il paraît que ce document fut alors publié : je le cite d'après une copie de la main du baron Mounier. (Arch. de la Société éduenne.)

[5] *Affiches de Dauphiné*, 22 octobre 1789.

« province quelques vérités utiles, je devais y revenir pour
« publier hautement celles qui peuvent aujourd'hui sauver
« ma patrie. Ces vérités ne pourraient être annoncées avec
« succès au milieu de Paris ou de Versailles : le despotisme
« anarchique en aurait enchaîné la publication. Ne craignez
« pas que je veuille nuire à ce que l'Assemblée nationale a
« pu faire d'utile, ni favoriser la séparation des provinces.
« Croyez que je défendrai avec le plus grand zèle la liberté
« publique ; mais je désire que l'Assemblée soit libre, c'est-
« à-dire que les hommes vertueux et timides ne soient plus
« obligés de recevoir la loi des démagogues. J'exhorterai à
« une nouvelle considération sur quelques articles. Je ne
« donne pas ma démission, car je suis dans le dessein de
« rentrer dans l'Assemblée, quand les suffrages y seront
« libres. Je conserverais ma liberté au milieu du plus grand
« danger ; mais j'ai trop éprouvé qu'un petit nombre de
« personnes a le degré de force nécessaire pour résister
« aux insultes et aux menaces. »

Telles étaient les dispositions de Mounier, quand une
lettre de l'archevêque de Vienne, en date du 17, vint le
presser instamment de reprendre sa place à l'Assemblée[1].
Circonvenu par plusieurs membres da la gauche, ébloui
jusqu'à un certain point par l'exercice du pouvoir, ce prélat, dans la forme la plus affectueuse et la plus digne, conseillait à son collègue un acte de faiblesse : « ... L'État,
« vous le savez parfaitement », lui disait-il, « ne peut se
« passer de cette Assemblée ; ce n'est pas le moment de
« redresser les griefs qui peuvent naître de quelques-uns
« de ses décrets; Dieu préserve le royaume d'une insurrec-
« tion violente contre elle ! Il n'en résulterait qu'une guerre
« civile, funeste à tous, mais plus encore aux insurgents,
« qui ne seraient pas les plus forts. La patience et le temps
« offrent de meilleures ressources... »

---

[1] Bibl. de Grenoble, fonds Mounier.

Je n'ai pas retrouvé la réponse de Mounier : il écrivit
sans doute à Pompignan qu'il ne pouvait revenir à Paris
sans commettre une inconséquence, et que le seul souci de
sa réputation suffisait à le détourner de ce parti, quand
même sa conscience ne le lui eût pas interdit.

Un de ses premiers soins, à son arrivée dans sa ville
natale, avait été d'écrire une relation succincte de la part
prise par lui aux débats de l'Assemblée et des causes qui
l'avaient déterminé à quitter son poste. Cette apologie, en
le justifiant aux yeux de ses compatriotes du Dauphiné et
de la France entière, devait aussi les éclairer sur la réelle
portée des faits. Il y travailla avec son activité ordinaire,
et elle parut le 11 novembre [1] sous ce titre : *Exposé de la
conduite de M. Mounier et des motifs de son retour en Dauphiné.* Plusieurs éditions en furent rapidement épuisées [2].

Cet opuscule a la valeur de véritables mémoires, et j'y ai
fait de larges emprunts dans le cours de mon récit; Mounier résume à grands traits tous les événements dans lesquels il est intervenu depuis l'ouverture des États jusqu'au
6 octobre. L'impartialité n'est jamais la qualité dominante
de ces sortes d'écrits : Mirabeau, notamment, est déjà l'objet
de vives accusations; néanmoins, le ton général est celui
de la modération. Tout en s'attachant à démontrer l'unité
logique de sa conduite, Mounier n'hésite pas à regretter
certains de ses actes. Enfin, il oppose d'avance un désaveu
formel à tous ceux qui voudraient prendre texte de sa brochure pour contester les grands principes proclamés par
l'Assemblée, tels que la réunion des ordres, l'égalité de-

[1] *Appel au tribunal de l'opinion publique,* p. 272.

[2] J'ai constamment cité celle de Mame, Angers, 17 novembre 1789, 110 pages
in-12 ; on la trouvera à la Bibl. Mazarine, n° 35, 633 ; elle a l'avantage de ne
présenter qu'un seule pagination. Les *Affiches de Dauphiné* du 12 janvier 1790
nous apprennent qu'on fit deux éditions à Toulouse, une à Bordeaux, une à
Nîmes et deux à Avignon, sans compter celles publiées à Paris.

vant l'impôt, l'admissibilité de tous les citoyens à tous les emplois, la participation de la nation au pouvoir législatif.

Au tableau des faits succèdent deux appendices, dont l'un est intitulé *Observations sur les principes que j'ai soutenus dans l'Assemblée nationale*, et l'autre, *Observations sur les motifs de mon départ*. Dans le premier, Mounier se disculpe énergiquement du reproche d'avoir trahi la cause populaire : « J'ai toujours », s'écrie-t-il, « ardemment « désiré la liberté publique. Sous le joug du despotisme, « elle était l'objet constant de mes méditations, de mes « études et de mes plus chères espérances [1]. » Et, rappelant les luttes soutenues par lui pour obtenir l'égalité politique, il repousse la qualification d'aristocrate. « Je défie « publiquement mes adversaires », dit-il encore, « de « trouver entre les systèmes que je soutenais en 1788, et « ceux que j'ai soutenus depuis lors, la moindre contradic- « tion [2]. »

Il montre en quelques mots tout ce que les doctrines de Rousseau contiennent de dangereuses chimères, et leur oppose les avantages de la constitution britannique. A cette objection, déjà banale alors, que les lois d'un pays ne sauraient s'adapter aux conditions historiques et sociales d'une autre contrée, il fait une réponse que le dix-neuvième siècle s'est chargé de justifier : « Dans l'état actuel de l'Eu- « rope, chez toutes les grandes nations, où les rapports « sont les mêmes, tous exigent les bases de la constitution « anglaise [3]. » Puis il conclut en ces termes l'apologie de son attitude politique :

« Il m'eût été bien facile de conserver dans cette révolu- « tion, l'influence que les circonstances m'avaient donnée, « si j'eusse voulu avoir ce que nos politiques modernes

---

[1] *Exposé de la conduite de M. Mounier*, p. 82.
[2] *Ibid*, p. 84.
[3] *Ibid.*, p. 96.

« appellent de l'adresse, c'est-à-dire céder aux événe-
« ments, consulter toujours les passions du plus grand
« nombre, et présenter des opinions qui pussent lui plaire;
« mais je n'ai jamais été guidé par le désir de faire parler
« de moi. J'ai déjà vu tant de funestes effets de l'amour de
« la célébrité, que personne n'est plus en garde que moi
« contre cette passion; et si j'avais pu ambitionner la gloire,
« je n'en aurais pas connu de plus belle que celle d'avoir
« mérité la haine des factieux, des partisans de l'anarchie
« et des ennemis de la liberté [1]. »

Dans la partie consacrée aux motifs de son départ, Mounier commence par réfuter d'un mot ceux qui ont attribué
sa détermination à la frayeur : « Je crois avoir parlé plu-
« sieurs fois dans l'Assemblée nationale de manière à ne
« pas laisser croire qu'il fût facile de m'épouvanter [2]. » Il
explique comment, en suivant ses collègues à Paris, il aurait
craint de se faire le complice des factieux; comment la
tribune et la presse auraient été également fermées à ses
protestations; comment, enfin, il n'a pas failli au serment
du Jeu de Paume; car il avait juré de donner à la France
une constitution libre, et non de s'obstiner à figurer sans
dignité sur les bancs d'une Assemblée asservie.

De divers côtés il reçut des lettres d'adhésion et d'encou-
ragement. Entre autres, un brave chevalier de Saint-Louis
lui envoyait de Valenciennes, le 12 décembre, cette expression naïve de son admiration : « ... Si le ciel m'avait donné
« un royaume, à coup sûr votre sagesse et vos lumières le
« conduiraient en entier [3]. »

L'ouvrage touchait à un ordre de choses trop récent
et choquait trop les passions dominantes pour ne pas
soulever de protestations. La garde nationale de Versailles fit imprimer une réponse collective, pour contester la

----

[1] *Exposé de la conduite de M. Mounier,* p. 97.
[2] *Ibid.,* p. 98.
[3] Bibl. de Grenoble, fonds Mounier.

façon dont étaient présentés certains épisodes secondaires des journées d'octobre [1]. Le ton en était, du reste, fort convenable.

On ne peut en dire autant de la *Réponse laconique à l'exposé prolixe de M. Mounier* [2], pamphlet anonyme qui se réduit à de vagues et grossières accusations contre l'ancien président. Quant à *Paris justifié contre M. Mounier* [3], l'intérêt de cette brochure tient surtout au nom de l'auteur, Louvet de Couvrai : c'est par là, en effet, que le futur girondin passa du roman obscène à la littérature politique. Suivant page à page le livre de Mounier, il en contredisait presque toutes les assertions, soutenait que les journées d'octobre avaient sauvé la France et que Louis XVI était venu à Paris dans la pleine indépendance de son libre arbitre. Il n'épargnait naturellement pas au député du Dauphiné le reproche de vénalité, et le traitait quelque part de « futur chancelier ». Mais la page la plus curieuse est celle où il proteste contre ce que dit Mounier de l'habituelle intervention des tribunes, et prétend rétablir sur ce point la vérité. A l'en croire, c'est à peine si de temps à autre l'éloquence des orateurs patriotes soulevait « un léger « murmure d'approbation » parmi les spectateurs, qui le plus souvent se contentaient, pour manifester leur satisfaction, de verser des « larmes délicieuses ». L'auteur de *Faublas* n'avait pas dépouillé l'imagination du romancier.

Camille Desmoulins intervint à son tour, et l'on doit reconnaître qu'il y était directement provoqué : Mounier, dans une note, en accusant Mirabeau de relations étroites avec le procureur général de la Lanterne, n'avait pas ménagé l'expression de son mépris pour ce dernier [4]. Desmou-

----

[1] *Lettre écrite le 23 novembre 1789 par l'assemblée générale de la garde nationale de Versailles à M. Mounier, ci-devant député à l'Assemblée nationale.* (Bibl. nat., L b³⁹, 8126)

[2] Bibl. nat., L b³⁹, 2468.

[3] Bibl. nat., L b³⁹, 2469.

[4] *Exposé de la conduite de M. Mounier*, p. 38, en note.

lins commençait précisément la publication de ses *Révolutions de France et de Brabant*. Il riposta vivement, sous la forme de lettres à l'ancien président. Pour manquer le plus souvent d'exactitude et toujours de générosité, son premier article n'en est pas moins un modèle de verve et de persiflage [1]. Prenant pour thème le *Quantum mutatus ab illo*, il développe avec un enjouement impitoyable le contraste entre le Mounier triomphant du mois de mai et le Mounier fugitif d'octobre. — Les deux autres articles sont loin d'avoir la même valeur [2] : l'ironie y fait place à l'injure. Desmoulins, emporté par la rancune, va jusqu'à reprocher à Mounier l'humble condition de ses ancêtres, grief au moins singulier dans cette bouche. Il l'accuse d'avoir, lui plébéien, servilement défendu la cause de l'aristocratie, tandis que les plus grands seigneurs prenaient généreusement la défense des intérêts nationaux; et comme il faut un nom pour rendre l'opposition plus manifeste, le pamphlétaire couvre d'éloges enthousiastes... Mathieu de Montmorency, qui plus tard ne devait pas avoir assez de larmes pour pleurer un tel panégyrique.

Mounier était resté député, dans l'espoir que les circonstances viendraient peut-être à changer et que les délibérations reprendraient leur indépendance. Cette illusion fut bientôt dissipée, et le décret qui mettait les biens du clergé à la disposition de la nation acheva de l'éclairer [3]. En dépit des sophismes de Talleyrand, de Thouret et de Mirabeau, il y vit une atteinte portée au droit de propriété, et jugea l'Assemblée irrémédiablement engagée dans la voie des violences. Sa démission, partie de Grenoble le 15 novembre [4], fut annoncée à la séance du 21 ; plusieurs mem-

---

[1] *Révolutions de France et de Brabant*, t. I, p. 32-43.
[2] *Ibid.*, t. I, p. 82-89 et 122-130.
[3] *Appel au tribunal de l'opinion publique*, p. 273.
[4] *Ibid.*, p. 279.

bres de la gauche eurent le triste courage de l'accueillir par des applaudissements [1]. Guilhermy, député modéré de Castelnaudary, écrivait à ce sujet à Mounier, le 1ᵉʳ décembre : « Ceux-là sans doute qui redoutaient l'influence « de vos lumières et de votre fermeté, ceux-là, dis-je, n'ont « pu contenir la joie qu'ils ont ressentie de votre éloigne- « ment ; et chez eux ce sentiment était bien à sa place [2]. »

Le représentant le plus éminent du Dauphiné fut remplacé par un personnage obscur, Le Grand de Champrouet. Curtius, le propriétaire des figures de cire, avait, au début de la Révolution, placé dans sa galerie une effigie de Mounier : il jugea le moment venu de la refondre et d'en faire un Barnave [3].

En rompant avec l'Assemblée, Mounier n'avait pas alors le dessein de s'expatrier : son intention était, au contraire, d'attendre à Grenoble des jours meilleurs et d'y travailler à la défense de la monarchie. Un de ses amis rapporte qu'à cette époque les princes émigrés lui firent offrir une place de ministre s'il voulait les rejoindre, et qu'il répondit par un refus [4] : bien qu'une pareille démarche soit peu compatible avec l'esprit exclusif qui régnait à Coblentz, il y a lieu de croire que le fond de l'anecdote est vrai.

Après un voyage de quelques jours à Lausanne [5], où s'était fixé son ami Lally, Mounier revint à Grenoble, et reprit, à dater du 1ᵉʳ décembre, les fonctions effectives de secrétaire de la commission intermédiaire [6]. Celle-ci avait sans doute bien perdu de son autorité depuis que la Constituante avait annulé l'arrêté de convocation lancé par elle : elle n'en poursuivait pas moins sa tâche, veillant dans la mesure du

---

[1] *Révolutions de France et de Brabant*, t. I, p. 43.
[2] Bibl. de Grenoble, fonds Mounier.
[3] Nougaret, *Règne de Louis XVI*, t. VI, p. 321.
[4] Berriat-Saint-Prix, *Éloge historique de M. Mounier*, p. 60.
[5] Gibbon, *Mémoires*, trad. fr., t. V, p. 410. Il partit le 18 novembre et revint le 28. (*Affiches de Dauphiné.*)
[6] Procès-verbaux, p. 843. (Arch. dép. de l'Isère.)

possible à l'approvisionnement et à la sécurité de la province. Dans deux circonstances même, elle fut amenée, sous l'inspiration de Mounier, à émettre une opinion sur des questions d'ordre plus élevé.

Les fédérations martiales commençaient alors à être en grande vogue. Formées d'abord entre les gardes nationales des localités voisines les unes des autres, puis englobant des régions de plus en plus étendues, leur but apparent était d'unir par des liens de fraternité les diverses milices civiques. En réalité, elles servaient de prétexte à des scènes tumultueuses, et préparaient pour l'avenir une complète subversion de la discipline parmi ces troupes déjà si disposées à s'y soustraire; l'autorité des officiers et des municipalités devait, au jour de l'action, s'effacer devant celle des chefs de la fédération, c'est-à-dire des meneurs jacobins.

En Dauphiné, la première de ces manifestations eut lieu le 29 novembre, dans un village du nom d'Étoile[1]. On organisa bientôt pour le 13 décembre une fédération interprovinciale, qui devait rassembler à Montélimar les gardes nationales des deux rives du Rhône. Au nombre des milices conviées à cette fête, se trouvait celle du Bourg-de-Veynes, localité proche de Gap. Son comité, pris de scrupule sur la régularité de la réunion, eut l'idée de demander conseil à la commission intermédiaire.

Celle-ci adopta, dans sa séance du 11 décembre, les termes d'une réponse aussi habile dans la forme qu'énergique au fond[2]. Il y était établi que, bien loin de promettre aucun heureux résultat, la fédération projetée ne pouvait servir que la cause du désordre et de l'anarchie, en constituant une force armée en dehors de toute autorité légale, et en exposant les fédérés à se trouver placés un jour entre leur devoir et leur serment.

______

[1] Cf. GUSTAVE VALLIER, *Essai sur les fédérations martiales en Dauphiné*.
[2] Procès-verbaux, p. 866-872.

La lettre, répandue dans le royaume, y produisit un grand effet [1]. Chacun devina quel en était l'auteur, et tandis que Louis XVI chargeait le ministre La Tour-du-Pin d'exprimer à la commission une satisfaction trop vaine [2], Camille Desmoulins accablait Mounier de nouvelles invectives [3].

Cependant la division territoriale du royaume était sur le point d'être entièrement remaniée, et, d'après le projet qui a prévalu, on se proposait de morceler le Dauphiné en trois départements. La commission intermédiaire, estimant une telle mesure aussi nuisible aux habitants que contraire à leurs vœux, résolut de faire parvenir ses réclamations à l'Assemblée nationale : elle lui adressa, le 17 décembre, un mémoire où Mounier, sans se restreindre au point de vue purement spécial, avait traité la question sous toutes ses faces [4]. Ces pages sont intéressantes à rapprocher de celles où, une année auparavant, il mettait ses concitoyens en garde contre l'excès du provincialisme.

Il commençait par insister sur l'existence perpétuelle et nécessaire d'intérêts locaux, et sur le danger de contrarier ces intérêts en bouleversant leur centre habituel. Puis il montrait les facilités qu'une trop grande division du territoire risquerait de fournir à l'établissement du despotisme :

« Si des événements imprévus favorisaient le retour de
« l'autorité arbitraire dans les mains du prince, si une
« Assemblée nationale intimidée ou séduite sacrifiait au
« monarque les droits des citoyens, si elle se perpétuait
« dans ses fonctions sans élections nouvelles, ou enfin si,
« confondant tous les pouvoirs, s'emparant de tous les
« genres d'autorité, elle renversait le trône et menaçait à
« son gré la liberté du peuple, quel moyen de salut reste-

---

[1] Les comités de plusieurs villes du Dauphiné protestèrent. (*Affiches de Dauphiné,* 7 et 14 janvier 1790.)

[2] Procès-verbaux. p. 916.

[3] *Révolutions de France et de Brabant,* t. I, p. 260.

[4] Procès-verbaux, p. 884-896.

« rait-il aux Français, qui, séparés par de petites divisions,
« ne pourraient dans aucune partie de l'empire trouver un
« centre de ralliement, un ensemble de forces assez impo-
« santes pour intimider la tyrannie? »

A côté de ces craintes, auxquelles l'histoire a donné
raison, Mounier montrait les garanties que l'organisation
provinciale offrait à la liberté : « Les Dauphinois », ajoutait-
il avec un légitime orgueil, « ont fait l'heureuse expérience
« de ce que peut l'union des habitants d'une province
« contre tous les efforts de l'autorité arbitraire. » Et il
reprenait ainsi l'exposé de ses sombres prévisions :

« Un des plus dangereux effets que pourrait produire
« la faiblesse des départements des provinces, c'est que la
« ville de Paris acquerrait une prépondérance dont rien
« n'arrêterait les progrès..... »

Quand même l'étendue excessive de certaines provinces
aurait nécessité un démembrement, le mémoire déduisait
les raisons qui devaient empêcher cette mesure d'être
appliquée au Dauphiné. Sa population était peu nombreuse;
ses limites étaient tracées par la nature; sa position de
province frontière exigeait une organisation homogène,
pour faciliter la défense. Enfin, toute une région était fort
pauvre, et menaçait, si on l'abandonnait à elle-même, de
ne pouvoir faire face à ses dépenses, notamment à celles
des travaux de viabilité. (La situation financière du département des Hautes-Alpes justifie bien ces appréhensions.)

Après avoir demandé qu'au moins une seule cour supérieure de justice succédât au parlement de Grenoble, Mounier concluait par une explication fort digne sur la conduite
de la commission intermédiaire. Il protestait qu'elle n'aspi-
rait qu'à être déchargée d'un fardeau peu enviable, mais
que jusque-là elle ne négligerait aucune occasion de prendre
en main les intérêts de la province [1].

---

[1] C'est là le dernier acte important mentionné dans les procès-verbaux de la
commission intermédiaire; malheureusement, ces procès-verbaux s'arrêtent au

Le prestige dont l'ancien député jouissait encore auprès de ses compatriotes embarrassait les démagogues, qui résolurent d'y mettre un terme. Des lettres de Paris signalèrent Mounier comme un des plus dangereux agents de la contre-révolution [1]; des émissaires furent envoyés, qui lui imputèrent de sinistres machinations. Une succursale du club des Jacobins, établie à Grenoble, servit à répandre à profusion les calomnies contre lui. On venait crier devant sa porte : « Monsieur *Veto*, à la lanterne [2] ! »

L'hiver se passa de la sorte. Divers incidents, perfidement exploités, entretinrent le trouble dans les esprits. Ce fut d'abord, au mois de janvier, un séjour de Lally-Tollendal, qui eut le désir bien naturel de rendre à son ami la visite reçue à Lausanne [3] : cette démarche était, à elle seule, une preuve suffisante de complot. — Imitant les modérés de la capitale, Mounier et ses coreligionnaires politiques fondèrent un club pour combattre l'influence des Jacobins [4] : ceux-ci, à l'instar aussi de leurs frères parisiens, dénoncèrent la nouvelle société comme un foyer de conspiration. — La fédération martiale qui se célébra à Grenoble le 11 avril [5] eut pour effet d'exalter encore les sentiments du parti patriote. — Enfin, dans les premiers jours de mai, un gentilhomme qui venait de Paris, le chevalier de Bonne, fut arrêté par la garde civique au Pont-de-Beauvoisin, et trouvé porteur d'une lettre à l'adresse de Mounier, en date du 27 avril [6]; bien que le contenu en fût insignifiant, on s'obstina à répéter que ce message transmettait un mot d'ordre.

Grâce au zèle des meneurs et à la crédulité de la foule,

15 mars 1790 ; le troisième registre n'est ni dans les archives du département de l'Isère, ni dans les papiers de Mounier : il se sera sans doute perdu.

[1] FERRIÈRES, *Mémoires*, t. I, p. 357.
[2] *Aux Dauphinois*, p. 7, en note.
[3] *Biographie* Michaud, art. *Mounier*.
[4] *Aux Dauphinois*, p. 8.
[5] GUSTAVE VALLIER, *op. cit.*
[6] *Aux Dauphinois*, p. 14.

la conviction finit par se répandre que Mounier préparait
une réaction sanglante. Des cris menaçants se faisaient
entendre sur son passage. Des malheureux l'abordaient
avec cette question douloureusement absurde : « Pourquoi
« donc voulez-vous nous faire égorger, vous qui étiez autre-
« fois notre défenseur? » — « Quand je sortais », a-t-il
écrit lui-même, « j'étais publiquement suivi; c'était un
« crime que de se montrer avec moi. Partout où j'allais
« avec deux ou trois personnes, on disait qu'il se formait
« une assemblée d'aristocrates [1]. »

Ses amis jugèrent qu'il n'était plus en sûreté à Grenoble,
et le décidèrent à s'installer à la campagne, dans les envi-
rons de la ville. Sur ces entrefaites, arriva la commission
chargée par le Châtelet de Paris de recevoir sa déposition
sur les événements des 5 et 6 octobre. L'agitation aug-
menta : la municipalité, au lieu de la réprimer, prit le parti
de renvoyer les commissaires en alléguant l'impossibilité
de procéder à l'audition du témoin sans provoquer des
troubles [2].

C'était dire clairement qu'en cas d'attentat, Mounier ne
pouvait compter sur aucune protection. La Société des amis
de la Constitution (dénomination officielle du club des Jacobins) multipliait les démonstrations. Le 16 mai, elle entendait un discours fanatique de Réal, futur député de l'Isère
à la Convention [3]. Le 19, à l'occasion des prochaines élections départementales, elle publiait une adresse « à ses con-
« citoyens » pour leur recommander l'exclusion de tous les
nobles et les mettre en défiance contre les partisans de l'ancien régime [4] : l'auteur en était Dumolard, le même qui
remplit la Chambre de 1814 de son intarissable faconde.
Ces excitations ne demeuraient pas sans résultat, et l'on
parlait déjà d'une expédition au lieu de résidence du con-

[1] *Aux Dauphinois,* p. 16.
[2] *Ibid.,* p. 17-18.
[3] Bibl. nat., L b⁴⁰, 2710.
[4] Bibl. nat., L b⁴⁰, 2711.

spirateur. Mounier n'avait plus de temps à perdre : le
20 mai 1790[1], accompagné de quelques amis, il sortit
comme pour une promenade, franchit à pied les montagnes
et gagna Chambéry, où sa femme et ses enfants l'attendaient.

Il voulut immédiatement faire connaître les circonstances
dans lesquelles il avait dû émigrer. Il composa à cette intention un écrit de quelques pages, dédié à ses compatriotes
du Dauphiné[2]. Il y annonçait son projet de rechercher,
dans un ouvrage plus étendu, les causes qui avaient amené
l'échec des espérances libérales, et les moyens qui restaient
à la France de recouvrer son indépendance. Il terminait par
une apostrophe où l'emphase de la forme laissait percer
une émotion sincère : « O mes concitoyens, je n'ai donc pu
« espérer ni sûreté ni liberté, dans la province même où
« j'ai vu tant de fois couronner mes travaux pour votre
« sûreté et votre liberté[3] ! »

C'est à Genève que Mounier se fixa avec sa famille. Il y
retrouva un certain nombre d'amis, forcés comme lui de
fuir la tourmente : entre autres, la comtesse de Tessé, qui
lui donna l'hospitalité. Le bruit se répandit alors à Paris
qu'il ouvrait un cours de droit public : cette fausse nouvelle inspira à Mallet du Pan les réflexions suivantes :

« Quelques folliculaires de la capitale ont imprimé sur
« M. Mounier qu'il donnait un cours de droit public à
« Genève. Il en donne un, en effet, et bien mémorable, à
« tous les hommes publics, en leur montrant, par sa pré-
« sence dans l'étranger, un exemple insigne de l'ingratitude
« populaire, et du sort réservé à tout citoyen qui voudra
« servir le peuple sans partager ses excès, sans l'égarer

---

[1] Cette date est indiquée dans une pétition de M. Mounier père, du 19 ventôse
an VIII. (Arch. nat., F⁷, 5398.)

[2] *Aux Dauphinois,* par M. MOUNIER, s. d., 31 pages in-12. (Bibl. nat.,
L b³⁹, 8616.)

[3] *Aux Dauphinois,* p. 30.

« par de lâches complaisances, et sans se laisser gouverner
« par son aveuglement. Lorsque M. Mounier, secondé du
« vœu et des efforts de plusieurs de ses compatriotes, au-
« jourd'hui aussi persécutés, aussi calomniés que lui, pro-
« cura des états au Dauphiné, en réunit les trois ordres,
« traça la marche à tout le royaume, et posa les bases
« nécessaires de la liberté, il ne devait guère s'attendre
« qu'un an après, pour n'avoir pas voulu violer les prin-
« cipes qu'avait adoptés sa province, il serait forcé d'en
« sortir, afin de lui épargner un nouveau crime [1]. »

Mounier était depuis deux mois à Genève, quand il fut
mis au courant d'une étrange négociation qui venait de
s'engager à son sujet. Virieu connaissait la modeste situation de fortune de son ami, et déplorait de voir la France
privée d'un tel serviteur. L'idée lui vint que Mounier,
obligé de rester momentanément hors du royaume, pourrait être revêtu d'une charge diplomatique. Avec sa nature
aussi généreuse qu'irréfléchie, il ne songea pas à tout ce
que le projet avait d'inacceptable. Bien plus, pour en assurer la réussite, il ne trouva rien de mieux que de solliciter
l'appui de La Fayette, avant de s'être ouvert au principal
intéressé. Le général montra sa courtoisie ordinaire, et en
exprimant le regret que les circonstances ne permissent pas
de placer Mounier à la tête d'une mission, offrit de le faire
nommer secrétaire d'ambassade aux États-Unis [2]. La dis-
proportion était choquante entre la modestie de ce poste
et la condition politique de l'ancien président de l'Assemblée : point n'était besoin d'une grande perspicacité pour
discerner un refus poli dans la réponse de La Fayette. Mais
quand certains esprits ont commencé à suivre une idée,
rien ne saurait les en détourner. Virieu transmit la proposition à Mounier. Si habitué que fût celui-ci aux incartades

---

[1] MALLET DU PAN. *Mémoires et correspondance*, t. I, p. 183.

[2] Il n'y eut d'ailleurs aucune démarche officielle au ministère, ainsi que le constate une note adressée en 1838 par le directeur des Archives au baron Mounier.
(Bibl. de Grenoble, fonds Mounier.)

de son ami, il ne put réprimer un premier mouvement de
vivacité, qui se traduisit dans une lettre du 25 juillet 1790 [1] :

« Je vous suis infiniment obligé, mon très-cher ami, de
« l'intérêt que vous prenez à ma situation. Quand elle
« deviendrait cent fois plus dure qu'elle ne l'est aujour-
« d'hui, j'espère qu'elle ne me forcera jamais à rien accep-
« ter qui puisse me faire rougir.....

« Voici ma réponse :

« 1° J'ignore si, dans un autre temps, un secrétariat
« d'ambassade m'aurait paru assez favorable à mon indé-
« pendance pour que j'eusse pu prendre cet emploi; mais
« ce que je sais très-bien, c'est que, dans les circonstances
« actuelles, je ne connais aucun genre d'emploi, ou supé-
« rieur ou subalterne, ou en Amérique ou en Europe, que
« je voulusse accepter, quand même il me serait offert direc-
« tement par le Roi, sans l'intermédiaire de personne. J'ai
« défendu l'autorité royale; peut-être trouverai-je l'occa-
« sion de la défendre encore dans l'intérêt de la liberté :
« or je ne veux pas qu'on puisse me soupçonner de n'avoir
« eu d'autre but que la faveur du prince.

« 2° Je ne veux tenir en rien au nouvel ordre de choses;
« il est fondé sur des bases qui me paraissent vicieuses ou
« criminelles. Je ne veux pas être l'agent d'un roi prison-
« nier ou celui d'une assemblée tyrannique qui a violé
« tous les principes de la justice et de la liberté.

« Je ne suis pas assez content de M. de La Fayette pour
« consentir à être son protégé et à lui devoir de la recon-
« naissance. N'allez pas croire, cependant, que ma préoc-
« cupation contre lui puisse aller jusqu'à l'injustice. Je le
« défends quand on lui reproche des torts qu'il n'a pas;
« mais je lui en connais un très-grand, et vous le lui con-
« naissez tout comme moi.

----

[1] Cette lettre et celle qui suit ont été publiées par M. Albert du Boys dans la
Revue des questions historiques du 1er janvier 1867 : les originaux sont aux
archives du château de Vieu-Papetières.

« Je vous prie de présenter mes respectueux hommages
« à madame la comtesse de Virieu; je vous jure, mon cher
« comte, que je n'ai jamais eu plus de plaisir à donner des
« titres que depuis le jour où les sentiments les plus bas,
« les plus méprisables en ont fait prononcer la suppression.
« Je ne les retranche que sur les adresses, afin que mes
« lettres ne soient pas décachetées. Vous n'imaginez pas,
« sans doute, que les actes de l'Assemblée constituante
« puissent me paraître légaux depuis que la violence et la
« terreur dictent tous ses décrets, et ôtent au Roi lui-même
« la liberté de son *veto!* »

Virieu, déconcerté de cette réponse, s'aperçut un peu
tard qu'il avait fait fausse route, et adressa à Mounier des
sortes d'excuses. Ce dernier lui écrivit une seconde lettre
le 18 août; elle fait assez d'honneur à son auteur pour que
je croie devoir la reproduire textuellement :

« Il est vrai, mon cher comte, que je n'ai pu résister à
« un premier moment de surprise quand j'ai vu le conseil
« que vous me donniez au sujet des propositions de La
« Fayette; mais, longtemps avant d'avoir reçu votre lettre,
« je connaissais les motifs qui vous avaient déterminé. J'ai
« bien vu que vous aviez été entraîné par votre amitié pour
« moi, et vous n'êtes pas le seul qui, dans cette circon-
« stance, ait été séduit par le désir de me procurer une
« position plus heureuse. Votre lettre m'a fait le plus grand
« plaisir : je vous ai retrouvé, mon cher comte; soyez bien
« convaincu que je sais vous apprécier, que je vous suis
« tendrement attaché, et que je m'honore infiniment de
« votre amitié. Je vous recommande seulement, lorsque
« vous aurez à délibérer sur mon sujet, de ne pas vous arrê-
« ter aux avantages que pourrait vous présenter mon intérêt
« personnel, et d'examiner ce que vous feriez vous-même
« si vous étiez à ma place. Je suis assuré que vous n'aurez
« rien à me dire que je ne puisse suivre aveuglément. Si les
« désordres se prolongent au delà du temps où le mauvais

« état de ma fortune me permettra de rester oisif chez
« l'étranger, je tâcherai de me placer hors de France, sans
« l'intervention d'aucun de ceux que je n'estime pas. Car le
« plus grand malheur qui puisse arriver à un honnête
« homme, c'est de se sentir lié par la reconnaissance envers
« des gens qu'on est forcé de mépriser. Je crois que je par-
« viendrai difficilement à être accueilli par un gouverne-
« ment étranger : on a tant de raisons pour redouter les
« individus de notre nation; on a tant de prétextes dans
« les différents partis pour me calomnier. Mais enfin, si je
« ne réussis pas, quelque soit le sort qui m'est destiné, je
« le supporterai avec courage.

« Combien je désirerais, mon cher comte, que vous accom-
« plissiez le projet dont vous me parlez! Je ne pense pas
« que vos ennemis puissent trouver dans ce voyage un
« moyen de vous nuire. Il serait très-simple que vous fissiez
« une visite à vos parents. Vous savez si j'aurais du plaisir
« à vous voir. Vous me donneriez, de plus, des détails et
« des conseils qui pourraient rendre intéressant l'ouvrage
« que je prépare. J'en conçois très-peu d'espérance; mais
« j'en dois la publication au petit nombre des honnêtes
« gens, et surtout je me la dois à moi-même.

« Vous devez être bien las, mon très-cher ami, des hor-
« reurs dont vous êtes environné; que de tourments elles
« doivent vous causer! Il est vrai que vous acquérez tant
« de droits chaque jour à l'estime des gens de bien, et que
« vous avez trois grandes consolations : votre vertu, votre
« piété et votre digne compagne. Je suis bien dégoûté de
« ce qu'on nomme dans le monde les opinions philosophi-
« ques : c'est la témérité de nos beaux esprits, c'est l'au-
« dace avec laquelle ils ont livré au ridicule tout ce que le
« peuple regardait comme sacré qui est la cause de nos
« malheurs. Quel cruel apprentissage nous avons fait sur
« le cœur humain! il serait désespérant pour moi s'il ne
« m'avait pas appris à connaître quelques personnes dignes

« d'être aimées et respectées. Que de titres vous avez pour
« être placé dans ce nombre! Adieu, mon très-cher comte,
« ne doutez point de mon inviolable attachement. Faites
« agréer mes hommages à madame de Virieu. »

Un soin plus pressant vint bientôt distraire Mounier du
grand travail qui l'occupait. Le Châtelet de Paris avait
achevé son instruction sur les journées d'octobre[1], et
conclu à la mise en accusation du duc d'Orléans et de
Mirabeau. Le comité de l'Assemblée, saisi de la demande
de poursuites, proposa, par l'organe de Chabroud, député
du Dauphiné, le refus d'autorisation. Après une violente discussion, ce refus fut voté dans la séance du 2 octobre 1790.

Mounier fut indigné. A ses yeux, la culpabilité du premier prince du sang et du député d'Aix n'était pas douteuse. Ce Chabroud, qui, dans son rapport, excusait les attentats d'octobre, avait été jadis à Grenoble l'agent stipendié
de Brienne, et s'était efforcé de faire avorter la résistance
du Parlement au projet de cour plénière. D'un autre côté,
Mirabeau, blessé par certains passages du dernier livre de
Mounier, et surtout par sa déposition devant les commissaires enquêteurs, s'était, à la tribune, exprimé avec mépris
sur son compte, et lui avait donné la qualification de
« pauvre fugitif ».

Mounier résolut de venger, avec son honneur, ce qu'il
considérait comme la vérité. Il réunit des documents à la
hâte, et composa en quelques semaines une brochure assez
volumineuse, qui parut sous ce titre : *Appel au tribunal de
l'opinion publique du rapport de M. Chabroud et du décret
rendu par l'Assemblée nationale le 2 octobre 1790, Examen
du Mémoire du duc d'Orléans et du plaidoyer du comte de
Mirabeau, et nouveaux éclaircissements sur les crimes du 5 et
du 6 octobre 1789* [2]. Trois éditions furent successivement
publiées.

---

[1] Une nouvelle commission était venue entendre Mounier à Genève.
[2] Genève, 1790, 352 pages in-12.

Ce pamphlet contient des détails intéressants. On y trouve aussi, comme dans tous les ouvrages du même auteur, des réflexions fines et des mouvements éloquents; il faut signaler, à ce dernier point de vue, une apostrophe à Mirabeau, où l'épithète de « pauvre fugitif » est relevée avec vigueur, et où Mounier proteste qu'il n'échangerait pas sa condition contre celle de son adversaire [1]. Néanmoins, ses deux principales qualités lui font ici défaut : je veux dire la modération de la forme et la justesse des idées. Aussi m'abstiendrai-je d'analyser plus longuement un réquisitoire dont les conclusions ont été généralement rejetées.

Que le duc d'Orléans ait souvent bercé son imagination d'ambitieuses chimères; que le stathoudérat, la régence, la royauté même lui soient apparus dans de coupables visions; qu'il se soit ménagé des intelligences parmi les plus audacieux conspirateurs et les plus atroces scélérats, il est difficile de le contester. Mais il est pour le moins aussi malaisé d'établir que ces velléités aient pris une forme précise; que cette âme essentiellement vouée à l'indécision ait jamais conçu un projet bien déterminé; qu'en particulier le duc d'Orléans ait préparé l'attentat d'octobre. Il a pu, soit par lâcheté ou par haine, en contempler l'accomplissement d'un œil satisfait, en cajoler bassement les auteurs : ce ne sont là ni les éléments constitutifs, ni même les preuves suffisantes d'une complicité.

J'en dirai autant de Mirabeau. Selon l'observation d'un historien, « lorsque Mounier prit la plume avec courage « pour dénoncer les attentats d'octobre, il était poursuivi « par le spectacle des horreurs qui venaient de se passer « sous ses yeux; il n'avait eu ni le temps ni la liberté « d'esprit nécessaires pour distinguer les apparences de la « réalité, et je m'étonne point que Mirabeau lui soit apparu « comme un être épouvantable [2] ». Son erreur fut d'attri-

<hr>

[1] *Appel au tribunal de l'opinion publique*, p. 303.
[2] Droz, *Histoire de Louis XVI*, t. III, p. 25.

buer à un dessein arrêté de renverser la monarchie ce qui
n'était dû qu'à la jalousie, à la rancune, à la soif de la
popularité : toutes passions répréhensibles sans nul doute,
mais dont la réunion ne fait pas nécessairement un conspirateur. Le plus éclairé des contemporains, le plus prévenu
en faveur de Mounier, Mallet du Pan, reconnaissait, dix
ans plus tard, que Mirabeau avait été étranger à la marche
des Parisiens sur Versailles et aux crimes qui suivirent[1].
Le prince d'Arenberg (comte de La Marck), pour qui le
député d'Aix n'avait guère de secret, fait une déclaration
analogue, et la même conclusion se dégage de leur correspondance intime[2].

Cette fois encore, l'écrit de Mounier excita de vives protestations. La plus considérable fut insérée par Boissy
d'Anglas à la fin d'une réponse au récent pamphlet de
Calonne[3]. On y remarque cette maxime, où le futur membre
de la Convention, sénateur de l'Empire et pair de la Restauration, dévoile la flexibilité de ses principes : « M. Mou-
« nier ne sentit pas que changer avec les circonstances, ce
« n'est pas réellement changer. » Il est triste de penser que
toute une génération se guida sur cet aphorisme. Notons
aussi la coïncidence bizarre qui faisait critiquer le président du 5 octobre par l'homme destiné à devenir le président du 1ᵉʳ prairial.

Mounier se remit à son livre : ce travail, lentement poursuivi, l'occupa pendant toute l'année 1791. Il observait en
même temps la marche des événements en France, et dres-
sait au jour le jour un résumé des séances de la Constituante[4].
Peut-être songea-t-il, au milieu de l'été, à faire un voyage ;

[1] *Mercure britannique*, t. V, p. 14.
[2] *Correspondance entre le comte de Mirabeau et le comte de La Marck*,
t. I, *passim*.
[3] *Observations sur l'ouvrage de M. de Calonne, avec un postscrit sur les
derniers écrits de MM. Mounier et Lally.* (Bibl., nat., L b³⁹; 4492.)
[4] Un cahier écrit de sa main, et contenant le compte rendu des séances depuis
le 12 mai jusqu'au 24 septembre 1791, est conservé aux archives de la Société
éduenne : les appréciations y sont rares et toujours fort courtes.

mais ce projet ne fut certainement pas mis à exécution, et nous n'en trouvons la trace que dans un document assez suspect.

Le comte d'Antraigues, après avoir défendu à l'Assemblée les théories de la gauche la plus extrême, s'était d'un bond jeté vers les idées diamétralement opposées, et avait pris la route de Coblentz. On l'avait accueilli dans l'entourage des princes avec le même empressement qu'on mettait à repousser les monarchiens. Une correspondance familière ne tarda pas à s'établir entre lui et Vaudreuil, qui, constamment uni à la destinée des Polignac, n'avait jamais varié dans sa haine contre tout ce qui touchait à la Révolution. Le 22 août 1791, le bouillant marquis écrivait à son nouvel ami :

« Mounier aura à traverser bien des villes remplies par « des Français auxquels le *pair* Mounier pourrait avoir « affaire. Les chemins sont peu sûrs pour les pairs futurs. « On ne retient pas aisément la rage des Français victimes « d'une révolution dont le vertueux Mounier et compagnie « ont été les premiers auteurs [1]. »

Ces lignes sont tristement instructives. Vaudreuil ne pardonne pas aux modérés d'avoir voulu réformer l'ancien état de choses ; il dénonce avec indignation « Mounier « et compagnie » comme les premiers auteurs de la Révolution, sans se demander si « Vaudreuil et compagnie » n'ont pas une part de responsabilité bien plus lourde. Mais ce grief ne vient qu'en seconde ligne : le plus important, celui qui rend Mounier digne de tous les anathèmes et même de toutes violences, c'est son projet de chambre haute. Le mot de *pair* revient sous la plume de Vaudreuil avec une insistance pleine de rancune : on sent chez lui la fureur qui, à Versailles, transportait les députés de la noblesse et leur faisait préférer le nivellement absolu à la

---

[1] Cité par M. Forneron, *Histoire générale des émigrés*, t. I, p. 263.

fondation d'une aristocratie politique. L'émigration se montre là par son côté le plus égoïste et le plus étroit.

Bientôt après, Mounier accomplissait une démarche fort délicate. A Pilnitz, les souverains d'Autriche et de Prusse avaient hautement manifesté leur intention de restaurer par les armes le pouvoir de Louis XVI. Eux et leurs ministres étaient assiégés des sollicitations des émigrés, qui prêchaient le rétablissement complet de l'ancien régime par une sorte de *restitutio in integrum,* et soutenaient qu'il n'y avait pas d'autre moyen d'extirper la gangrène révolutionnaire. Ces conseillers flattaient les préjugés en vigueur dans les cours de l'Allemagne ; ils avaient d'autant plus de chance d'être écoutés qu'ils ne se heurtaient à aucune contradiction apparente, et pouvaient passer pour les interprètes de toute la partie de la nation demeurée fidèle. Mounier se résolut à combattre, dans la mesure de ses forces, une influence qu'il considérait comme funeste. Les alliés (l'événement ne l'a que trop prouvé) risquaient, en se présentant comme les vengeurs du parti aristocratique, de compromettre la cause de la royauté et la sécurité des augustes captifs. Mounier se trouvait dans une situation analogue à celle de M. Guizot et de ses amis en 1815 : il n'alla pas à Gand, mais il écrivit à Vienne. Le 13 octobre 1791, il adressait à l'empereur Léopold un *Mémoire sur les moyens de rétablir l'ordre en France* [1].

La tâche était singulièrement épineuse : il fallait tout à la fois rester patriote en acceptant l'intervention d'une armée étrangère, se montrer royaliste en critiquant les idées qui avaient cours auprès des princes émigrés, défendre les principes constitutionnels devant un monarque absolu. A force de dignité et de franchise, Mounier triompha de toutes ces difficultés.

---

[1] Ce mémoire et la lettre d'envoi, dont les originaux sont aux Archives impériales d'Autriche, ont été publiés par M. FEUILLET DE CONCHES, *Louis XVI, Marie-Antoinette et Madame Elisabeth*, t. IV, p. 156-198.

La lettre d'envoi exposait dans les termes les plus précis
le but de l'ancien constituant ; on y lisait cette phrase :

« De bons citoyens, quoique profondément indignés
« contre les factieux qui ont accablé d'outrages le monar-
« que et son auguste épouse, quoique désirant avec ardeur
« la punition du crime et le rétablissement du trône, crai-
« gnent que les moyens qu'on prépare pour mettre un
« terme à nos malheurs ne hâtent l'instant de notre perte. »

Le mémoire traitait successivement des causes de la
Révolution, de l'état actuel de la France et des moyens de
faire cesser l'anarchie. La première partie offrait un sommaire de l'ouvrage auquel Mounier travaillait alors. Il montrait l'origine du mouvement dans les désordres financiers
de l'ancien régime et dans la lutte entre les parlements et
la royauté. Un récit succinct des événements ne ménageait
les critiques ni à la déclaration royale du 23 juin, « que
« beaucoup de gens », ajoutait Mounier, « invoquent
« encore aujourd'hui comme l'unique moyen de salut »,
ni au renvoi de Necker. Il signalait aussi l'influence considérable exercée par les créanciers de l'État.

Dans son examen de la situation, il commençait par
poser en principe l'impossibilité radicale d'arriver à une
heureuse issue en appliquant la Constitution de 1791. Ses
prévisions sur ce point étaient d'une grande sûreté : « Si la
« Constitution présente est maintenue quelques années, il
« faut s'attendre à voir dévorer rapidement le reste du prix
« des biens du clergé, sans aucun avantage pour ceux à
« qui l'on a promis ses dépouilles. Il faut s'attendre à voir
« multiplier les assignats, tellement accroître les dépenses
« et diminuer les ressources, que la banqueroute la plus
« affreuse devient inévitable. »

Il analysait ensuite la composition des partis à la Législative, où, en face d'une majorité républicaine ardente et
nombreuse, il n'y avait qu'une minorité irrésolue et dépourvue d'hommes vraiment éminents. S'attaquant aux

illusions de ceux qui croyaient pouvoir compter sur La
Fayette, il s'exprimait avec quelque injustice sur le compte
du général :

« Quant à l'ancien commandant de la milice parisienne,
« sans travailler efficacement pour hâter la République, il
« saura, comme à l'ordinaire, profiter des événements. Il
« ne verrait pas avec déplaisir un état de choses qui lui
« permettrait de se rapprocher davantage de l'homme qu'il
« a pris pour modèle, Georges Washington. »

La troisième partie est celle qui présente le plus d'intérêt.
Mounier écarte absolument la restauration du vieil état de
choses : « Toute entreprise pour rétablir l'ancien régime ne
« ferait qu'ajouter à nos malheurs..... Après de grandes
« promesses et la réforme de quelques abus de détail,
« l'ancien régime deviendrait bientôt plus accablant. » Il
ose signaler formellement à l'Empereur, parmi tant de
maux, les « avantages » de la Révolution. Il établit la nécessité d'États Généraux périodiques, s'oppose à une représentation distincte de la noblesse, demande une organisation constitutionnelle imitée de l'Angleterre. Il comprend
déjà l'impossibilité de revenir sur la vente du domaine
ecclésiastique : « L'usurpation des biens du clergé, telle
« qu'elle a été ordonnée, est très-immorale. Mais l'état de
« la France ne permet pas cette immense restitution. »

Il ne dissimule pas que l'intervention des troupes étrangères est, à ses yeux, un pis aller, et esquisse ainsi son plan
préféré :

« Si les Français rassemblés auprès des frères du Roi
« jugeaient bien leur position ; s'ils se formaient en corps
« de royalistes et non en corps de noblesse ; s'ils profes-
« saient hautement des principes modérés propres à rallier
« tous les honnêtes citoyens ; si les princes invitaient tous
« les partisans de l'autorité royale à se réunir sous leurs
« étendards et leur offraient les secours nécessaires, ils
« auraient bientôt une armée assez considérable pour

« se dispenser de recourir à des forces étrangères. »

Mounier connaît trop bien les dispositions de la petite cour de Coblentz pour en attendre tant de sagesse. Il se résigne donc à une intervention, mais combat le projet en vertu duquel les souverains alliés imposeraient un gouvernement à la France. Un régime fondé dans de telles conditions serait fatalement impopulaire, et, d'ailleurs, l'Empereur et le roi de Prusse ne pourraient contribuer à l'établissement d'une constitution libre sans discréditer dans leurs États l'autorité absolue. Pour porter remède à cette difficulté, Mounier conseille une simple médiation armée, ayant pour but d'exiger la mise en liberté de Louis XVI. Celui-ci s'entourerait de ses sujets fidèles et concerterait avec eux un système de gouvernement.

Ces avis ne furent pas suivis : on préféra l'attitude brutale et menaçante qui se traduisit par le manifeste de Brunswick, servit de prétexte aux massacres de septembre et aboutit à l'échec de Valmy. Le mémoire de Mounier mérite néanmoins d'être mentionné, ne fût-ce que comme une nouvelle preuve de sa clairvoyance et de son constant dévouement à la politique modérée.

CHAPITRE XII

Du jour où Mounier avait abdiqué, avec son siége à l'Assemblée, toute participation à la politique active, il avait résolu de faire encore une fois œuvre de publiciste. Il ne s'agissait plus de donner son témoignage sur les faits ou son opinion sur quelque question actuellement pendante. Son dessein était plus vaste et plus complexe : il voulait porter une appréciation d'ensemble sur les événements auxquels il avait été mêlé, étudier la situation sociale de la France avant la Révolution, les motifs qui avaient fait avorter le mouvement libéral et les restes d'espérance dont pouvaient encore se flatter ses compatriotes. — Dégagé des pressantes nécessités qui, dans d'autres occasions, l'avaient contraint à précipiter la rédaction de ses brochures, il donna plus d'étendue à l'exposé de ses idées, plus de relief à leur expression; en un mot, il fit un livre, et un livre digne en tous points de survivre aux circonstances du moment pour s'imposer à l'attention de la postérité.

L'ouvrage terminé, il le garda quelque temps manuscrit, craignant d'aviver par cette publication les querelles entre royalistes et de s'attirer de nouveaux reproches. Il céda enfin au besoin de s'expliquer et d'opposer ce qu'il croyait la vérité aux idées fausses ou dangereuses qui se propageaient de tous côtés. Il fit paraître à Genève, au mois de juillet 1792[1],

---

[1] La date de l'année est seule indiquée; mais il résulte clairement de plusieurs passages du texte que la publication eut lieu entre les deux attentats du 20 juin et du 10 août.

les *Recherches sur les causes qui ont empêché les Français de devenir libres et sur les moyens qui leur restent pour acquérir la liberté* [1].

Dans un *Avertissement* de quelques lignes, il désavouait les écrits récemment répandus sous son nom, et protestait n'avoir rien imprimé depuis son *Appel*. Il paraît que des folliculaires aussi modestes que peu scrupuleux avaient attribué à Mounier leurs élucubrations personnelles, dans l'espoir que ce pavillon respecté vaudrait à leur marchandise la faveur du public. Une de ces brochures apocryphes est intitulée : *Lettre de M. Mounier, député aux États Généraux de 1790, aux Français* [2]. Elle contient un programme fort obscur de réforme financière, reposant sur la suppression des douanes intérieures et leur remplacement par une patente graduée. La supercherie saute aux yeux dès les premières pages : jamais Mounier ne s'est livré à une étude détaillée de ces matières ; jamais, surtout, son style n'a été aussi terne et incorrect. — Une autre brochure porte, avec le nom de Mounier, le titre de *Réflexions politiques sur les circonstances présentes* [3]. C'est une critique de l'abolition de la noblesse et de la confiscation des biens du clergé. L'imposture est ici moins apparente ; on ne tarde pas, néanmoins, à reconnaître que la manière n'est pas celle de Mounier ; en avançant dans la lecture, on rencontre l'apologie de principes contre lesquels il n'a cessé de protester, comme la distinction des ordres [4].

Avant de montrer les efforts infructueux du peuple français pour acquérir la liberté, il importe de résoudre cette question primordiale : En quoi consiste la liberté ? C'est

[1] 2 vol. in-12 de x-304 et 295 pages.
[2] Bibl. nat., L b³⁹, 4315.
[3] Bibl. nat., L b³⁹, 5309.
[4] M. Félix du Bois (*Éloge de Mounier*, p 40) croit cet ouvrage authentique ; il en est de même de M. Rochas (*Biographie du Dauphiné*, art. *J. J. Mounier*), qui attribue aussi à Mounier la *Lettre aux Français*.

'objet d'un premier chapitre, où Mounier bat en brèche les
aphorismes de l'école démagogique. La liberté politique tire
pour lui toute sa valeur des garanties qu'elle assure à la
liberté civile. « Si les vices de l'administration, » dit-il,
« détruisent la liberté personnelle, ou que la faiblesse du
« gouvernement ne permette pas de la protéger, la liberté
« politique n'est plus qu'une chimère, puisqu'elle ne peut
« exister que pour assurer la jouissance des droits civils.
« Alors, ce qu'on appelle liberté politique n'est autre chose
« que le choc de diverses factions qui, bien loin d'être
« utiles aux citoyens, cherchent à s'enlever mutuellement
« les avantages de la tyrannie [1]. »

L'omnipotence de la multitude, qu'on prend trop souvent
pour le dernier mot de la liberté, n'est donc qu'une forme
du despotisme, plus pesante et plus intolérable que les
autres. Cette idée, déjà indiquée dans les *Considérations,*
est reprise ici avec de nouveaux développements :

« Combien d'hommes, aujourd'hui, regardent la liberté
« comme plus parfaite, en proportion de ce que le peuple
« obtient une plus grande autorité ! Ils ignorent donc que
« toute souveraineté illimitée et indivisible est un véritable
« despotisme; que la multitude est le plus capricieux, le
« plus cruel de tous les despotes; qu'en supposant même
« que les actes du gouvernement fussent toujours le résul-
« tat des vœux de la majorité des citoyens, tous ceux qui
« ne pourraient être admis au droit de suffrage, tous ceux
« qui se trouveraient dans la minorité seraient exposés au
« joug le plus accablant; que chaque individu peut à son
« tour être dans la minorité, et, conséquemment, que dans
« un État où toute la puissance souveraine, sans restric-
« tion, appartiendrait au peuple, on ne verrait ni liberté
« politique ni liberté personnelle [2]. »

Mounier examine si la liberté existait en France avant

[1] *Recherches,* t I, p 6.
[2] *Ibid.,* t. I, p. 8.

1789. Sa discussion à ce sujet mériterait d'être proposée en
modèle aux publicistes modernes, non-seulement pour la
justesse et l'ampleur des réflexions, mais aussi pour la modération du ton. Tandis que nous avons peine à parler de
l'ancien régime avec un autre accent que celui de la diatribe ou du dithyrambe, ce contemporain critique avec une
gravité dépourvue d'aigreur l'ordre de choses dont il a été
le témoin et, dans une certaine mesure, la victime. Il rappelle les abus sans nombre auxquels donnait lieu la situation mal définie des parlements, et retrace brièvement leur
querelle avec la royauté, si funeste à la bonne gestion des
intérêts publics [1]. Quant aux ministres, on ne peut nier que
leur rôle et leur influence sous le règne de Louis XV ne
soient exactement résumés dans ces lignes :

« Les ministres du Roi, choisis ordinairement par l'in-
« trigue, uniquement occupés du soin de se conserver en
« place, peu zélés pour la puissance du trône, quand elle
« ne devait pas servir leur ambition, sacrifièrent toujours
« l'avenir pour quelques difficultés présentes. Au lieu de
« consolider l'autorité royale par l'affection des sujets, ils
« la faisaient plus souvent intervenir comme ennemie que
« comme protectrice : pourvu que l'armée et d'énormes
« impôts fussent à leur disposition, tout le reste leur était
« indifférent [2]. »

Il entrait bien parfois dans le conseil royal des hommes
dont les efforts tendaient à améliorer le sort du peuple.
Mais la coalition des priviléges ne tardait pas à se dresser
contre eux, et l'issue de cette lutte inégale n'était jamais
douteuse :

« Au moindre signal d'attaque contre les principaux
« abus, des réclamations si nombreuses se faisaient en-
« tendre, on trouvait tant d'obstacles dans cette foule pro-
« digieuse de priviléges de lieux ou de personnes, qu'il

____

[1] *Recherches*, t. I, p. 12-18.
[2] *Ibid.*, t. I, p. 18.

« fallait que la couronne abandonnât l'entreprise, et que le
« ministère tombât dans une disgrâce éclatante [1]. »

Mais ce pouvoir arbitraire, dira-t-on, l'élite au moins de
la société s'y résignait fort paisiblement : les témoignages
personnels abondent sur cette période de notre histoire, et
bien peu nous dépeignent la situation sous des couleurs
aussi noires; c'est l'esprit de parti qui assombrit les choses
à distance. Il semble que Mounier ait prévu l'objection :

« Tout bien considéré, cet état de choses était fort sup-
« portable pour ceux que leurs richesses ou leurs emplois,
« quelle que fût leur naissance, rapprochaient des déposi-
« taires de l'autorité, ou mettaient en position d'en obtenir
« des égards; mais ceux qui subsistaient de leur travail,
« qui n'avaient ni crédit ni protecteurs, étaient si dédai-
« gnés, si fréquemment opprimés [2] ! »

Et aux dénégations intéressées, il oppose cette conclusion :

« Il est possible à ceux qui, uniquement occupés du soin
« de trouver chaque jour de nouveaux plaisirs, détour-
« naient leurs regards de tout ce qui pouvait attrister leurs
« pensées, il leur est possible de nier l'existence des abus
« que je viens de décrire; mais ceux qui ont rempli des
« fonctions publiques, et qui voudront être de bonne foi,
« reconnaîtront que je suis loin de les avoir exagérés; qu'il
« en était encore de très-oppressifs, dont je n'ai point
« parlé [3]. »

Mounier résume enfin les inconvénients de l'ancien régime, et les causes qui facilitaient un bouleversement, dans
deux pages dont la concise exactitude n'a peut-être pas été
surpassée. Citons au moins ce fragment :

« Des observations que je viens de présenter, il résulte
« évidemment qu'en France, avant la Révolution, rien n'était

[1] *Recherches*, t. I, p. 19.
[2] *Ibid.*, t. I, p. 20.
[3] *Ibid*, t. I, p. 23.

« réglé d'une manière précise, ni les droits de la couronne,
« ni ceux du peuple, ni ceux des tribunaux ; que l'aristo-
« cratie avait trop d'influence dans le gouvernement ; que
« la liberté personnelle était fréquemment exposée aux
« atteintes de diverses autorités arbitraires ; que la liberté
« politique était presque nulle ; que la puissance légitime
« du Roi, celle qui était nécessaire au bonheur public, n'é-
« tait pas assez solidement établie ; que les remontrances des
« parlements, quelle que pût être leur utilité, étant pleines
« de maximes dangereuses, et souvent écrites sur le ton de
« la menace, accoutumaient par degrés les sujets à perdre
« tout respect pour le trône, qu'ils voyaient sans cesse
« accuser d'être l'auteur de leurs maux, et qu'ils ne voyaient
« jamais obtenir un triomphe durable.

« Si l'on considère encore que, depuis plus d'un demi-
« siècle, l'attention publique s'était tournée vers l'adminis-
« tration ; que les abus, quoique n'étant pas plus multipliés
« que dans quelques États de l'Europe, étaient plus vive-
« ment sentis qu'ils ne l'étaient ailleurs, parce qu'ils étaient
« chaque jour dénoncés dans une foule d'écrits ; que le
« peuple désirait un adoucissement à ses maux ; que des
« peintures exagérées les lui rendaient insupportables ; que
« des idées de liberté, répandues au milieu de ce mécon-
« tentement général, avaient fait les progrès les plus rapides ;
« qu'elles avaient reçu une nouvelle force par la communi-
« cation avec les insurgents d'Amérique ; on jugera que
« tout se préparait pour de grands changements, et que
« des symptômes avant-coureurs annonçaient une révo-
« lution prochaine[1]. »

On a reconnu les idées qui ont inspiré à Tocqueville
quelques-uns de ses plus beaux chapitres. De là, Mounier
entre dans l'examen des difficultés financières, cause déter-
minante de la Révolution : le laisser aller de Calonne, la

[1] *Recherches*, t. I, p. 25.

témérité de Brienne sont appréciés par lui dans leurs conséquences.

Mais quand les événements n'auraient pas rendu inévitable une complète modification au vieil ordre social, le vœu unanime du pays se manifestait énergiquement dans ce sens. C'est ce qu'on nie trop volontiers aujourd'hui, ce qu'on commençait déjà à nier en 1792 :

« Rien n'est plus fréquent que de rencontrer un grand « nombre de personnes qui, comparant l'ancien régime « avec le nouveau, oubliant les abus dont elles se plai- « gnaient autrefois, maudissent ceux qui ont sollicité une « réforme dans le gouvernement, et ne veulent pas avouer « qu'elles étaient elles-mêmes de ce nombre [1]. »

Le publiciste énumère quatre principes dont l'application était réclamée de tous : le vote de l'impôt par les États Généraux ; l'attribution à ces États d'une part du pouvoir législatif ; leur périodicité ; la responsabilité des ministres. Chacun de ces principes, il le montre surabondamment, pouvait devenir dangereux pour l'autorité royale, et chacun constituait à lui seul une révolution. Lui objecte-t-on que le vote de l'impôt, par exemple, loin de constituer une innovation, n'est qu'un retour aux vieilles traditions, il a facilement raison de cette querelle de mots :

« Dans un royaume où, depuis près de trois siècles, le « monarque ordonnait des levées de subsides suivant les « besoins de l'administration, vouloir que les impôts ne « pussent être perçus sans le consentement des États Géné- « raux, c'était désirer une révolution dans la manière de « gouverner, et la reconnaître indispensable. Reprendre « un ancien usage, n'est pas moins changer la situation « présente [2]. »

La nécessité d'une réforme fondamentale ainsi constatée, Mounier examine l'instrument qui devait servir à cette ré-

[1] *Recherches*, t. I, p. 50.
[2] *Ibid.*, t. I, p. 53.

forme, c'est-à-dire les États Généraux, composés des représentants des trois ordres. La noblesse est de sa part l'objet d'une étude historique approfondie [1]. Trois ans auparavant, en traitant brièvement la question dans ses *Nouvelles observations,* il avait annoncé des développements ultérieurs, qu'il fournit dans les *Recherches.* Il remonte d'abord jusqu'à l'histoire romaine pour réfuter cette erreur, assez accréditée, d'après laquelle la plus éclatante prospérité de la république aurait coïncidé avec l'attribution aux patriciens du monopole des hautes charges. Passant aux origines de notre histoire nationale, il critique l'opinion qui voit, avec Boulainvilliers, dans le corps des nobles les descendants des envahisseurs francs, et il fait preuve, en citant les annalistes ou les recueils de lois barbares, d'une sérieuse connaissance des monuments anciens. — Il cherche à établir, d'une part, que la qualité de noble, si répandue au seizième siècle qu'elle appartenait en bloc aux membres de certaines corporations ou aux habitants de certaines villes, a depuis lors été constamment restreinte, par la monarchie, dans un intérêt fiscal ; de l'autre, que l'ordre de la noblesse, jusqu'en 1789, ne se composait pas de tous les gentilshommes de naissance, mais uniquement des possesseurs de fiefs, et qu'eux seuls nommaient les députés de l'ordre aux États Généraux. — La partie la moins curieuse de cette discussion n'est assurément pas celle qui concerne les priviléges de la noblesse. Mounier montre jusqu'à l'évidence qu'ils étaient presque réduits à rien depuis la chute de la féodalité : l'exemption financière elle-même ne s'appliquait qu'à la taille, et il dépendait du bon plaisir royal de substituer à la taille un impôt frappant tous les citoyens. Par contre, ces priviléges détruits avaient fait place à une foule de faveurs abusives que les nobles avaient obtenues du souverain, et qui, par un dangereux anachronisme, s'étaient démesurément accrues

---

[1] *Recherches,* t. I, p. 70-101.

dans les cinquante dernières années de l'ancien régime :
monopole des hautes charges judiciaires, des grades militaires, etc. [1].

Après avoir longuement rappelé les arguments qui mili-
tent contre la séparation des ordres, Mounier résume les
motifs qui pouvaient faire espérer, en 1789, le triomphe des
idées modérées, et notamment la concorde qui n'avait cessé
de présider aux assemblées du Dauphiné; il ajoute tristement :

« Si j'avais eu une connaissance plus complète du carac-
« tère et des projets des agents de l'autorité et des prétendus
« philosophes de la capitale, ou plus de talents pour prévoir
« l'avenir, j'aurais abandonné la double représentation et
« la délibération par tête; mais je n'eusse pas adopté la sé-
« paration des ordres : je serais resté dans le silence, bien
« convaincu que notre patrie n'avait que le choix des mal-
« heurs; et si je me fusse cru permis de dire mon opinion,
« j'aurais déclaré que trop d'obstacles se réunissaient, que
« nous devions renoncer aux États Généraux, et préférer
« aux maux de l'anarchie ceux du despotisme d'un seul [2]. »

A ce sincère aveu des désillusions présentes succède un
récit abrégé des événements. Mounier y note les fautes de
chacun, et l'on a pu voir, par les extraits cités dans les chapitres précédents, qu'il n'omet pas les siennes. Il reproche
à la royauté de n'avoir pas compris que la double représentation du tiers impliquait le vote par tête, et d'avoir perdu
tout le mérite de la première concession en refusant la seconde. Il se plaint aussi qu'on ait convoqué comme électeurs
tous les gentilshommes, tous les ecclésiastiques, tous les
contribuables, au lieu de prendre pour base la propriété
foncière; qu'en fixant le nombre des députés à douze cents,
on ait rendu l'ordre presque impossible dans les délibérations. Mais « le plus grand de tous les malheurs », selon lui,

[1] *Recherches*, t. I, p. 121-132.
[2] *Ibid.*, t. I, p. 236.

« fut de rassembler les États Généraux à Versailles [1] ». Je ne
saurais m'empêcher de faire ici une restriction : si on avait
choisi une ville plus éloignée de Paris, Soissons, par exemple,
ou Compiègne, l'attentat d'octobre n'eût pu se consommer;
mais l'Assemblée, lors de ses premières réunions, se serait
trouvée à la merci d'un coup de main, et le parti de la Reine
aurait réalisé les projets qui échouèrent en juin et en juillet.
Or, dans l'état des esprits, un acte semblable aurait eu
pour unique résultat de faire éclater la guerre civile. Mounier, en écrivant ces lignes, a été trop exclusivement dominé
par l'impression des dernières catastrophes. Si la cour ne
s'était pas dépopularisée en repoussant les prétentions les
plus modérées des communes, si surtout elle n'avait pas
laissé se perdre le moral de l'armée, le séjour de Versailles
n'eût pas présenté d'inconvénients. Au contraire, la convocation dans une ville moins rapprochée de la capitale eût
rendu l'administration presque impossible pendant toute la
durée des États.

Le député du Dauphiné comprend bien, du reste, que ce
qui a compromis la royauté, c'est sa téméraire et vaine
intervention en faveur des prétentions aristocratiques. Ses
réflexions à cet égard devraient être souvent méditées :

« Dans les querelles de parti, le monarque, avant de se
« déclarer, doit bien calculer les forces respectives; il doit
« bien se convaincre qu'une fois engagé, il n'est plus temps
« de revenir en arrière; que toute autorité qui rétrograde
« est à la veille de périr [2]. »

Mais les remarques sur la période antérieure aux journées
d'octobre sont déjà en grande partie connues du lecteur.
Il sait que Mounier regrette l'initiative prise par lui au Jeu
de Paume, sa participation à la Déclaration des droits et
son rapport du 16 juillet. Je crois plus intéressant d'aborder

---

[1] *Recherches*, t. I, p. 244.
[2] *Ibid.*, t. I, p. 280.

le jugement qu'il porte sur l'œuvre définitive de la Constituante.

Voici son entrée en matière :

« Jamais le plus long règne du despote le plus absolu ne
« ravagea le pays soumis à son gouvernement comme la
« France, en trois ans, a été ravagée par l'Assemblée natio-
« nale de 1789 ou par les factieux qui la faisaient agir.
« Il faudrait réunir dans l'histoire les actions d'un grand
« nombre de tyrans, pour retrouver autant de démence et
« d'injustice [1]. »

Et pour bien prouver que ce n'est pas là une déclamation
banale, il énumère toutes les usurpations de pouvoir, toutes
les atteintes aux droits des citoyens commises pendant ces
trois années. A propos des lois ecclésiastiques (dont la première, celle sur les biens du clergé, l'avait déterminé à
donner sa démission), il expose un plan de réformes inspiré
de la tradition gallicane : réduction du nombre des couvents,
des bénéfices, et autres mesures analogues. Du reste, et
ceci l'absout de tout reproche de joséphisme, il réserve
formellement l'approbation préalable de l'autorité ecclésiastique. « Les corps civils et religieux », ajoute-t-il, « ne sub-
« sistant que par la permission du gouvernement, il est
« évident que lorsqu'il les supprime, les biens ne peuvent
« appartenir qu'à l'État, pourvu que les fondateurs n'aient
« point laissé d'héritiers qui puissent revendiquer leurs
« droits [2]. » Voilà assurément une façon un peu sommaire
d'entendre la liberté d'association ; mais, avant de formuler
nos critiques, souvenons-nous qu'au bout d'un siècle, le
progrès le plus sensible des doctrines officielles sur ce point
se réduit à contester les droits éventuels des héritiers.

La constitution civile du clergé excite au plus haut point
son indignation :

« On vit des athées ou des hypocrites vouloir enchaîner

[1] *Recherches*, t. II, p. 41.
[2] *Ibid.*, t. II, p. 49.

« les esprits par des serments, après avoir donné l'exemple
« du parjure ; établir un nouveau culte par la force des
« armes et par l'appui des brigands ; parler de tolérance
« pendant qu'ils laissaient persécuter ceux qui préféraient
« l'ancienne religion de leurs familles, qu'ils arrachaient
« au peuple ses temples et ses prêtres[1]. »

Au cours de son vigoureux réquisitoire, Mounier s'arrête
un instant pour dire qu'en prenant ces décisions tyran-
niques, la plupart de ses anciens collègues étaient eux-
mêmes sous l'empire de la terreur ; il fait voir l'Assemblée
soumise au joug des démagogues :

« Ils n'étaient pas d'abord au nombre de cinquante ; mais
« lorsqu'ils furent ligués avec la populace, quelques dé-
« putés, connus par leurs talents, trop faibles, trop dénués
« de courage pour renoncer aux applaudissements de la
« multitude et se dévouer à sa haine, après avoir essayé le
« rôle de défenseurs de la justice et de la modération, eurent
« la lâcheté de l'abandonner et de se joindre aux factieux.
« Cependant jamais on n'a pu compter plus de deux cent
« cinquante[2] députés sincèrement attachés aux décrets pu-
« bliés sous le nom de l'Assemblée nationale[3]. »

Despotique envers les individus, la Constituante a donné
aux pouvoirs publics l'organisation la plus vicieuse. Mounier
revient à cette question de la sanction royale qu'il a tant de
fois traitée déjà, et trouve, pour critiquer le *veto* suspensif,
sinon des arguments nouveaux, du moins une façon heureuse de présenter ceux qui nous sont connus :

« Le Roi peut, il est vrai, différer l'exécution des lois ;
« mais on connaît l'époque précise où il doit obéir. L'ima-
« gination franchit aisément l'intervalle, et ne voit en lui
« qu'un simple *fonctionnaire,* qui doit se conformer aux vo-

---

[1] *Recherches*, t. II, p. 52.
[2] Le texte porte cent cinquante ; mais l'*errata* placé à la fin du volume rectifie
ce chiffre.
[3] *Recherches*, t. II, p. 59.

« lontés des représentants du peuple, se soumettre à des
« lois qu'il n'a point faites, et dont il a tenté vainement
« d'empêcher l'exécution. Il ne partage point la reconnais-
« sance de la multitude, lors même qu'il approuve les lois
« qu'elle désire. Son consentement n'est plus regardé que
« comme impossibilité d'empêcher. C'est l'Assemblée seule
« qui prononce : il n'intervient que dans une formule de
« publication, en qualité de secrétaire de ses comman-
« dements [1]. »

Et voyant une conséquence du *veto* suspensif dans les
manifestations grossières par lesquelles la Législative a
ouvert ses séances, il s'écrie :

« Il a brisé le trône et lui a substitué un simple fauteuil à
« côté du président de l'Assemblée, qui traite le Roi comme
« son égal dans les cérémonies, en se réservant les moyens
« de le traiter comme son inférieur dans toute autre cir-
« constance [2]. »

A l'occasion du *veto,* Mounier blâme la faiblesse de Necker
et relève plusieurs assertions contenues dans le dernier ouvrage de l'ancien ministre [3]. Il se demande ensuite si les
Français sont libres sous leur constitution actuelle, et répond
en ces termes :

« Je ne connais aucun des droits, naturels ou civils, dont
« un Français, d'après les décrets de la première Assemblée,
« puisse se vanter d'avoir le libre exercice, ou du moins
« dont il ne puisse, dans tous les instants, être impunément
« dépouillé [4]. »

En développant cette pensée, il attaque vivement les juges
élus, au-dessus desquels il place les tribunaux d'Athènes,
recrutés par le sort; il qualifie la haute Cour nationale de

---

[1] *Recherches,* t. II, p. 86.
[2] *Ibid.,* t. II, p. 89.
[3] Il s'agit de l'écrit publié sous ce titre singulier : *De l'administration de
M. Necker, par lui-même.*
[4] *Recherches,* t. II, p. 111.

« chambre étoilée de la tyrannie populaire [1] ». Il explique
que la liberté a été sacrifiée à une fausse conception de
l'égalité :

« Comment serait-il possible d'exécuter les lois qui ten-
« dent à réprimer les désordres, à faire respecter la liberté
« personnelle, s'il n'existe aucun ensemble dans les ressorts
« du nouveau gouvernement, aucune force publique? Par
« le renversement le plus extraordinaire, tous ceux qui sont
« en apparence préposés pour commander le sont réelle-
« ment pour obéir. On a tant parlé d'égalité, de souverai-
« neté du peuple, de volonté générale, que les inférieurs
« n'ont d'autre règle que celle du nombre, et ne compren-
« nent plus qu'un homme puisse avoir le droit d'en diriger
« deux [2]. »

Il prend à témoins tous ceux qui ont à souffrir du nouvel
état de choses :

« Dira-t-on que je ne puis appeler odieuse servitude une
« forme de gouvernement chérie par un peuple qui croit
« jouir de la liberté? Mais écoutez donc les cris des victimes
« à travers les bruyants transports de férocité de leurs op-
« presseurs. Demandez à tout individu qui est né noble s'il
« est libre. Demandez-le à ceux des catholiques romains
« qui sont restés attachés à leur ancienne doctrine. Deman-
« dez-le à tous ceux qu'on a dépouillés de leurs biens
« et de leur profession. Demandez-le au plus grand nombre
« des propriétaires, aux gens de bien de tous les rangs,
« riches ou pauvres, obscurs ou distingués, à tous ceux qui
« ont horreur du crime. Ayez surtout la prudence d'inter-
« roger en secret ceux qu'intimide la rage des tyrans. De-
« mandez-le aux anciens amis de la liberté, à ceux mêmes
« qui, n'ayant point été acteurs dans les institutions nou-
« velles, ne peuvent être soupçonnés d'esprit de parti, tels
« que Raynal, Servan. Demandez-le enfin à tous les publi-

[1] *Recherches*, t. II, p. 119.
[2] *Ibid.*, t. II, p 135-139.

« cistes de l'Europe, et non pas à ces vils transfuges déguisés
« aujourd'hui en amis du peuple, et autrefois flatteurs des
« grands ou leurs espions à gages [1]. »

Comment une révolution commencée sous d'heureux
auspices a-t-elle pu aboutir à une pareille catastrophe ? C'est,
répond Mounier, que les esprits étaient mal préparés à un
changement aussi radical; c'est surtout que les écrivains et
les philosophes ont exercé une déplorable influence sur
l'opinion. Cette dernière idée est ainsi développée :

« Les spéculations abstraites des littérateurs de profession
« peuvent être utiles aux administrateurs expérimentés, qui
« discernent les conseils salutaires des maximes funestes ou
« impraticables; mais, lorsqu'ils sont employés dans le gou-
« vernement, ils sont pour la plupart d'autant plus dan-
« gereux qu'ils sont accoutumés à tout sacrifier pour se
« rendre célèbres. Se considérant comme les précepteurs
« du genre humain, ils se plaignaient depuis longtemps
« d'être écartés de l'administration, et quand ils aperçurent
« une voie pour y parvenir, ils s'y précipitèrent en foule ;
« ils se hâtèrent de trahir ceux dont ils recevaient aupara-
« vant des salaires et des récompenses, et flattèrent la mul-
« titude, comme ils flattaient précédemment les courtisans
« du prince.....

« En politique, il n'y a, malheureusement, de systèmes
« simples et faciles à entendre que ceux qui favorisent le
« despotisme ou l'anarchie. Il faut une grande connaissance
« de l'histoire et du cœur humain pour sentir les avantages
« de la balance des pouvoirs et la nécessité d'introduire
« dans une monarchie limitée une branche aristocratique,
« afin de garantir le trône de l'effervescence populaire. La
« plupart des littérateurs ou des savants n'eurent ni le
« temps ni la bonne foi de commencer un nouveau genre
« d'études. Ceux mêmes qui, jusqu'à cette époque, ne s'é-

[1] *Recherches*, t. II, p. 143.

« taient adonnés qu’à des sciences entièrement étrangères
« à l’administration, ne consentirent pas à s’abstenir de
« jouer un rôle, quand ils virent un si grand nombre d’igno-
« rants s’ériger en publicistes. Ils jugèrent que la doctrine
« la plus aisée, pour ces professeurs, était celle de l’égalité
« et de la souveraineté du peuple. On est dispensé de l’em-
« barras de présenter des preuves, quand on a pour soi
« l’amour-propre de ses auditeurs..... On calomnia la consti-
« tution d’Angleterre, parce qu’il était plus facile de la ca-
« lomnier que de la connaître. On la calomnia surtout parce
« qu’il était trop commun d’en faire l’éloge, et que chez le
« peuple français, de tout temps amateur de nouveautés,
« rien ne séduit comme un paradoxe[1]. »

A l’aide du chiffre des abstentions, Mounier démontre
(cette preuve n’est plus à faire) que le gouvernement révolutionnaire n’a pas pour lui la majorité des citoyens actifs.
Mais il ajoute aussitôt qu’on ne doit pas compter sur eux
pour renverser ce gouvernement, et qu’ils sont prêts à en-
durer sans révolte une tyrannie plus dure encore[2]. La Terreur allait donner raison à ces prévisions.

Mounier arrive au dernier objet qu’il s’était proposé de
traiter, c’est-à-dire aux moyens restant aux Français de
conquérir leur liberté. Il écarte immédiatement celui qui
consisterait à conserver la Constitution de 1791 et à en confier la pratique à des hommes d’ordre; il a recours à une
comparaison pour résumer ses critiques :

« Ceux qui hasarderaient leurs vies et leurs fortunes sur
« une mer orageuse, dans un bâtiment d’une forme jus-
« qu’alors inconnue, contraire à toutes les règles de la con-
« struction, dont la voilure arrêterait la marche, bien loin
« de la favoriser, dont les parties, mal liées ensemble, ten-
« draient à se disjoindre, et dont les interstices laisseraient

[1] Recherches, t. II, p. 147-150.
[2] Ibid., t. II, p. 177-184.

« pénétrer l'eau de toutes parts, ne seraient pas plus insensés
« que ceux qui ont voulu concilier l'ordre public avec la
« Constitution nouvelle [1]. »

Une seule voie de salut demeure ouverte à la France.
Dans le trouble actuel des idées et des intérêts, Mounier
reconnaît impossible d'organiser immédiatement un gouvernement libre; il conseille aux honnêtes gens, s'ils parviennent à reprendre le dessus, de confier au Roi une dictature toute temporaire, pour une période de transition :

« Que, sous le seul étendard du *royalisme,* on ne connaisse
« qu'un seul parti, celui des gens de bien unis contre les
« brigands..... Qu'on évite tout ce qui pourrait faire consi-
« dérer la cause des amis de l'ordre, de tous les propriétaires,
« comme la seule cause de la noblesse [2]. »

Est-ce donc que la monarchie absolue est devenue le dernier terme des espérances de Mounier? que l'orateur de
Vizille et de Romans, en écrivant ces deux volumes, a voulu
préparer ses contemporains à recevoir la confidence de son
apostasie? Nullement; nous aurons plus loin la tâche délicate d'expliquer et d'apprécier sa conduite sous le Consulat;
mais, en 1792, il était bien éloigné de se ranger parmi les
partisans de l'autocratie. Sans doute, tout lui semblait préférable à la situation présente : « Mon titre serait encore
« rempli, » s'écriait-il, « même si je conseillais le despo-
« tisme d'un seul ; il laisse subsister une très-grande liberté
« personnelle, en la comparant au sort des sujets de la fac-
« tion qui domine en France [3]. » Mais tout aussitôt il adresse
de sévères avertissements à ceux qui rêvent pour l'avenir le
rétablissement de l'ancien régime :

« Combien seraient imprudents des architectes qui, vou-
« lant reconstruire un bâtiment écroulé par les défauts de
« sa construction, s'obstineraient à suivre les plans du pre-

---

[1] *Recherches,* t. II, p. 185.
[2] *Ibid.,* t. II, p. 210-211.
[3] *Ibid.,* t. II, p. 215.

« mier, et même à remettre en place, sans aucun change-
« ment, les pièces vermoulues dont la chute avait causé les
« plus grands malheurs [1]. »

A l'appui de cette pensée, il invoque la fatale destinée
des Stuarts, de ces Stuarts dont l'histoire, pendant toute la
durée de notre Restauration, devait être trop oubliée des
uns et trop présente à la mémoire des autres. D'ailleurs,
comme il le fait observer, la royauté, au lendemain de son
retour, se trouverait aux prises avec de graves difficultés
financières, et, les parlements s'étant solennellement récusés
en cette matière, force serait de recourir à la représentation
nationale. Quelques docteurs conseillaient de disséminer
cette représentation pour la rendre moins dangereuse, et de
confier aux divers états provinciaux le vote des subsides
accordés antérieurement par les États Généraux : Mounier
fait ressortir sans peine les inconvénients de cet étrange
expédient.

La solution qu'il propose est déjà familière au lecteur :
elle emprunte à l'Angleterre le principe et les détails essentiels du système des deux chambres. La chambre basse
émanerait de la propriété foncière, seule capable d'offrir
des garanties de stabilité suffisantes. Quant à la chambre
haute, les siéges y seraient héréditaires, mais elle n'aurait
rien de commun avec l'ancienne chambre de la noblesse.
« Bien loin », dit Mounier, « que la révolution présente ait
« pu me réconcilier avec la représentation par ordres, je ne
« vois dans toutes les injustices qui ont été commises qu'une
« suite de cette funeste division [2]. » Il dévoile ses hésitations successives sur cette grave question de la constitution
d'une chambre haute, où il fallait apaiser les préventions
contraires du tiers état et de la noblesse. On sait que, dans
ses *Considérations,* il s'était rallié à un sénat élu par des
colléges provinciaux. Au début de l'émigration, le désir de

[1] *Recherches,* t. II, p. 217.
[2] *Ibid.,* p. 261.

se concilier les gentilshommes lui avait donné un instant la pensée de composer la chambre haute moitié de membres désignés à vie par le Roi, et moitié de nobles possédant dix mille livres de rente nommés par tous les Français placés dans les mêmes conditions de naissance et de fortune. Il résume les raisons qui l'ont fait renoncer à cette combinaison bâtarde, et laisse entrevoir qu'il admettrait un sénat dont les membres, choisis à vie par le Roi, lui proposeraient une liste multiple après chaque vacance. Mais la pairie héréditaire conserve ses préférences.

Il indique ensuite les prérogatives qui doivent appartenir à la couronne, et soutient que, dans un intérêt de défense nationale, le roi de France a besoin de recevoir une autorité plus étendue que celui d'Angleterre. Je dois signaler ici une pensée reprise après, et peut-être d'après Mounier, par madame de Staël[1]. Il représente les vices du système électoral britannique comme essentiels à la pondération des pouvoirs, en ce sens qu'une origine aussi disparate et irrationnelle empêche la Chambre des communes d'usurper une autorité trop considérable. Il dit positivement que la réforme électorale, quoique commandée par la logique, aurait pour effet de rompre un équilibre nécessaire et d'annihiler la royauté[2]. Il est superflu de rappeler que cette thèse, après avoir été longtemps soutenue par les tories, est demeurée celle de toutes les personnes que l'intérêt ou la passion portent à dénigrer les institutions libres. Sans rechercher si les bills de 1832 et de 1867 lui ont donné raison, si celui de 1885 est destiné à en consacrer le triomphe, remarquons que Mounier appréciait mal les résultats éventuels d'une réforme. Sans doute, l'influence politique en Angleterre a passé pour une notable part des grands propriétaires à la démocratie; mais la situation de la monarchie à l'égard de la Chambre

---

[1] Madame DE STAËL, *Considérations sur la Révolution française*, liv. VI, ch. IV.

[2] *Recherches*, t. II, p. 272.

des communes ne s'est pas amoindrie. L'erreur du célèbre
constituant provient de ce qu'il méconnaissait, comme j'ai
dit plus haut, la règle fondamentale du régime parlementaire, qui place les chefs de la majorité à la tête du pouvoir
exécutif. Le souverain obéissait à cette règle, il y a un siècle,
en appelant dans ses conseils Pitt ou Fox, comme il y obéit
aujourd'hui en nommant premier ministre M. Gladstone ou
lord Salisbury. Si la base électorale s'est sensiblement modifiée, ce n'est pas la couronne qui a perdu à cette modification.

Dans un de ses derniers chapitres, Mounier examine les *obstacles à un gouvernement libre*. Il ne se dissimule pas que, par
une réaction habituelle à l'esprit humain, beaucoup de royalistes désirent le retour pur et simple à l'ancien régime, « parce
« que ces opinions leur paraissent les plus opposées à celles
« de leurs tyrans [1] ». Ils reconnaissaient bien la nécessité
de certaines réformes ; mais ils se refusaient à admettre que
la première d'entre elles dût consister précisément à introduire en France la liberté politique. La race n'a pas entièrement disparu de ces théoriciens, dupes de leurs bonnes
intentions, qui rêvent un gouvernement calqué sur celui de
Salente, et croient à la perfection absolue des rois, comme
d'autres à l'absolue perfection des peuples. Nous leur avons
tous entendu développer ce programme admirable autant
que chimérique, qui comporte, selon l'expression spirituelle
de Mounier, « une représentation en trois ordres et la tran-
« quillité publique, l'ancien régime sans abus, le despotisme
« sans décision arbitraire ou lettres de cachet, et la cour
« d'un prince absolu sans courtisans [2]. » — D'autres proposaient, paraît-il, de réduire les réformes à une mesure
dont l'énoncé seul excite aujourd'hui notre stupéfaction :
l'anoblissement d'un grand nombre de roturiers !

Mounier termine son livre par une véhémente apostrophe,

[1] *Recherches*, t. II, p. 282.
[2] *Ibid.*, t. II, p. 280.

où il signale les conséquences morales de la Révolution. Il s'adresse en ces termes aux factieux :

« Bien loin de travailler à l'affranchissement des peuples, « partout où existe le despotisme, vous l'avez consolidé « plus qu'il ne le fut jamais. Vous avez soumis, dans le « conseil des princes, tous les sentiments de générosité à des « calculs de prudence..... Vous avez armé contre la liberté « la plupart des ministres des cultes divins, tous les hommes « distingués par leurs rangs ou leurs fortunes, tous ceux « qui pouvaient craindre qu'une tentative en sa faveur ne « soit, comme en France, une source de crimes ou d'op-« pressions [1]. »

Si les *Recherches sur les causes qui ont empêché les Français de devenir libres* n'ont cessé de jouir d'une certaine réputation, si plusieurs écrivains en ont fait leur profit, il faut avouer que le public, même instruit, n'en connaît guère que le nom. C'est là le motif et (je l'espère du moins) l'excuse de l'analyse détaillée dans laquelle je suis entré.

L'intérêt capital de ce livre vient de ce qu'il critique l'œuvre de la Constituante au nom de la liberté. Un tel langage nous était étranger jusqu'à ces derniers temps. L'éloge de la « grande Assemblée » se trouvait presque sans réserves sur les lèvres de tous les libéraux, et elle n'était attaquée que par les tenants de la royauté absolue. Mounier, au contraire, a soutenu dès l'origine que la Constituante, soumise elle-même au joug de la populace, avait fait peser sur la France le plus accablant des despotismes, et qu'en voulant détruire jusqu'au dernier vestige de l'ancien régime, elle n'avait semé partout que désordre et qu'anarchie. Cela seul devrait suffire à remettre en honneur le livre de l'exilé. De plus, composé dans des conjonctures déterminées, en vue d'une restauration qui ne s'est pas accomplie alors, il

----

[1] *Recherches,* t II, p. 291.

abonde en réflexions d'une portée générale ; écrit sous l'empire d'un sentiment dont la vivacité confine à la passion, il se distingue par le souci de l'impartialité. On a déjà rendu justice à Mallet du Pan : pourquoi laisser plus longtemps dans l'oubli celui qui fut son émule et son ami ?

CHAPITRE XIII

Adolphe. — Lettre du comte de Provence. — Le Belvédère.

A la fin de 1792, Mounier quitta Genève pour aller se
fixer à Berne, où Mallet du Pan ne tarda pas à le rejoindre [1].
Il y conquit de telles sympathies, que le conseil de ville lui
vota une médaille commémorative de son séjour [2].

Cependant l'exil se prolongeait, et l'époque était proche
où les modestes ressources du proscrit se trouveraient
épuisées. Les lois sur les émigrés, la rareté du numéraire
rendaient presque impossible à ses parents de lui faire
passer des secours. Après avoir rejeté plusieurs propositions qu'il jugeait incompatibles avec son indépendance, il
consentit, en 1793, à diriger dans ses voyages sur le con-
tinent un jeune Anglais, fils de lord Hawke. En allant le
chercher, il passa quelques jours à Londres, où il s'entre-
tint sans doute avec Malouet.

On a conservé les notes qu'il prit en parcourant la Suisse
et la Lombardie [3] : elles sont surtout intéressantes comme
un indice des tendances de son esprit. Certes, il est loin de

---

[1] Selon LALLY-TOLLENDAL (*Biographie* MICHAUD, art. *Mounier*), il aurait alors
publié une brochure sur les troubles dont Genève venait d'être le théâtre : je n'ai
pu trouver cet opuscule, dont Lally seul fait mention.

[2] BERRIAT-SAINT-PRIX, *Éloge historique de M. Mounier*, p. 17.

[3] La portion la plus considérable de ces notes est à la Bibliothèque de Grenoble,
fonds Mounier; les Archives de la Société éduenne contiennent le commencement d'un journal de voyage destiné par Mounier à ses amis : la forme en est
plus littéraire et les détails plus circonstanciés; mais, malheureusement, il n'y a
qu'un cahier.

se montrer insensible aux merveilles qui défilent sous ses
yeux : s'il est trop froid pour le lac Majeur et trop sévère
pour les îles Borromées, la traversée du lac des Quatre-
Cantons, entre Brunnen et Buochs, lui inspire cette réflexion :
« C'est là le site qu'on avait désiré sans le connaître. » Mais
il s'abstient de tout développement à cet égard, et en donne
un motif auquel les touristes n'ont guère coutume de se
conformer : « Quand le paysage est beau, on devrait tou-
« jours se contenter de l'affirmer, et inviter ceux qui dou-
« tent à venir s'en convaincre, car les descriptions, en ce
« genre, donnent une bien faible idée. »

En revanche, il prend soin de recueillir des renseignements précis sur l'organisation politique et administrative
de tous les pays qu'il visite. Ses papiers, sur ce point, ne
présentent pas de lacune, et montrent combien il s'efforçait
d'appuyer ses projets sur les données de l'expérience. Au
moment même où les systèmes *à priori* inspirent en France
tant d'excès, Mounier analyse patiemment les diverses
constitutions des cantons suisses, pour y chercher les principes de la vraie liberté. Au reste, les appréciations et les
comparaisons qui lui étaient nécessairement suggérées par
cette étude se révèlent rarement dans ses notes; il y consigne surtout des chiffres, des faits, des exposés de législation.

Son journal de voyage s'ouvre par le récit enjoué, bien
que voilé de quelque mélancolie, d'une aventure où les
haineuses menaces de Vaudreuil se réalisèrent en partie. Il
est trop long pour trouver place ici : donnons-en du moins
un résumé.

Partis de Berne le 25 mars 1794 [1], la première étape
des voyageurs fut Soleure. Ils arrivèrent à l'auberge au
moment du dîner, et tombèrent au milieu d'une nombreuse

---

[1] Mounier ne donne que la date du mois, et non celle de l'année; mais elle
résulte clairement de divers passages, d'un, entre autres, où il est parlé de
Saint-Just comme tout-puissant à la Convention.

compagnie d'émigrés français, qui conversaient bruyamment
des affaires de leur pays; au dire de Mounier, « leurs
« déclamations étaient plutôt satiriques que larmoyantes ».
Questionné par ses voisins, l'ancien constituant se tint sur
la plus grande réserve; mais, au repas suivant, il s'aperçut
qu'il avait été reconnu. Les convives, en effet, sans se livrer
à aucune attaque personnelle, affectaient bien haut de
maudire les auteurs de la Révolution, de déclarer responsables des malheurs de la France ceux qui avaient porté les
premiers coups de sape au vieil édifice monarchique. Mounier, fort peu désireux d'engager une discussion, restait
sourd aux allusions, lorsqu'un des assistants, beau-frère de
d'Éprémesnil, fit une violente sortie contre Lally-Tollendal
et le traita de « bâtard ». Mounier avait pu imposer silence
à son amour-propre; mais il portait à un trop haut degré le
culte de l'amitié pour laisser passer ces outrageantes paroles.
Il répliqua que la naissance de Lally était irréprochable, et
que, pour sa conduite politique, elle n'avait cessé d'être
celle d'un fidèle sujet et d'un bon citoyen. Les protestations
s'élevèrent, le débat dégénéra bien vite en dispute, et le
repas s'acheva au milieu du tumulte. A quelques jours de
là, Mounier, rencontrant un émigré qui entamait avec lui
une interminable controverse, s'écriait avec désespoir :
« J'ai cru que je portais mon auberge avec moi. »

Ce fut peut-être ce voyage, premier essai dans la carrière
pédagogique, qui lui donna la pensée d'écrire un ouvrage
didactique. Dans les premiers jours de l'année 1795, il faisait imprimer à Londres un petit volume intitulé : *Adolphe,
ou Principes élémentaires de doctrine et résultats de la plus
cruelle des expériences* [1].

En annonçant, dans la préface, qu'il avait voulu « réunir
« dans un corps de doctrine les principes de la civilisation »,

_____

[1] 108 pages in-12.

Mounier rappelait son projet primitif plutôt qu'il ne donnait
une idée exacte du livre définitif. Il avait, en effet, songé à
composer un vaste traité de morale sociale, d'économie
politique et de droit constitutionnel : on peut tout au moins
le présumer en feuilletant les cahiers[1] où il a recueilli des
notes, des extraits relatifs aux questions et aux institutions les plus diverses (jusqu'à la polygamie), sous cette
rubrique générale : *Pour Adolphe.* — Il laissa de côté la
plus grande partie de ces matériaux, pour se restreindre à
la réfutation des principaux sophismes introduits par la
Révolution dans le domaine des faits. Comme six ans auparavant, c'est le *Contrat social* dont il combat les théories et
dénonce les conséquences.

Adolphe, jeune homme instruit et généreux, mais trop
« sensible », s'est laissé séduire « par les déclamations de
« plusieurs philosophes modernes »; la haine des abus l'a
fait peu à peu tomber dans « l'amertume »; selon l'expression de l'auteur, « mécontent des classes opulentes qu'il
« connaissait, il supposait trop de vertus dans celles qu'il
« ne connaissait pas[2] ». Entre lui et son père, jeté, au contraire, dans la réaction par les excès révolutionnaires, la
discordance des opinions est complète. — « Dans un lieu
« solitaire, à peu de distance de la ville », demeure le vieillard Ulrich, qui, après avoir pris une part importante au
début du mouvement en France, s'est expatrié dès qu'il a vu
la cause libérale profanée par les factieux. (Que ce prétendu
« vieillard » n'ait pas encore quarante ans, qu'il ait été
secrétaire des états du Dauphiné et président de la Constituante, c'est ce qui n'est dit explicitement nulle part ; mais
le lecteur le moins perspicace ne saurait en douter.) Le
hasard conduit Adolphe à la retraite d'Ulrich : il en revient
charmé ; le père, d'abord en proie à la défiance de tout
émigré envers tout monarchien, se décide à prier le vieil-

---

[1] Archives de la Société éduenne
[2] *Adelphe,* p. 2.

lard de redresser les idées de son fils. Tel est l'objet d'une série d'entretiens.

Dans ce cadre, déjà banal alors, et bien démodé aujourd'hui, Mounier a fait preuve de ses qualités ordinaires. Ici, comme à la tribune de Versailles, comme dans ses publications précédentes, c'est le bon sens qui triomphe de l'utopie : non pas ce bon sens égoïste et sceptique au nom duquel on se plaît souvent à décrier toutes les idées généreuses, mais une sagesse élevée, qui ne méconnaît aucune des nobles aspirations de l'esprit humain. Parmi les paradoxes auxquels il s'attaque, plusieurs n'ont pas cessé d'être en faveur, et quelques-uns ont passé dans la législation : aussi cette brochure n'a-t-elle pas perdu tout intérêt.

Dès le premier dialogue, Mounier combat la théorie par laquelle Rousseau exalte la condition des peuples sauvages et représente les progrès de la civilisation comme un mal. Il réduit à leur exacte proportion ces mœurs primitives, transfigurées par les philosophes : « Poursuivre les animaux « à la chasse et leurs semblables à la guerre, est le plus « grand bonheur dont leur âme féroce puisse se former « l'idée, même pour une autre vie [1]. » Abordant ensuite la doctrine du *Contrat social*, il explique le groupement des familles et la réunion des hommes en sociétés par la « nécessité de chercher un abri contre leurs vices mutuels ». Nous voilà bien loin des déclamations du citoyen de Genève.

La propriété individuelle avait été mise en cause à diverses reprises ; Mounier la défend par l'argument classique qui montre en elle le fruit d'un travail antérieur. L'utopie d'une culture commune des terres sous la direction du gouvernement est l'objet de ses épigrammes : « Chacun, se « reposant sur le zèle d'autrui, espérant en tirer avantage, « ferait tous ses efforts pour vivre dans l'oisiveté. On n'irait

[1] *Adolphe*, p. 11.

« donc au travail qu'avec une extrême répugnance. On s'en
« acquitterait avec négligence, avec lenteur, et les magis-
« trats ne pourraient obtenir l'activité nécessaire qu'en
« divisant les laboureurs en petites troupes, surveillées par
« des satellites qui les frapperaient à coups de verges [1]. » A
cette occasion, il blâme avec une sévérité excessive la
discipline instituée par les Jésuites au Paraguay. Il oublie
que, relativement à leur situation antérieure, les Indiens
trouvaient une amélioration incontestable dans ce régime;
ce qu'on peut reprocher aux Jésuites, c'est de les avoir
tenus indéfiniment en tutelle, au lieu de développer en eux
l'initiative et de les préparer graduellement à un état social
plus relevé.

Tout en condamnant la barbarie, tout en se déclarant
l'ennemi irréconciliable du despotisme, Mounier proteste
contre les réformes hâtives ou imprudentes : « En voulant
« perfectionner sans précaution les ressorts de la machine
« politique, il faut craindre de les briser. Jeune homme,
« n'oubliez jamais l'horrible découverte que vient de faire
« l'Europe. N'oubliez jamais que la distance qui sépare
« l'homme le plus civilisé du cannibale est moins grande
« que nous n'aurions pu le croire, sans la plus cruelle des
« expériences; et surtout n'oubliez pas à quel excès d'in-
« fortune, d'esclavage et d'immoralité on peut conduire
« une nation, en prétendant la régénérer et la rendre le
« modèle de tous les peuples [2]. » Les désillusions de l'orateur de Vizille se trahissent encore davantage dans cette
réflexion : « On peut ajouter à la vertu des gens de bien ;
« mais croyez-vous qu'on puisse beaucoup augmenter le
« nombre des hommes probes [3]? »

La question de la souveraineté du peuple donne lieu à un
long débat entre Adolphe et Ulrich. Ce dernier, selon la

<hr>

[1] *Adolphe*, p. 17.
[2] *Ibid.*, p. 24.
[3] *Ibid.*, p. 27.

doctrine exposée dans les précédents ouvrages de Mounier, soutient que cette souveraineté se manifeste à l'origine des sociétés, mais pour abdiquer définitivement en faveur des différents pouvoirs constitués. Il se refuse surtout à en voir l'exercice normal dans le suffrage universel :

« Si les femmes et les mineurs doivent, pour l'avantage
« général et pour le leur propre, être exclus du gouverne-
« ment, pourquoi donc un grand nombre d'hommes, d'un
« caractère aussi faible que celui de la plupart des femmes,
« ou plus ignorants et plus inexpérimentés que des mineurs,
« auraient-ils eux-mêmes un droit naturel de souverai-
« neté?..... Ne préféreriez-vous pas, Adolphe, de voir régler
« vos intérêts par une femme éclairée ou par un jeune
« homme de vingt ans très-instruit, plutôt que par de
« pauvres ouvriers dépourvus de toute expérience dans
« tout ce qui passe les notions les plus communes [1] ? »

A l'éternelle objection des républiques antiques, il répond que, par rapport aux esclaves et aux sujets, leurs citoyens formaient une véritable aristocratie, un pays légal. Il prouve ensuite que la souveraineté nationale implique pour le peuple le droit de changer de gouvernement, et ajoute : « Un républicain français qui croirait de bonne foi « à la souveraineté du peuple ne pourrait pas faire un « crime de la *provocation à la royauté* [2]. »

« L'égalité politique de tous les hommes » conclut Mounier, « est tellement une chimère, que même si l'on entre- « prend de l'établir, on ne fait que changer les rôles, sans « anéantir l'inégalité précédente [3]. »

L'attention des interlocuteurs devait se porter sur la liberté. Mounier, par la bouche d'Ulrich, la définit l'état social où chaque citoyen est constamment soumis à des lois dépourvues d'effet rétroactif, et non à des ordres arbi-

---

[1] *Adolphe,* p. 37.
[2] *Ibid.,* p. 48.
[3] *Ibid.,* p. 53.

traires. Il reprend cette idée des *Recherches,* que, sans liberté
civile, la liberté politique n'est qu'un leurre :

« Des hommes qui négligeraient la liberté personnelle et
« ne s'occuperaient que de la liberté politique, poursui-
« vraient une chimère bien absurde, puisqu'ils se tourmen-
« teraient à chercher des précautions pour protéger un
« avantage dont ils ne jouiraient pas. Ils ressembleraient à
« des insensés, qui, voulant bâtir une ville, emploie-
« raient leur vie entière à se précautionner d'avance
« contre les incendies, et oublieraient de construire des
« maisons [1]. »

Un rapide examen des conditions essentielles de la politique permet à l'auteur de défendre une fois de plus son
programme favori :

« La liberté politique n'est jamais plus parfaite que lors-
« que la souveraineté se trouve divisée ; lorsque le corps
« législatif est formé de trois parties distinctes, ayant des
« intérêts particuliers, et ne se conciliant que pour l'intérêt
« général ; lorsqu'une seule de ces parties est chargée de
« faire exécuter les lois, de manière que la législation et
« l'exécution ne soient pas confondues dans les mêmes
« mains ; enfin, lorsque l'autorité judiciaire, séparée des
« puissances législative et exécutive, est placée sous la
« surveillance directe de la seconde, et responsable envers
« toutes les deux.....

« La théorie de la balance des pouvoirs n'est ni de l'in-
« vention des Anglais ni de celle de Montesquieu. Elle est
« de tous les temps et de tous les pays, malgré l'influence
« des climats et des situations physiques qui peuvent
« nécessiter des différences dans les lois et dans les institu-
« tions, mais qui ne changent ni les passions des hommes,
« ni les dangers d'une puissance sans bornes, ni les carac-
« tères de la liberté, et, conséquemment, ne diminuent pas

----

[1] *Adolphe,* p. 58.

« les avantages de tempérer, comme le dit Montesquieu, le
« pouvoir par le pouvoir[1] ».

Une discussion délicate s'engage sur les changements de
gouvernement et la légitimité de l'insurrection ; Mounier
répète avec insistance qu'un remède aussi grave ne peut
être employé que pour mettre fin à un mal intolérable :
« Les révolutions violentes », dit-il, « lors même qu'elles
« sont nécessaires dans leur principe et les plus heureuses
« dans leurs conséquences, produisent toujours de grands
« maux[2]. »

Faisant application de cette idée à la Révolution française, il trouve la cause des excès qui l'ont accompagnée
dans ce fait, que, « trois mois après l'ouverture des États
« Généraux de 1789, elle était devenue *révolution de doc-*
« *trine*, plutôt qu'une réforme des abus[3] ». Il dénonce la
pernicieuse influence de Rousseau et de l'école métaphysique, et ajoute cette observation :

« Cependant le peuple, tout en applaudissant à ces rêve-
« ries, s'attachait moins aux hommes qui lui donnaient des
« illusions qu'à ces illusions mêmes ; de sorte que les pre-
« miers ambitieux, une fois parvenus à l'élévation en pas-
« sant sur des cadavres, ont tenté vainement de mettre un
« terme à des horreurs devenues pour eux inutiles. Tout
« scélérat qui s'arrêtait dans sa marche périssait sous les
« coups de ceux que le mouvement furieux imprimé par
« les maximes d'égalité et de souveraineté du peuple préci-
« pitait sur ses pas[4]. »

Le dernier entretien a trait au gouvernement futur de la
France. Ulrich, en se félicitant de la chute de Robespierre,
annonce le prochain rétablissement de la royauté : en effet,
dans la première partie de l'année 1795, avant la Déclara-

---

[1] *Adolphe,* p. 62.
[2] *Ibid.,* p. 88.
[3] *Ibid.,* p. 95.
[4] *Ibid.,* p. 99.

tion de Vérone et le 13 vendémiaire, une telle éventualité
n'avait rien que de fort probable. Après avoir vanté les
bienfaits de la monarchie, il conclut en prêchant la modération dans la polémique et dans les plans de conduite
future; il semble ici oublier Adolphe, converti d'ailleurs
depuis longtemps, pour s'adresser aux émigrés :

« Les vrais amis de l'ordre public ne doivent pas ignorer
« que le plus grand frein des hommes qui ne sont pas en-
« tièrement corrompus, c'est la crainte de perdre l'estime
« des gens de bien, et que celui qu'on se hâte de vouer à
« la haine et au mépris est précipité dans le crime, à moins
« qu'il n'ait une âme assez forte pour rester fidèle à la pro-
« bité, après qu'il a perdu l'un de ses principaux avan-
« tages [1]. »

Le conseil était sage, et s'il avait été suivi, le mouvement
qui se dessinait alors en France aurait peut-être plus facilement triomphé. La réaction thermidorienne, dirigée d'abord
contre les Jacobins, menaçait maintenant le principe même
de la République. Dans toutes les classes de la société,
l'idée d'une restauration monarchique se présentait aux
esprits. Le pays répugnait seulement à faire amende honorable devant les émigrés, à voir revenir l'ancien régime
avec son cortége d'abus, à perdre les avantages de la Révolution après en avoir souffert les maux. Ce double sentiment allait nettement se dégager des élections de l'an III.

Le moment parut favorable à Mounier pour rassurer
l'opinion en lui procurant des garanties. Depuis le 21 janvier, le comte de Provence avait pris le titre de régent et
exerçait l'autorité royale à l'étranger au nom de l'enfant
qui se mourait au Temple. Ce prince s'était signalé à l'assemblée des notables par ses tendances libérales; il avait
accueilli Mounier avec faveur lors de l'ouverture des États

[1] *Adolphe,* p. 108.

et mis même un logement à sa disposition. L'ancien député
espéra qu'un langage sincère renverserait les préventions
que le régent avait pu recevoir de son entourage. Il lui
adressa à Vérone un mémoire sur les moyens propres à
amener le rétablissement du trône.

Ce document n'est point parvenu jusqu'à nous[1], mais le
fils de Mounier en indiquait quarante ans plus tard le sens
général dans une lettre privée : «... Mon père écrivit au
« comte de Provence pour lui dire que le moment était
« venu d'annoncer à la France une constitution fondée sur
« les vœux de 1789, et où elle trouverait sécurité et li-
« berté[2]... »

Nous possédons, au contraire, la réponse du prince[3]. J'ai
cité dans un chapitre précédent l'exorde, où les événements
du 5 octobre étaient rappelés de la façon la plus élogieuse
pour Mounier. Le régent abordait ensuite le véritable objet
de sa lettre, exaltait sans réserve la conduite des émigrés,
et continuait en ces termes :

« Mon devoir et mon honneur me défendent également
« d'atténuer l'autorité du Roi, qui m'est confiée. Je n'ai en
« vue que le rétablissement de la religion catholique, et de
« notre antique et véritable constitution. Je suis loin de
« confondre, comme la perfidie des destructeurs de ma
« patrie ne l'a fait que trop souvent, cette constitution avec
« les abus qui s'étaient introduits dans l'administration.
« L'unique vœu du Roi mon frère était de les détruire ;
« c'est aussi le mien : j'y travaillerai sans relâche, et si je
« ne puis obtenir de la bonté de Dieu de remettre au Roi,

[1] Mounier détruisit probablement la minute avant de rentrer en France ;
quant à la copie envoyée à Vérone, le baron Mounier ignorait déjà en 1838 ce
qu'elle était devenue.

[2] Lettre du baron Mounier à M. Labaume, 3 janvier 1838 : Bibl. de Grenoble,
fonds Mounier.

[3] Elle est imprimée à la suite du manifeste par lequel Charette annonça le
26 juin 1795 une nouvelle prise d'armes : Bibl. nat., Lb⁴¹, 1901 ; néanmoins,
elle est si peu connue qu'un historien, qui en a trouvé une ancienne copie manuscrite, la cite comme inédite.

« mon neveu, lorsqu'il aura atteint sa majorité, son autorité
« tout entière, et scn gouvernement sans abus, je lui aurai
« du moins inculqué de tels principes, qu'il pourra facile-
« ment achever l'ouvrage que j'aurai commencé pour lui.
« Mais, je le répète, c'est la réforme seule que je veux, et
« jamais je ne porterai une main téméraire sur notre con-
« stitution. Je ne connais point d'accommodement sur
« cette matière qui puisse être compatible avec mon hon-
« neur et le bien de l'État. L'indulgence à laquelle je suis
« bien disposé ne peut porter que sur les coupables, et non
« sur les résultats de tant de crimes, et ma maxime est :
« *Tolérance pour les personnes, intolérance pour les prin-*
« *cipes.* — La conséquence naturelle de cette maxime est
« d'oublier les opinions qu'on a eues, mais de porter un
« regard attentif sur celles qu'on a..... »

Poursuivant le développement de cette idée, le prince
repoussait de toutes ses forces « un amalgame des vrais
« royalistes avec les hommes qui conserveraient après la
« restauration de la France le désir de faire prévaloir leurs
« opinions erronées, et nous exposeraient par là à tomber
« dans les désordres dont nous serions à peine sortis..... »
Il concluait par des rapprochements dont le lecteur pourra
apprécier la justesse :

« ..... Henri IV pardonna aux chefs ligueurs, mais il
« extermina la Ligue, et ces mêmes chefs, à commencer
« par le duc de Mayenne, devinrent de zélés royalistes.
« Charles II se servit de Monck; mais Monck lui rendit sa
« couronne, telle que son père l'avait portée avant l'ou-
« verture du Long Parlement. Aujourd'hui ceux-là seuls qui
« sont vraiment royalistes, soit qu'ils l'aient toujours été,
« soit qu'ils aient sincèrement abjuré leurs erreurs, sont
« dignes de coopérer au rétablissement de la monarchie,
« parce qu'eux seuls travaillent à la rétablir sur des bases
« solides. Ceux qui ont persisté jusqu'à présent dans leur
« égarement peuvent encore se repentir; mais lorsque le

« grand ouvrage sera fini, le temps de la clémence sera
« passé. »

Je ne veux insister ici ni sur les illusions optimistes que
révèlent ces derniers mots, ni sur la conception historique
qui fait du Béarnais un intransigeant (comme nous disons
aujourd'hui), ni sur celle qui sépare la restauration des
Stuarts de leur chute définitive. Quant au système politique
exposé dans cette lettre avec une dogmatique solennité, il
a survécu au démenti que la Déclaration de Saint-Ouen et
la Charte constitutionnelle lui avaient donné. L'extrême
droite a fait sienne la formule : *Tolérance pour les personnes, intolérance pour les principes.* Elle la mettait en pratique sous la Restauration en ouvrant les bras à Canuel et
à Donnadieu, tandis que le duc de Richelieu était honni
comme jacobin. Elle ne se considérait pas comme un parti
désireux de faire prévaloir certaines solutions positives,
mais comme une église en possession de la vérité absolue.
Dès lors, sa conduite était toute tracée vis-à-vis de ceux
qui pensaient autrement : les orthodoxes ne font pas de
concessions aux hérétiques en matière de dogme, il les
admettent à se rétracter. Néanmoins, dans un pays où les
théories abstraites ont toujours exercé tant d'empire, on
excuserait volontiers cette catégorie de doctrinaires, si les
maximes pour lesquelles ils professent un religieux respect ne se réduisaient pas, en somme, à la domination
d'une coterie. Nous avons eu plus d'une fois l'occasion
de le reconnaître avec Mounier ; ceux qui avaient sans
cesse à la bouche l'ancienne constitution française aspi-
raient en réalité à supprimer toute garantie constitutionnelle.

Il était bien malhabile d'accueillir de telle sorte les conseils des modérés ; mais que dire de l'aveuglement avec
lequel on supposait que la divulgation de ces dispositions
pût avoir pour résultat de concilier les Français à la monarchie ? Le prince annonçait que sa démarche avait « un

« but d'utilité générale ». Quelques mois après[1], Charette,
rappelant les Vendéens sous ses drapeaux, imprimait à la
suite de son manifeste la lettre à Mounier, comme un gage
des sentiments bienveillants qui animaient le nouveau Roi[2],
et comme un document de nature à dissiper tous les préjugés. A cette lecture, Mallet du Pan écrivait tristement à
l'empereur François, le 25 juillet 1795 :

« Cette dernière dépêche fera une impression fâcheuse
« dans les circonstances présentes, parce qu'elle n'est nulle-
« ment adaptée aux dispositions publiques : ceux qui ont
« conseillé à Sa Majesté Très-Chrétienne la publication de
« cette lettre ne connaissent guère où en sont les esprits, ni
« le danger des armes que l'on fournit aux républicains pour
« rallier à eux tout ce qui est contraire au système
« émigré[3]. »

Les mêmes tendances s'accusaient bientôt dans un document d'une portée plus officielle : la lettre à Mounier peut
être considérée comme la préface de la Déclaration de
Vérone. Ce n'est point le lieu d'analyser ce manifeste, où
Louis XVIII se réclamait avec insistance de « l'antique
« constitution », et ne s'expliquait nettement sur cette constitution que pour y rattacher la distinction des trois ordres.
Afin de ramener à lui ses sujets, il agitait devant eux un
épouvantail.

On a retrouvé dans les papiers du duc d'Avaray, alors
confident du prince, les nombreux projets de déclaration
qui avaient été adressés à Vérone après la mort de l'orphe-
lin du Temple. L'un d'eux, conçu en termes toujours nobles,
souvent pathétiques et parfois ampoulés, laisserait aisément
deviner un nom que d'Avaray a, du reste, pris soin d'indiquer ; par un artifice assez habile, Lally-Tollendal, insistant

---

[1] Le 26 juin 1795.
[2] Louis XVII était mort le 10 juin.
[3] *Correspondance inédite de Mallet du Pan avec la cour de Vienne*, t. I,
p. 263.

sur l'éloge funèbre de Louis XVI et de son fils, remettait à
une déclaration ultérieure l'exposé d'un programme politique dont il laissait entrevoir les bases modérées [1].

Le projet le plus curieux à examiner est celui qui, après
d'importantes corrections, est devenu le texte définitif [2].
L'auteur anonyme, en proposant la vieille constitution à la
vénération des Français, avait cru devoir dire qu'elle sou-
mettait les lois au consentement des représentants de la
nation. Ce compromis, déjà tenté en 1789, devait être
repris bien souvent sous la Restauration, où l'on saluait
dans la Charte la consécration des « antiques libertés ».
Mais, en 1795, l'utilité n'en était pas comprise par l'annota-
teur (anonyme aussi) qui consignait en marge cette observation d'une justesse impitoyable :

« Le Roi était suprême législateur, et les États Généraux
« ne proposaient que des doléances. Ils ont proposé des
« lois qui presque jamais n'ont été données par le Roi qu'a-
« près leur séparation. Il n'est donc pas exact de dire
« qu'elles étaient soumises à l'acceptation des représentants
« du peuple. L'enregistrement des cours souveraines n'est
« pas une acceptation. »

En conséquence, la formule suspecte disparut, et fit place
à des expressions dont le vague n'avait rien d'alarmant
pour l'omnipotence royale ni de rassurant pour les sujets.

La vérité, sur cette ancienne constitution si fréquemment invoquée, échappa alors par mégarde à un homme
dont le témoignage ne saurait être récusé. En lisant la
Déclaration de Vérone, d'Antraigues fut transporté de joie.
Il remplissait exactement les conditions indiquées à Mounier
par Louis XVIII, ayant passé brusquement d'un pôle à
l'autre, du *Contrat social* à l'ancien régime, et n'ayant
conservé de ses doctrines premières que la haine des modérés, commune aux deux partis extrêmes. Aussi prit-il

[1] Aff. étr., France, vol. 588, fol. 132.
[2] *Ibid.*, vol. 588, fol. 75.

incontinent la plume, le 17 août 1795, pour témoigner à
d'Avaray l'allégresse que lui causait l'acte royal[1]. Il lui
recommandait instamment de répandre à profusion la
Déclaration, de la distribuer dans les armées, de lui donner
le plus tôt possible une authenticité incontestable. En effet,
ajoutait-il contre toute vraisemblance, « M. Malouet et la
« Staël veulent en .....[2] une un soir dans leur genre, avec
« cette différence que Malouet voudrait que Rœderer la fît
« monarchienne et sentimentale, Staël, qui aborre (*sic*) le
« Roi, voudrait la faire exécrable pour que l'effet en fût
« atroce. » Mais c'est au début de la lettre qu'après s'être
extasié sur le mérite et l'à-propos de la Déclaration, d'Antraigues s'écriait ingénument :

« Le précis de notre antique constitution est de main de
« connaisseur : en vérité, il n'y a pas vingt personnes qui
« aient sur cet objet des idées fixes. »

L'aveu est précieux à enregistrer. Quand une constitution
est si obscure, on est mal venu à réclamer pour elle le respect de tout un peuple. De quelques qualifications pompeuses
qu'on la décore, elle n'est qu'une fiction exploitée par un parti.

Un système politique qui bravait de gaieté de cœur les
préventions les plus fortes et froissait les sentiments les plus
vivaces dans l'âme des Français, ne pouvait obtenir l'adhésion de Mounier. Il en conclut que l'heure de la restauration
monarchique n'était pas encore venue, puisque celle de la
sagesse royale n'avait pas sonné, et se résigna à prolonger
son exil. « Mon père », dit le baron Mounier dans la lettre
que j'ai déjà citée, « déplorant un pareil aveuglement,
« renonça à toute participation aux affaires publiques et
« n'eut depuis lors aucune communication ni avec Vérone
« ni avec Blankenbourg[3]. »

<hr>

[1] Aff. étr., France, vol. 588, fol. 83.
[2] Illisible.
[3] Lettre à M. Labaume : Bibl. de Grenoble, fonds Mounier.

Un moyen s'offrit à l'ancien constituant d'assurer l'existence de sa famille. Le duc de Saxe-Weimar fit mettre à sa disposition le château du *Belvédère*, situé à une lieue de sa capitale. Mounier y ouvrit un établissement d'éducation destiné à recevoir les jeunes gens au sortir des études classiques, pour les préparer à la vie publique : sa pensée était celle qui a inspiré dans notre siècle la fondation de l'école d'administration et de l'école des sciences politiques. Les cours se poursuivirent de 1795 à 1801 avec un vif succès.

Mounier s'était réservé l'enseignement de l'histoire et de la philosophie. Il y apporta son activité et sa conscience ordinaires : on peut s'en convaincre en parcourant les volumineux cahiers de notes conservés dans ses papiers [1]. Ils embrassent, pour l'histoire, les pays et les temps les plus divers, depuis les récits de l'Ancien Testament jusqu'à la cession des États du nabab d'Oude à la Compagnie des Indes en 1800. Un cahier renferme l'analyse de diverses chartes d'établissement de communes; un autre, d'abondants extraits de Machiavel. Malheureusement, Mounier n'a consigné par écrit que les faits ou les textes, réservant à l'improvisation le commentaire, que nous serions curieux de connaître. Un projet d'histoire universelle, comprenant une introduction et l'histoire d'Égypte, depuis les origines jusqu'à la conquête de Bonaparte, trompe aussi notre attente : il ne contient guère qu'une énumération des événements.

Quant à la philosophie, Mounier paraît avoir surtout développé dans ses leçons la logique et la morale. Ses cahiers à cet égard n'offrent rien de saillant, sauf une page éloquente sur l'utilité de l'instruction. Sa manière de traiter la métaphysique est plus originale : le lecteur se souvient

---

[1] La plupart de ces manuscrits sont déposés à la Bibliothèque de Grenoble, fonds Mounier ; la Société éduenne possède dans ses archives quelques cahiers de logique et de morale.

qu'elle lui avait porté malheur dès sa première jeunesse, et
les débats de la Constituante n'avaient pas eu pour résultat
de le réconcilier avec elle. Dans ces simples notes, prises
au courant de la plume, le scepticisme perce à tout moment; parfois même, il se montre au grand jour, comme
dans la remarque suivante :

« Si l'opinion de l'harmonie préétablie, disait Leib-
« nitz, n'était pas vraie, il deviendrait impossible d'ex-
« pliquer la liaison du corps et de l'âme. Mais pourquoi
« faut-il paraître savoir ce que nous ignorons ? et ne
« vaut-il pas mieux ne pas expliquer que de donner
« des explications sans fondement ou sans vraisem-
« blance ? »

Pour sage qu'elle soit, pareille observation ne laisse pas
que de surprendre un peu dans un cours de métaphysique, et si elle était tombée sous les yeux du vieux professeur de Royal-Dauphin, il eût sans doute crié au sacrilége.

La petite cour de Weimar était alors le premier centre
littéraire et philosophique d'outre-Rhin : il serait superflu
d'énumérer ici les talents qui y brillaient autour du radieux
génie de Gœthe. Avec sa connaissance approfondie de la
langue allemande, Mounier trouvait à Weimar, sinon ces
jouissances qu'une existence heureuse permet seule de
goûter pleinement, tout au moins un allégement à ses tris-
tesses.

Dès la première année de son séjour au Belvédère, il
avait été frappé d'un coup cruel entre tous. On a vu comment, à peine âgé de vingt-trois ans, il avait contracté un
mariage d'amour, et quelle tendre affection n'avait cessé
de régner entre les deux époux. A la fin de 1795, une
fluxion de poitrine emporta madame Mounier. Son mari,
forcé de vaquer à ses travaux et d'achever seul l'éducation de ses enfants, parvint, à force d'énergie, à dominer
son affliction durant le jour; mais, à dater de ce mo-

ment, la plus grande partie de ses nuits se passa à pleurer[1]. Sa santé, de tout temps assez frêle, déclina rapidement, et bientôt se manifestèrent les symptômes de la maladie à laquelle il devait succomber.

[1] BERRIAT-SAINT-PRIX, *Éloge historique de M. Mounier*, p. 63.

CHAPITRE XIV

Les partis politiques font comme les soldats, qui, après une défaite, sont toujours disposés à crier à la trahison. Alors qu'on devrait confesser son inertie ou ses imprudences, reconnaître les avantages qu'on a laissé prendre à ses adversaires, puiser enfin dans son échec de profitables leçons pour l'avenir, on préfère se décerner un brevet de vigilance, et tout attribuer à quelque complot dont la trame scélérate s'est ourdie dans les ténèbres. On échappe ainsi à la nécessité humiliante d'un acte de contrition, et on en impose aisément à la foule, qui, loin d'être mise en défiance par l'invraisemblance d'une explication, assigne aux événements les plus simples des origines mystérieuses.

Plusieurs changements de gouvernement ont été tentés, sinon accomplis, par les sociétés secrètes ; mais, pour rattacher la Révolution française à une cause de cette nature, il fallait triompher d'objections nombreuses autant que graves. Il fallait montrer, dans les philosophes et les économistes du dix-huitième siècle, non plus les champions d'idées souvent contradictoires, mais des agents disciplinés obéissant à un mot d'ordre. Il fallait représenter les ministres des deux derniers règnes, quand ils ajournaient les réformes et préparaient la banqueroute, comme chargés par la secte du rôle de provocateurs. Il fallait démasquer dans les parlements, qui ont sapé le pouvoir absolu, des dupes ou des complices. Il fallait expliquer comment tant d'hommes émi-

nents par le talent ou distingués par le rang avaient pu se
soumettre à la direction de quelques obscurs agitateurs. Il
fallait surtout réfuter les témoins les plus perspicaces, les
plus impartiaux, les plus dignes de foi, qui se refusaient à
voir dans la Révolution autre chose que le produit des passions surexcitées, des fautes accumulées, et qui disaient avec
Malouet :

« Il est beaucoup plus court et plus commode de mettre
« toujours une faction, une conjuration en évidence, et de
« rapporter là, comme à un centre, tous les attentats, tous
« les désastres. Je proteste contre cette opinion ; je n'ai
« point vu de faction dirigeante, pas même le club des Jaco-
« bins, qui vivait au jour le jour, comme le parti de la cour.
« J'ai vu, dans tous les partis, un état de choses tellement
« désordonné en fausses combinaisons, en caractères faibles
« et violents, en prétentions et oppositions insensées, qu'il
« devait en résulter tout ce qui est arrivé[1]. »

Cette tâche impossible fut tentée néanmoins. Sans parler
d'une myriade de pamphlets et de libelles sitôt oubliés que
parus, un ancien Jésuite, l'abbé Barruel, réfugié à Londres,
y publia, en 1797, cinq volumes, où il prétendait révéler
les secrets ressorts de la conspiration révolutionnaire. Cela
s'intitulait *Mémoires sur le jacobinisme*.

L'auteur prouvait que la Révolution française était le
résultat de trois grandes conjurations fusionnées en une
seule : la conjuration philosophique, qui, sous la direction
suprême de Voltaire, de d'Alembert et du grand Frédéric,
avait réuni tous les publicistes du dix-huitième siècle ;
celle des francs-maçons, et celle des illuminés d'Allemagne,
organisée par le bavarois Weishaupt. Il insistait avec raison
sur l'atteinte portée par les philosophes aux idées religieuses,
mais, au lieu de signaler les commotions politiques comme
un contre-coup de cet ébranlement moral, il travestissait

---

[1] MALOUET, *Mémoires*, t. I, p. 329.

les écrivains de toutes les écoles, sans distinction, en pré-
curseurs conscients du cataclysme. Décrivant avec un grand
luxe de détails les rites des francs-maçons, les pratiques
des illuminés, il dévoilait les noirs desseins formés dans
leurs conciliabules. Enfin, après avoir expliqué d'une façon
assez confuse l'unification des trois complots, il faisait voir
la main des conjurés dans tous les événements, et soutenait
notamment que le jour du 14 juillet avait été choisi de
longue date pour un soulèvement à Paris. Un seul point
manquait à la démonstration, à savoir l'affiliation de Breteuil et de la duchesse de Polignac, et leur connivence avec
Necker pour faire renvoyer celui-ci au moment fixé par les
loges.

Un tel ouvrage flattait trop les passions des uns et la
curiosité des autres pour ne pas obtenir un vif succès.
C'est ce que Mallet du Pan, fixé en Angleterre, constatait
ironiquement dans son journal :

« Attribuez la chute de la monarchie française à l'ordre
« des Templiers et à ses successeurs, aux rêveries inintelli-
« gibles de quelques pédants d'Allemagne, que vous ne
« comprendrez pas vous-même..... Montrez-nous que dans
« son ensemble et dans ses détails, la Révolution fut pré-
« méditée, organisée et déployée comme un automate dans
« les mains de Vaucanson. Qu'il n'y ait rien pour vous
« d'obscur ni de douteux. Soyez tranchant dans vos inter-
« prétations et vos jugements; copiez des sottises de parti
« et des bruits de société; écrivez l'histoire comme l'*Alma-
« nach boiteux* : vous aurez des prôneurs et une pension de
« votre libraire [1]. »

Outre le défaut de dénaturer les principaux faits, ce livre
avait le grave danger de vouer les constitutionnels à la
haine, sinon à la vindicte publique, comme complices
des démagogues : ces sentiments, on l'a vu, avaient déjà

---

[1] *Mercure britannique*, t. I, p. 549.

cours parmi les émigrés. L'occasion se présentait d'opposer
une nouvelle réponse à de perpétuelles attaques, en réta-
blissant la vérité sur les origines de la Révolution. Mounier
s'y était essayé neuf ans plus tôt, dans ses *Recherches sur
les causes qui ont empêché les Français de devenir libres*.
Alors, toutefois, malgré la pénétration de son regard, il était
trop rapproché des événements pour en avoir une vision
absolument nette, et d'ailleurs il conservait des espérances
de restauration monarchique et libérale. En 1801, la confiance était morte dans son âme : découragé par tant de
crimes et de fautes, s'il restait fidèle à ses anciens principes,
l'application pratique lui en paraissait indéfiniment ajour-
née. Il n'était donc plus question pour lui de proposer une
ligne d'orientation politique, mais uniquement d'apporter
sa déposition dans un procès historique et de déterminer
les responsabilités.

Un motif pouvait le faire hésiter : l'abbé Barruel, sans
ménager ses idées ni ses amis, ne l'avait pas personnellement mis en cause. Ses scrupules furent levés par une autre
publication, due au professeur anglais Robison, qui signalait dans les sociétés secrètes les organes d'une conspiration
générale contre toutes les monarchies et toutes les religions. Il était bien plus modéré dans la forme que l'émigré
français ; seulement, en parlant de la secte maçonnique des
martinistes ou disciples de Saint-Martin, il énumérait parmi
eux « d'Éprémesnil, Bailly, Fauchet, Maury et Mounier[1] ».
Une accusation qui frappait le plus fougueux défenseur de
la séparation des ordres à côté du premier maire de Paris et
un cardinal en même temps qu'un évêque constitutionnel
trahissait par là même son peu de fondement. Ou les martinistes n'avaient été pour rien dans la Révolution, ou
d'Éprémesnil et Maury n'avaient jamais été martinistes :
dès lors, pourquoi Robison aurait-il mérité plus de confiance

---

[1] Robison, *Preuves de conspirations contre toutes les religions et tous les
gouvernements de l'Europe*, trad. fr., t. 1, p. 66.

en ce qui concernait Mounier? Malheureusement, les partis
ne se soucient guère de la logique : l'ancien député du
Dauphiné était dénoncé comme un conspirateur martiniste ;
on accueillit la dénonciation avec empressement. De nos
jours encore, il se trouve des écrivains pour la répéter, sur
l'unique foi de cette phrase ridicule de Robison.

Mounier jugea une apologie nécessaire. Elle parut à
Tubingue, en 1801, sous ce titre : *De l'influence attribuée
aux philosophes, aux francs-maçons et aux illuminés sur la
Révolution de France*[1].

L'Introduction rappelait l'émotion soulevée par le drame
révolutionnaire et les jugements auxquels il donnait lieu.
Mounier ne négligeait pas de repousser en passant les reproches dirigés contre ses opinions :

« Parce qu'il est quelquefois arrivé que des hommes
« timides ou égoïstes ont voulu honorer du nom de modé-
« ration leur lâcheté ou leur indifférence, on croit assez
« communément que des principes modérés sont des indices
« de faiblesse ; tandis qu'on ne peut éviter l'erreur qu'en
« adoptant de tels principes, qu'il faut beaucoup de fermeté
« pour y rester fidèle, et que les faibles se passionnent
« pour les opinions exagérées, et passent successivement
« de l'une à l'autre[2]. »

Indiquant alors son but, et parlant des ouvrages qui rap-
portaient aux sectes tout le mal, il les appréciait en ces
termes :

« Plusieurs de ces écrits déclarent la guerre à tout
« principe de liberté, ou plutôt à la raison humaine. Ils
« outragent un grand nombre de personnes estimables.
« J'aime à croire que ceux qui les ont publiés ont été
« égarés par l'excès de leur zèle, aveuglés par l'esprit de

---

[1] A Tubingen, chez J. G. Cotta, 245 pages in-12 ; réimprimé à Paris, en 1822
et 1828, avec une notice et des notes de M. Mahul.

[2] *De l'influence...*, p. 5.

« parti : mais quand on se donne pour le défenseur des bonnes
« mœurs et de la religion, on devrait mieux en observer
« les préceptes. On ne devrait pas sur des ouï-dire, sur les
« conjectures les plus frivoles, hasarder des calomnies, et
« confondre le crime et la vertu, l'extravagance et la
« raison [1]. »

La première partie et la plus étendue est consacrée aux
philosophes. Mounier soutient d'abord que la philosophie
ne peut être rendue responsable des exagérations et des
abus de quelques-uns d'entre ses adeptes : aucune institution humaine ne mériterait alors d'être conservée, car il n'en
est aucune qui ne se soit à un moment de son histoire ressentie de notre imperfection native. Il vante les heureux
résultats de la philosophie du dix-huitième siècle, et n'hésite pas à ranger au nombre de ces résultats satisfaisants le
discrédit des vœux monastiques. C'est à plusieurs reprises
que Mounier, dans le cours de ce livre, exprime contre les
Ordres religieux des préventions qui lui étaient communes
avec un grand nombre de ses contemporains, et qui ne
l'empêchaient pas de rendre au catholicisme l'hommage le
plus sincère.

Cet état d'esprit tenait à deux causes : aux doctrines
gallicanes, qui à maintes reprises avaient rencontré dans
les moines des défenseurs résolus des prérogatives pontifi-
cales, et aux scandales dont certains couvents avaient été
le théâtre. En présence de ces bénéfices accumulés sur la
tête des courtisans, en présence surtout de ces infortunés,
qui, poussés au cloître par des considérations toutes tem-
porelles, méconnaissaient les devoirs de la vie monastique,
Mounier cédait à la tendance par lui reprochée à ses adversaires : il condamnait le principe, quand l'abus seul était
répréhensible. Du reste, il eût désiré voir accomplir cette
réforme de concert avec l'autorité ecclésiastique.

[1] *De l'influence...*, p. 7.

Un brillant tableau, où le bien et le mal opérés par les deux grands philosophes du dix-huitième siècle sont mis en regard, termine cette entrée en matière. L'auteur ne ménage pas l'impiété, la servilité et la licence de Voltaire, non plus que les aberrations politiques et la conduite dépravée de Rousseau; mais il constate que l'un n'a cessé de propager les idées de tolérance et d'humanité, et que l'autre a contribué à resserrer parmi ses lecteurs les liens de famille dont il s'affranchissait si impudemment lui-même. Citons cette phrase, qui révèle quelles illusions les âmes les plus droites conservaient sur l'œuvre de Jean-Jacques : « Lisez « *Émile,* et malgré les erreurs que ce livre renferme, « malheur à vous, si vous n'éprouvez pas le besoin de deve- « nir meilleurs [1] ! »

La première cause de la Révolution a été la longue querelle des corps judiciaires et de la couronne : « Les parle- « ments », comme le dit Mounier, « avaient acquis par « leur résistance aux nouvelles impositions une grande po- « pularité, et l'autorité royale avait perdu la sienne sous « Louis XV par le mauvais emploi des revenus, par des « taxes oppressives et le scandale des mœurs de ce prince « et de la plupart de ses courtisans [2]. » Il revient rapidement sur le développement de cette lutte, et demande : « Est-ce la philosophie qui a créé la vénalité des places de « juges, leurs prétentions et leurs différends avec la cou- « ronne ? Est-ce la philosophie qui a produit la ruine des « finances [3] ? »

Quant au désir de la liberté, il est inné au cœur de l'homme, et Mounier en montre la manifestation spontanée dans le passé :

« Le peuple romain n'avait pas eu besoin de philosophes « pour se retirer sur le mont Sacré. Guillaume Tell n'avait

[1] *De l'influence...,* p. 19.
[2] *Ibid.,* p. 23.
[3] *Ibid.,* p. 28.

« point lu d'ouvrage philosophique quand il fut indigné de
« l'insolence du bailli Gessler et qu'il résolut de braver le
« tyran. La constitution d'Angleterre et la révolution des
« États-Unis d'Amérique ont bien plus contribué que la
« philosophie moderne à répandre en France des idées de
« liberté. Ces idées étaient surtout entretenues par les re-
« montrances des parlements, qui souvent même opposaient
« aux volontés du Roi des principes exagérés, des maximes
« dangereuses, et que cependant on ne peut accuser d'avoir
« aimé les philosophes, car ils faisaient brûler leurs écrits [1]. »

Pour préciser ses allégations, Barruel avait rattaché à la
conspiration philosophique une réunion qui se tenait chez
le baron d'Holbach, puis l'école des physiocrates, puis
encore la Société des *Amis des noirs*. Mounier le réfute point
par point : les hôtes du baron d'Holbach pouvaient être ma-
térialistes comme lui, mais rien ne trahit chez eux de penchant pour la démagogie ; Grimm et Lamoignon ont été
spécialement dénoncés par l'abbé : or l'un a émigré des
premiers et l'autre a appuyé Brienne dans toutes ses tentatives pour consolider le pouvoir absolu. Si les physiocrates
ont prêté le flanc aux critiques par leurs erreurs écono-
miques et aux railleries par l'emphatique obscurité de leur
style, bien loin de méditer un bouleversement, ils plaçaient
leur idéal politique dans le despotisme. Les Amis des noirs
ont peut-être laissé dévier leurs discussions vers l'émancipation des blancs, mais on ne saurait en induire qu'ils aient
préparé et accompli la Révolution.

Pour les philosophes proprement dits et les publicistes,
le spectacle de leurs contradictions suffit à écarter toute
idée de complot entre eux. Selon la remarque de Mounier,
« on a mis dans la même conspiration ceux qui vantaient
« les principes de la constitution d'Angleterre, les écono-
« mistes qui la détestaient, et J. J. Rousseau, qui regardait

_____

[1] *De l'influence...*, p. 31.

« les Anglais comme des esclaves [1]. » Il prouve que le projet de renverser le gouvernement établi n'existait ni chez Montesquieu, qui s'est ingénié à donner des bases logiques à ce gouvernement, ni chez Voltaire, le moins libéral des hommes en politique.

Dans les *Mémoires sur le jacobinisme,* Necker était représenté comme le grand coupable : on y lisait textuellement qu'il avait accaparé les grains pour affamer le peuple et exaspérer les esprits. Nous savons aujourd'hui ce que vaut cette calomnie, et comment, au contraire, après la disette de 1788, Necker s'absorba dans le soin des subsistances, au point de négliger les intérêts généraux du pays. Si je ne craignais de fatiguer le lecteur, je citerais la page que cette infamie inspire à Mounier : il rappelle que c'est par des accusations semblables qu'on prépara le meurtre de Foulon et de Berthier, et stigmatise la passion qui porte un partisan des idées monarchiques à prendre pour modèle les égorgeurs de Paris.

On ne peut nier du moins, disait Barruel, que les philosophes n'aient conspiré la ruine de la religion chrétienne : leurs livres, leur correspondance, leurs entretiens témoignent de cette constante préoccupation. — Mounier juge sévèrement la haineuse hostilité des philosophes, mais il se refuse à voir un concert là où les notes vont, dans leur discordance, du déisme au matérialisme, et relève l'étrange abus de langage qui fait traiter la propagande antireligieuse. de conspiration :

« Si l'adoption d'un système, les efforts et les raisonne-
« ments pour le faire prévaloir par une conviction libre,
« suffisaient pour créer une conspiration, il n'y aurait que
« des conspirations dans toutes les opinions humaines.
« Chaque secte religieuse en serait une contre les autres
« sectes, et l'on pourrait dire que tous ceux à qui l'on trou-

[1] *De l'influence...,* p. 36.

« verait des idées différentes des siennes seraient de véri-
« tables conjurés. Il y aurait eu surtout depuis le commen-
« cement du monde jusqu'à nos jours une conspiration
« contre le sens commun, dont les nombreux agents ont eu
« le zèle le plus funeste [1]. »

Ici se place un éloge de la religion, qui caractérise nettement la manière de voir de l'auteur :

« Dans la lutte pénible du sentiment de nos devoirs
« contre nos passions, les opinions religieuses nous four-
« nissent le plus puissant secours, elles nous font supporter
« les plus grands sacrifices, et sont dans l'adversité le seul
« moyen de consolation. — Il ne suffit point, pour l'intérêt
« général, de nous occuper dans le fond de notre âme de
« l'Être suprême et de nos devoirs envers lui; il faut encore
« des cultes publics, qui répandent des vérités consolantes
« et les préceptes de la vertu, et qui puissent les rappeler
« sans cesse à l'attention du peuple. Le Créateur a mis dans
« le cœur des hommes un sentiment de la justice que nous
« appelons conscience, qui les porte à suivre leurs devoirs
« et leur inspire des remords quand ils s'en écartent : mais
« la conscience ne les instruit pas de toutes leurs obliga-
« tions; elle ne leur apprend point à connaître tout ce qui
« est conforme ou contraire à l'ordre établi par la Provi-
« dence. Une telle étude exige des méditations profondes;
« la multitude ne peut être capable de s'y livrer; la plupart
« des grands, qui dissipent leur vie en voluptés sensuelles,
« le sont moins encore : leur intempérance obscurcit leur
« entendement. Ainsi, dans un pays où les doctrines reli-
« gieuses ne fixeraient pas les principes les plus essentiels
« de la morale, la conscience des grands et du peuple serait
« à la merci du premier sophiste qui voudrait se distinguer
« par de nouveaux systèmes, ou du premier poëte qui flat-
« terait leurs passions [2]. »

[1] *De l'influence...*, p. 58.
[2] *Ibid.*, p. 59.

Mounier convient des abus qui se sont glissés dans la
pratique des choses saintes, et notamment dans l'emploi des
biens ecclésiastiques : « On a fait servir le patrimoine des
« pauvres », dit-il, « à soutenir l'éclat de certaines familles,
« à enrichir des chapitres et des ordres de chevalerie, où
« l'on prononce des vœux que le cœur abjure, que la
« morale n'autorise pas, et dont l'observation supposée
« n'est pour l'ordinaire qu'un scandale réel[1]. » Il n'en
déclare pas moins que de tels inconvénients, fussent-ils
irrémédiables, ne sauraient entrer en comparaison avec les
avantages de la religion : « Pourrait-on nier de bonne foi »,
poursuit-il, « que la doctrine du christianisme n'ait, plus
« encore que la philosophie, servi les intérêts de la liberté[2] ? »
Et développant cette pensée, il affirme que le plus hardi
des philosophes n'aurait jamais osé donner aux puissants
de la terre les leçons de charité fraternelle et d'égalité
enseignées chaque jour dans la chaire chrétienne.

Il reprend ensuite sa discussion, et fait observer que
l'irréligion a pu aggraver la Révolution, en rendant plus
effréné le déchaînement des passions, mais n'en a certainement pas été la cause : les membres des parlements, qui
ont porté à l'autorité royale des coups si redoutables, étaient
en grande majorité des chrétiens convaincus. La foi religieuse n'entraîne pas d'ailleurs avec elle la soumission
au pouvoir absolu : la fondation des républiques ita-
liennes, la Ligue, la révolte des États-Unis en sont autant
d'exemples.

A côté des philosophes, on avait dénoncé les jansénistes
et les protestants. Mounier répond que l'influence des premiers ne s'est guère manifestée que lors de la constitution
civile du clergé. Quant aux protestants, les deux seuls qui
aient marqué, Barnave et Rabaud, appartenaient d'abord
au parti modéré, et l'ont déserté par ambition ou par inti-

---

[1] *De l'influence...*, p. 61.
[2] *Ibid., ibid.*

midation. Les huguenots français étaient peut-être hostiles
à la royauté, qui depuis un siècle faisait peser sur eux une
si lourde persécution : mais, en thèse générale, on ne doit
pas soutenir que le protestantisme dispose les esprits à la
rébellion. C'est plutôt le contraire qui est vrai, car le protestant vénère dans le prince un chef spirituel, tandis que
le catholicisme, en soustrayant les âmes à la domination du
souverain temporel, dépose en elles des germes d'indépendance. Mounier en tire une conclusion tout à l'honneur de
la religion catholique.

Enfin, pour mieux établir que la campagne philosophique
n'a pas directement amené la Révolution, il rappelle qu'au
moment où celle-ci éclata, l'athéisme était depuis quelques
années en déclin dans la société française, et qu'il se produisait comme un regain de prétentions nobiliaires. Il raconte à ce propos l'histoire d'un habitant du Dauphiné,
zélé pour la cause de la liberté, qui, pressé de venir la
défendre aux assemblées provinciales, avoua qu'il passait
pour noble sans l'être en réalité, et qu'il avait à la fois trop
d'honneur pour se fabriquer des parchemins et trop
d'amour-propre pour détromper ses compatriotes.

L'abbé Barruel avait eu la malheureuse idée de signaler
la main des conjurés dans les soulèvements de la Pologne :
c'est ainsi que plus tard M. de Metternich dénonçait les
Hellènes insurgés comme des affiliés de la charbonnerie ;
du moins le chancelier avait-il la raison d'État pour excuse.
Mounier proteste que, s'il est permis de conseiller à Kosciuszko
et à ses compagnons de faire à la paix de l'Europe le sacrifice de leur indépendance, tout homme de cœur doit s'interdire d'incriminer leur patriotique désespoir et de calomnier leur héroïsme.

Dans un récit sommaire des événements, l'ancien député reproduit les appréciations que nous connaissons,
en développant ou en rectifiant certains détails. Comme
Malouet, il reproche aux ministres de ne. pas avoir acheté

Mirabeau dès le début des États ; voici comment il formule
son jugement définitif sur le célèbre orateur :

« Je n'ai jamais connu un homme d'un esprit plus
« éclairé, d'une doctrine politique plus judicieuse, d'un
« caractère plus vénal et d'un cœur plus corrompu [1]. »

Son but, dans cette rapide revue des faits et des personnages, est de prouver que le choc des passions a presque
tout déterminé, bien loin qu'il y ait eu un vaste complot formé
de longue date par les philosophes. Les partis ont « vécu au
« jour le jour », selon l'expression de Malouet, et, comme
le dit Mounier, « c'est un déplorable aveuglement que
« celui de cette multitude de prétendus sages, qui après
« avoir pris plus ou moins de part à la Révolution, profitent
« aujourd'hui de l'obscurité de leur rôle précédent pour
« annoncer qu'ils ont tout calculé, tout prévu [2] ».

D'ailleurs, l'élite des philosophes et des académiciens n'a-
t-elle pas trouvé dans la tourmente la mort, l'exil ou la
ruine ? Singulier complot, en vérité, que celui dont le
triomphe amène de tels résultats pour ses auteurs !

Mounier n'a pas de peine à prouver que si les Jacobins
exagéraient les erreurs de quelques philosophes, la philosophie ne saurait être rendue responsable de leurs excès.
Leur maxime fondamentale était d'employer tous les
moyens, voire le crime, pour acquérir et garder la domination : or cette règle leur est commune avec tous les hommes
sans scrupules. Mounier entame une digression à ce sujet
sur le sens donné au mot *jacobin*. L'usage s'était introduit
parmi les émigrés (et leurs petits-fils ne l'ont pas entièrement perdu) de traiter de jacobins tous ceux dont les principes politiques leur semblaient suspects, à commencer par
les modérés. L'ancien constituant relève vivement ce qu'il
considère comme le plus immérité des outrages ; il représente que l'épithète de jacobin équivaut à celle de forcené,

[1] *De l'influence...*, p. 101.
[2] *Ibid.*, p. 95.

que tous les partis ont leurs jacobins, mais qu'il y a un véritable non-sens à désigner ainsi des hommes dont on ne peut accuser que les opinions [1]. A l'émotion contenue qui règne dans ces pages, ont sent que Mounier venge un affront personnel, et que plus d'une fois l'écho lui est arrivé de ces appellations injurieuses, dans lesquelles se complaisait la rancune des privilégiés.

Voici la conclusion de la première partie :

« En assignant une part aux erreurs de la philosophie « moderne dans les calamités dont nous avons été les té- « moins, il est juste aussi d'en attribuer une très-grande « aux erreurs de ceux qui ne sont pas philosophes, à la « résistance de ceux qui tâchaient de maintenir les anciens « abus, et de faire revivre les préjugés détruits par les « lumières du dix-huitième siècle [2]. »

Les francs-maçons font l'objet de la seconde partie. Mounier s'excuse d'avoir à revenir sur les mêmes événements pour réfuter ses contradicteurs : « Si vous lisez suc- « cessivement leurs récits de ces trois conjurations, ils « vous prouveront premièrement que tout a été fait par les « philosophes, ensuite que tout a été fait par les francs- « maçons, et enfin tout par les illuminés d'Allemagne [3]. »

Il retrace l'historique de la franc-maçonnerie, et, se refusant à en voir l'origine dans les Templiers ou les Albigeois, il incline plutôt à croire avec l'Allemand Bode qu'elle fut instituée après la révolution de 1688 par les Jésuites anglais, pour favoriser une restauration des Stuarts, et qu'elle se détourna rapidement de son but. Sans insister sur cette explication (qui, en effet, n'est guère admissible), il soutient que dans tous les cas la maçonnerie est de récente fondation.

[1] *De l'influence...*, p. 129-133.
[2] *Ibid.*, p. 134.
[3] *Ibid.*, p. 135.

Cette question promptement vidée, il examine le développement des loges au dix-huitième siècle. Tout serait à
citer de ce charmant récit, écrit d'un bout à l'autre sur le
ton de l'enjouement. Mounier s'y montre fin moraliste, et
dissipe les fantômes forgés par l'imagination de Barruel. Il
nous dépeint cette société blasée, en proie à l'oisiveté et à
l'ennui, avide de remplacer par de mystérieuses pratiques
ses croyances disparues. La maçonnerie arrive à point pour
satisfaire ce besoin de religiosité vague. Bientôt pourtant
les adeptes se lassent de la puérile monotonie des rites :
quelques loges (c'est le plus petit nombre) se transforment
en sociétés d'études sociales ; d'autres deviennent des lieux
de réunion ou de plaisir ; d'autres enfin languissent et se
ferment. Tout à coup Mesmer et ses émules tombent sur cette
proie facile à conquérir : les loges croient enfin avoir découvert un emploi à leur activité. Mounier est dur pour le magné-
tisme : il n'hésite pas à en qualifier les apôtres de charlatans,
et à dire que de tous les dons merveilleux qu'ils faisaient
éclater chez leurs « sujets », le plus assuré était l'épilepsie.

Amené à formuler une appréciation sur la franc-maçonnerie, il ne dissimule pas son sentiment défavorable : « De
« telles associations », dit-il, « me paraissent plus dange-
« reuses qu'utiles [1], » et il déduit les raisons qui imposent
à tout gouvernement le devoir de surveiller de très-près les
sociétés secrètes.

Mais, s'ensuit-il de là que les francs-maçons aient com-
ploté la Révolution ? Barruel prétendait que Virieu, assistant
à un *convent* ou congrès maçonnique tenu en 1784 à Wil-
helmsbad, en Bavière, avait été si indigné des projets subversifs agités dans cette réunion, que dès lors il s'était
voué corps et âme à la défense de la monarchie. Mounier,
en rendant hommage à la vaillante mémoire de son ami,
renverse d'un mot cette légende : si Virieu avait été per-

---

[1] *De l'influence...*, p. 156.

suadé de l'existence d'un complot contre le pouvoir royal,
il n'aurait pas attendu à la fin de juillet 1789 pour s'y opposer ; il n'aurait pas surtout concouru à l'exécution de ce
complot en poursuivant la réunion des trois ordres et en
protestant contre le renvoi de Necker.

Quant aux allégations de Robison, Mounier fait ressortir
leur invraisemblance en ce qui touche d'Éprémesnil et
Maury ; sur son propre compte, il oppose à l'auteur anglais
le plus explicite démenti : « Je déclare solennellement que
« je n'ai jamais été ni franc-maçon ni martiniste [1]. » Et il
ajoute qu'il n'a jamais éprouvé le besoin d'augmenter le
nombre des autorités auxquelles il doit obéir.

« Quand même », conclut-il, « il n'existerait plus un seul
« franc-maçon dans le monde, si ceux qui gouvernent rui-
« nent leurs finances, mécontentent leurs armées, laissent
« introduire le désordre dans toutes les parties de l'admi-
« nistration, et rassemblent alors un grand nombre de
« députés du peuple pour leur demander des secours, les
« révolutions seront inévitables [2]. »

La troisième partie de l'ouvrage a trait aux illuminés
d'Allemagne. Mounier raconte la fondation de cette secte
philosophico-sociale, qui, après avoir rêvé la régénération
du monde au bout d'une période de mille ans, songea à
abréger ce délai par l'emploi de moyens violents et organisa en Bavière les éléments d'une conspiration. Il la con-
damne sans détour, et félicite l'Électeur des mesures énergiques prises contre les affiliés. Mais il établit que les illuminés étaient dispersés et leur secte éteinte plusieurs
années avant la Révolution ; en vain invoque-t-on les rapports qui auraient existé entre leur chef Weishaupt et Mirabeau ; celui-ci n'avait rien de mystique dans le tempérament, et son rôle ne permet pas de soupçonner en lui
l'agent d'une société secrète.

[1] *De l'influence...*, p. 178.
[2] *Ibid.*, p. 181.

Le livre se termine par des considérations sur les leçons
pratiques qui doivent se dégager de la Révolution. Mounier
s'élève contre les hommes qui voient dans le despotisme
jacobin une preuve de la nécessité du despotisme monarchique. Cette tendance lui arrache une énergique impréca-
tion : « Malheur à ceux qui croiraient que Robespierre leur
« a révélé le secret de la puissance [1] ! » Il prêche l'apaisement, et fait l'éloge du gouvernement consulaire :

« Combien ne doit-on pas de reconnaissance à ceux qui
« dans ma patrie ont senti la nécessité de l'indulgence, qui
« s'efforcent de mettre un terme à la haine des factions, et
« qui réparent les maux passés autant que le permet la
« sûreté publique [2] ! »

Ce dernier écrit de Mounier offre un intérêt général, par
les vues qu'il contient sur les origines et le développement
de la Révolution. Il rectifie et complète les *Recherches*,
écrites pendant l'agonie de la royauté, à une époque où
l'auteur était disposé, par un sentiment trop rare dans
l'âme humaine, à exagérer ses fautes ou ses imprudences.
S'il ne s'affranchit pas entièrement des préjugés de ses contemporains, il en dépouille la majeure partie : sur la question religieuse, il exprime les idées qui présideront à la
signature du Concordat. — En résumé, il avait le droit,
dans une lettre adressée à son père, de se rendre cette justice : « J'ai écrit comme un ancien ami de la liberté, et
« comme un ennemi de l'anarchie et du despotisme [3]. »

Quant au but spécial visé par Mounier, la réfutation de
Barruel, il semble pleinement atteint. En s'écoulant, les
années nous ont apporté des témoignages précieux, et ont
vu s'élever des monuments historiques d'une magistrale
importance. Après Tocqueville et M. Taine, on peut bien

---

[1] *De l'influence...*, p. 241.
[2] *Ibid.,* p. 244.
[3] Lettre du 24 avril 1801 : collection d'autographes de la Bibl. de Grenoble.

tenter de peindre telle figure ou de raconter tel épisode, mais l'on doit renoncer à pousser plus loin la synthèse ou l'analyse des causes de notre Révolution. Or ni l'un, dans son magistral résumé, ni l'autre, dans ses minutieuses investigations, n'ont signalé un complot au début de ce cataclysme. Contre de telles autorités, on n'est pas fondé à invoquer celle d'un illustre conspirateur, qui, pour prouver aux sociétés secrètes que l'avenir leur appartenait, s'est efforcé de leur démontrer qu'elles avaient disposé du passé, ni celle d'un prestigieux écrivain, qui, tourmenté du désir d'expliquer l'histoire par de mystérieuses influences, a presque tout rapporté dans l'ancien régime aux alcôves et presque tout dans la Révolution aux loges.

En dehors de l'opinion des historiens, la réflexion seule suffit à nous convaincre que dans cette controverse Mounier a pour lui la vérité. Plusieurs révolutions dans notre siècle ont été le résultat d'une conspiration, et nous savons à quels signes caractéristiques elles se distinguent. — En premier lieu, la masse de la population y demeure étrangère, et les agents subalternes eux-mêmes connaissent mal le résultat poursuivi. Citons, par exemple, cette révolution napolitaine de 1820, où, après avoir acclamé et imposé au Roi la constitution espagnole, on en chercha vainement un exemplaire par toute la ville ; où les aspirations libérales les plus ardentes s'évanouirent à l'aspect du premier uniforme autrichien. En peut-on dire autant de la France, qui souscrivait tout entière aux vœux consignés dans les cahiers, qui, avec des finances détruites, des armées sans cadres, des généraux improvisés, réduisait à la défensive les troupes de la coalition ? — De plus, les conspirations ont toujours un but précis, souvent la réalisation d'un programme, plus souvent la satisfaction de certaines ambitions. La Révolution française ne nous présente rien de semblable : on peut bien dénoncer des complots successifs, le complot orléaniste, le complot du triumvirat, le complot républicain, le complot

jacobin, et continuer cette énumération jusqu'au complot
bonapartiste, mais à la condition d'y démêler autant d'intrigues séparées, dont les auteurs se détestaient en attendant le moment de s'entre-tuer. Ce qui est contraire à la plus
élémentaire vraisemblance, c'est de faire de tous ces
hommes, depuis Bailly jusqu'à Barras, des instruments au
service d'une même cause, c'est de voir dans toutes les journées de la Révolution les actes d'un drame noué par une
pensée unique. A défaut d'un chef suprême, au moins fau-
drait-il indiquer une idée commune, et on ne peut sérieusement admettre comme telle le désir de venger le supplice des
Templiers sur le successeur de Philippe le Bel, ou le massacre
des Albigeois sur les coreligionnaires de Simon de Montfort.

Ajoutons que lorsque des scissions se produisent entre
des conjurés, lorsque surtout les uns assoient leur domination sur l'exil ou le supplice des autres, les mécomptes, les
désespoirs ou les remords se traduisent infailliblement par
des révélations. Ces révélations ont fait défaut à l'époque
qui nous occupe : parmi les révolutionnaires qui ont péri
dans la tourmente, plusieurs ont exprimé des regrets,
comme Barnave ou Gobel, plusieurs ont maudit leurs bour-
reaux, comme Danton ou Desmoulins, aucun n'a parlé de
conspiration maçonnique ou autre. Ces temps troublés ont
vu bien des conversions, bien des hommes jetés par les
excès de la Révolution dans des idées diamétralement opposées, d'Antraigues, par exemple, ou pour prendre un personnage plus propre à commander la confiance, Mathieu
de Montmorency : que n'éclairaient-ils leurs nouveaux
alliés sur la nature du péril ?

Le bon sens public ne s'y est pas trompé. Lorsqu'en 1822
et 1828 on réimprimait le livre de Mounier [1], l'éditeur pou-

---

[1] En 1818, les *Archives philosophiques, politiques et littéraires* avaient consacré à cet ouvrage un article très-élogieux (t. III, p. 37 et s.), qui n'était pas
signé, mais que M. de Rémusat annonçait à sa mère comme dû à la plume de
M. Guizot. (*Correspondance de M. de Rémusat*, t. IV, p. 185.)

vait dire que si cet ouvrage s'imposait encore à l'attention, c'était uniquement par les détails sur les personnages et les événements de la Révolution, et que les allégations de Barruel étaient tombées dans l'oubli.

On les en a tirées récemment. Le nom de Mounier ayant été mêlé à cette polémique, il nous faut nous y arrêter un instant.

La franc-maçonnerie a toujours été condamnée par l'Église catholique. Ses cérémonies, en effet, par cela seul qu'elles affectent un caractère religieux, constituent une parodie sacrilége ou un culte hétérodoxe : l'autorité ecclésiastique doit donc interdire aux fidèles l'entrée des loges au même titre que celle des temples et des synagogues. Chacun sait aussi que, dans ces dernières années, la maçonnerie ayant en divers pays prêté ses cadres à la propagande antireligieuse, les défenses ont été renouvelées. La mauvaise foi seule peut voir dans cette attitude autre chose que l'exercice normal du pouvoir spirituel.

Mais en même temps des écrivains se sont rencontrés, tourmentés de cette obsession du complot qui équivaut chez les partis au délire de la persécution chez les individus. Ils ont entrepris de prouver que depuis plus d'un siècle, une vaste conspiration, embrassant dans ses réseaux l'ensemble du monde civilisé, avait préparé les révolutions, allumé les guerres, rédigé les traités de paix, régi en un mot les destinées de l'humanité.

Sans entrer dans des développements étrangers à notre sujet, disons qu'en 1874 un livre parut à Avignon sous ce titre : *Les sociétés secrètes et la société*. L'auteur était un religieux, qui sous la monarchie de Juillet avait attaqué dans un pamphlet violent le monopole universitaire. Il montrait, à l'aide d'autorités plus nombreuses que choisies, la Révolution organisée par la franc-maçonnerie, et Bonaparte revêtu du pouvoir grâce à la même influence; il allait jusqu'à expliquer par elle, sur la foi d'écrivains étrangers, le gain des batailles de Marengo et d'Austerlitz. Après avoir attribué un caractère maçonnique, non-seulement aux sociétés secrètes qui couvrirent l'Europe après 1815, mais à la Sainte-Alliance (assertions malaisément compatibles), il soutenait que les intérêts de la secte avaient constamment inspiré la politique de lord Palmerston. Cet homme d'État qui a personnifié à un tel degré le patriotisme ardent autant qu'égoïste de la Grande-Bretagne, qui n'a jamais conspiré que l'élévation de son pays au détriment des nations rivales, était travesti en un fanatique, travaillant à l'établissement de l'athéisme cosmopolite. Si Léopold Ier avait été placé sur le trône de Belgique, si le prince Albert avait reçu la main de la reine Victoria, c'était pour récompenser la maison de Cobourg de l'asile donné jadis à Weishaupt proscrit.

Il était difficile, en reprenant les allégations de Barruel, de passer sous silence la réponse qui leur avait été faite : aussi une longue note concernait-elle l'ancien constituant [1]. Elle s'ouvrait par une phrase de construction bizarre, où Mounier semblait accusé d'avoir pris la défense des philosophes contre Louis Blanc et Alexandre Dumas. Après cette apparence d'anachronisme, l'auteur critiquait l'opinion du député du Dauphiné sur l'origine de la maçonnerie; puis, au lieu de discuter le fond de son livre, il anathématisait sa conduite politique, lui reprochant d'avoir soutenu les doctrines les plus avancées au sujet de la formation du tiers état en Assemblée nationale, de la Déclaration des droits et de la Constitution (il convient d'ajouter, pour être sincère, qu'il se référait sur ce point au *Dictionnaire* de Bouillet). A la protestation solennelle de Mounier, de n'avoir jamais été franc-maçon, il répondait en traitant de loge l'association des députés modérés. Enfin, il l'accusait amè-

---

[1] *Les sociétés secrètes et la société*, 1re édit., t. II, p. 274, en note.

rement de s'être rallié à Napoléon, oubliant sans doute que
Barruel avait partagé ce tort, et il assignait au baron Mounier, son fils, un rôle dans l'opposition de quinze ans :
comme si le nom même de cette opposition n'en excluait
pas tous ceux qui, à un moment donné de la Restauration,
ont tenu au pouvoir de près ou de loin, entre autres les
collègues du duc de Richelieu.

J'aurais négligé cette diatribe ; mais l'ouvrage qui la
contient, refondu par un savant économiste, a acquis en
quelques années un véritable renom. Dans ce travail de
révision générale, bien des redites ont été supprimées, bien
des expressions adoucies, bien des fautes de goût corri-
gées : le livre abandonne un peu les allures du pamphlet
pour celles de l'histoire. La critique pourtant laisse encore
beaucoup à désirer : s'il n'est plus question du *Dictionnaire*
de Bouillet, Alexandre Dumas est toujours invoqué. Enfin,
le récit, prolongé jusqu'à nos jours, contient contre des
hommes actuellement vivants les imputations les plus
graves et les moins justifiées. A tout prendre, cependant,
on doit considérer ce livre comme le monument le plus
important de l'opinion qui voit partout la main des sociétés
secrètes.

La note sur Mounier, réduite à des proportions plus
modestes, est aussi changée de place[1]. L'auteur rapporte
qu'à la veille de la Révolution plusieurs affiliés, et parmi
eux Mirabeau, publièrent de prétendues révélations sur
la franc-maçonnerie, afin de donner aux loges un prétexte
pour expulser de leur sein les éléments honnêtes. C'est alors
que Mounier est accusé d'avoir été chercher dans ces révélations mensongères sa théorie sur l'origine de la franc-maçonnerie. La note continue en ces termes :

« On conviendra que c'est une singulière manière de
« prouver qu'on n'est pas soi-même maçon! De pareilles

----

[1] Deschamps et Claudio Jannet, *Les sociétés secrètes et la société*, 5ᵉ édit.,
t. II, p. 123, en note.

« allégations font juger peu favorablement de la perspica-
« cité, sinon de la bonne foi de ce personnage. Elles enlè-
« vent toute valeur à ses attaques contre Barruel et Robi-
« son. Il faut, du reste, remarquer que jusqu'au 14 juillet
« Mounier parla et écrivit toujours pour toutes les mesures
« révolutionnaires : double représentation du tiers, consti-
« tution du tiers en Assemblée nationale, serment du Jeu
« de Paume. »

Est-il indispensable, pour apprécier l'influence de la
franc-maçonnerie en 1789, de savoir si elle remonte aux
Gnostiques ou aux Templiers? Cela peut sembler douteux.
Ce qui le paraît moins, c'est qu'avant d'articuler un grief, il
conviendrait d'en vérifier la justesse, et de ne pas accuser
Mounier d'avoir participé à la constitution en Assemblée,
quand son attitude sur cette question lui valut la haine des
patriotes.

L'auteur ne s'en tient malheureusement pas là; il écrit
quelques pages plus loin :

« On a vu au chapitre précédent comment Mounier,
« malgré ses dénégations, appartenait aux sociétés se-
« crètes, et la part qu'il prit à la manœuvre des illuminés
« pour en chasser les éléments fidèles à la religion et à la
« royauté[1]. »

Je laisse le lecteur juge de la première allégation : il sait
que « le chapitre précédent » n'est rien moins que décisif.
Quant à la seconde, elle se réduit à accuser Mounier d'avoir
contribué à préparer la Révolution par un livre publié
en 1801.

Le nom du constituant revient ici à propos de la loge du
Contrat social, qu'il aurait fondée avec Lally pour défendre
« le Roi de la constitution de 1790 » (la première édition
porte 1789 : c'est sans doute 1791 qu'il faut lire). On
invoque à l'appui de cette fable le témoignage de Barruel et

---

[1] Deschamps et Claudio Jannet, *Les sociétés secrètes et la société*, 5e édit.,
t. II, p. 148, en note.

de Robison; mais ni Robison ni Barruel ne nomment
Mounier parmi les membres de la loge du *Contrat social,*
et ceux-là seuls qui n'ont pas ouvert ses *Recherches*
peuvent faire de lui un champion de la constitution de
1791.

CHAPITRE XV

La dernière partie de la vie de Mounier nous ménage de
fâcheuses surprises. Jusqu'ici, nous avons vu un double
mobile diriger constamment sa conduite et en expliquer les
apparentes contradictions : je veux dire l'attachement à la
monarchie et à la liberté. Désormais, si ces deux sentiments
demeurent au fond de son cœur, ils cessent de présider aux
actes de sa vie publique. L'orateur, l'écrivain qui s'était
consacré à la défense de la royauté parlementaire accepte
de vivre sous le gouvernement du premier consul, et bientôt de figurer au nombre de ses fonctionnaires.

Avant de porter un jugement sur cette sorte de palinodie,
il convient de rappeler les motifs qui peuvent l'excuser, et
d'abord l'étendue du mouvement qui entraînait alors les
esprits. A des époques ultérieures, nous avons vu les gouvernements les mieux établis et les plus populaires aux
prises avec une opposition qui menait la campagne avec plus
ou moins de hardiesse, mais qui ne désarmait jamais; si un
certain nombre de défectionnaires allaient grossir les rangs
des amis du pouvoir, le parti hostile n'en conservait pas
moins ses cadres et son attitude belliqueuse. Sous le régime
de brumaire, c'est le contraire qui se produit; les quelques
individualités qui font entendre des réclamations contre le
nouvel état de choses demeurent isolées, perdues dans la
masse de la nation; dix ans après 1789, la France ne sait

plus que courber la tête. Anciens et futurs parlementaires, anciens et futurs ultra-royalistes, tous coudoient les survivants de la montagne dans les antichambres du maître, tous briguent de son bon plaisir des emplois ou des grâces. Quelques légendes qu'une flatterie mal placée et un amour-propre plus mal placé aient par la suite tenté d'accréditer, l'esprit monarchique et l'esprit d'indépendance étaient plongés dans une léthargie dont des catastrophes impossibles à prévoir pouvaient seules les réveiller. Ces protestations de dévouement à la constitution de l'an VIII se mêlaient parfois à des regrets pour le passé : elles ne cachaient, heureusement pour l'honneur français, aucune arrière-pensée de trahison dans l'avenir.

La remarque en a déjà été faite, ce n'est pas la Terreur qui avait causé cet affaissement de l'esprit public. La réaction thermidorienne, au contraire, avait été le point de départ d'un mouvement tout ensemble libéral et conservateur, qui avait trouvé son expression dans les élections de 1795 et de 1796. Que l'héritier légitime de la couronne eût alors répondu d'un mot aux aspirations nationales, et un courant irrésistible entraînait la France vers la royauté. On avait agi comme si l'on avait eu à cœur de décourager ces aspirations; on leur avait opposé des revendications de nature à froisser le sentiment général. Quant aux instincts de liberté, l'attentat de fructidor vint leur porter un coup fatal, et la démoralisation gagna peu à peu le pays entier. Lorsque l'intelligence d'un homme est affaiblie par la maladie, il borne ses préoccupations à la satisfaction de ses besoins matériels. La France était réduite au même état : après avoir trop longtemps et trop exclusivement vécu dans le monde des idées, elle n'avait d'autre désir que de voir rétablir la régularité dans les finances et la sécurité sur les grands chemins. Un homme se présenta, qui lui offrait en outre la gloire militaire : elle se livra à lui sans hésiter.

Que nos ancêtres de 1799 doivent être proposés en modèle aux jeunes générations, c'est ce qu'il est difficile de prétendre. Un peuple est aussi répréhensible quand il abdique sa liberté que quand il en abuse. De plus, le passé du nouveau dictateur n'offrait pas au parti de l'ordre des garanties bien sérieuses : sans parler de Toulon, où, en assurant le triomphe des Jacobins, il avait, en somme, défendu le drapeau français, sans parler même de vendémiaire, où, après tout, il avait mis son épée au service de la légalité contre le droit, c'était lui qui avait conseillé et fait consommer par ses soldats l'acte néfaste de fructidor. Cette conduite dénotait une rare absence de scrupules. Il faut en dire autant de la politique qui réservait une part des emplois aux anciens terroristes. Mais la nation en était arrivée à ce degré de lassitude où l'on dépouille tout souci de conscience ou de dignité. Dans quelques mois, lorsque Bonaparte fera enlever et fusiller le duc d'Enghien, parmi tant d'hommes honnêtes rentrés dans l'administration, il ne s'en trouvera qu'un pour protester. Plaignons cette malheureuse époque, mais ne nous abandonnons pas à une indignation en vérité trop facile. Rappelons-nous plutôt qu'après des épreuves bien peu redoutables au regard de celles-là, le courage civique a subi une éclipse chez beaucoup de nos contemporains, disposés à faire porter à la liberté politique la peine des maux causés par la démagogie.

Les plus excusables surtout étaient ceux qui, forcés par l'anarchie à quitter le sol natal, traînaient leur existence à l'étranger, loin de leurs parents, de leurs amis, loin de cette patrie française qui a toujours inspiré à ses enfants une si tenace affection. Ils cédèrent en foule à l'impatience de revoir leurs foyers, et n'hésitèrent pas, pour obtenir leur radiation, à faire acte de soumission au gouvernement consulaire.

Ces motifs devaient puissamment influer sur l'âme de Mounier. Durant la Terreur, sa famille avait eu plus d'une

fois à craindre les conséquences d'une parenté compromettante. Deux de ses frères avaient été incarcérés comme suspects; son père avait subi un interrogatoire injurieux de la
part de deux représentants en mission, Albitte et Dubois-
Crancé[1]. La hâte du proscrit de retrouver les siens n'en était
que plus grande : « Croyez », écrivait-il à son père, « que
« onze ans d'absence n'ont rien diminué du respect et de
« l'attachement que je vous dois et dont vous êtes si digne,
« et qu'un des moments les plus heureux de ma vie sera
« celui où je pourrai vous presser contre mon cœur[2]. »

Il ne tarda pas à faire ou à laisser faire les démarches
nécessaires. Le 19 ventôse an VIII (8 mars 1800), M. Mounier père adressait au ministre de la police générale une
pétition conçue en termes fort touchants[3] : il le suppliait de
faire cesser une séparation qui empoisonnait ses derniers
jours. Une lettre de Mallein, membre du Corps législatif, en
date du 28 ventôse (17 mars), appuyait la requête et van-
tait les sentiments patriotiques de Mounier. Une troisième
pièce, rédigée probablement par l'émigré lui-même, et où
il s'exprimait à la troisième personne, donnait l'assurance
de son dévouement au nouveau gouvernement.

On y joignit deux déclarations collectives. La première,
signée de soixante-quinze habitants de Grenoble (parmi
lesquels Augustin Périer) attestait que Mounier, après avoir
joué le rôle le plus honorable lors des débuts de la Révolution, ne s'était expatrié qu'à la dernière extrémité, et pour
échapper à des violences trop certaines[4]. La radiation, en
effet, était beaucoup plus aisée à obtenir pour ceux qui
n'avaient pas émigré spontanément.

La seconde déclaration avait trait à la conduite de Mou-

---

[1] Détails communiqués par M. H. Mounier.

[2] Lettre du 24 avril 1801 : collection d'autographes de la Bibl. de Grenoble.

[3] Cette pièce et les suivantes dont je n'indique pas la provenance se trouvent
au dossier de radiation de Mounier : Arch. nat., F⁷, 5398.

[4] La légalisation des signatures par le maire de Grenoble porte la date du
18 floréal an VIII (7 mai 1800).

nier à la Constituante; elle émanait de neuf d'entre ses collègues de cette époque, dont voici les signatures fidèlement reproduites : Le Couteulx Canteleu [1], Choiseul-Praslin [2], Estourmel [3], Defermon [4], Champagny [5], Dallarde [6], Regnault de Saint-Jean-d'Angély [7], Defretot [8], Regnier [9]. Ces « anciens constituants », comme ils s'intitulaient eux-mêmes, décernaient à Mounier un véritable certificat de civisme, où se lisaient les lignes suivantes : (Nous attestons) « ... qu'il « s'est montré l'ami le plus zélé de la liberté et de l'égalité, « qu'il a concouru puissamment à la réunion des ordres, à « l'abolition des droits féodaux, à la Déclaration des droits « de l'homme, qu'il a préparé l'abolition de la noblesse « et qu'il n'est pas à notre connaissance qu'il ait protesté « contre les décrets qui l'ont éteinte... »

Je laisse de côté le mensonge qui associait Mounier à la campagne entreprise par la Constituante contre les titres nobiliaires : une lettre à Virieu, citée plus haut, dénote chez lui des sentiments bien différents. Mais que dire de ces hommes, presque tous nobles de la veille ou du lendemain, faisant montre d'un amour de l'égalité dont ils étaient fort éloignés?

Le 9 brumaire an IX (30 octobre 1800), Fouché adressait aux consuls un rapport favorable à la radiation, et un projet d'arrêté rédigé en conséquence. Néanmoins, l'affaire traîna en longueur : Mounier avait chargé de suivre ses intérêts un sieur Chanovier, qui tomba malade. Dans son impatience, il se laissa entraîner à une démarche regrettable. Parmi les signataires de la déclaration des anciens

[1] Député du tiers, ville de Rouen.
[2] Député de la noblesse, sénéchaussée d'Anjou.
[3] Noblesse, Cambrésis.
[4] Tiers, sénéchaussée de Rennes.
[5] Noblesse, bailliage du Forez.
[6] Noblesse, bailliage de Saint-Pierre-le-Moustier.
[7] Tiers, sénéchaussée de Saint-Jean-d'Angély,
[8] Tiers, bailliage de Rouen.
[9] Tiers, bailliage de Nancy.

députés se trouvait Defermon, jadis collègue et ami politique de Chapelier, actuellement membre du conseil d'État. Mounier lui écrivit le 1er mai 1801 une longue lettre[1], adressée « au citoyen Fermont (*sic*), conseiller d'État. » Il lui exprimait sa reconnaissance, et, faisant allusion aux circonstances passées, traitait de « nuances » les divisions qui avaient pu exister entre leurs opinions. Il le priait ensuite d'intercéder pour lui, renouvelait l'assurance de sa soumission au gouvernement, et allait jusqu'à dire : « Vous savez ... « si je puis préférer à la tranquillité publique un système « quelconque, ou les intérêts d'une classe dont je détestais « les priviléges, ou enfin ceux d'une monarchie, comme si « les intérêts d'un homme devaient l'emporter sur ceux « d'un peuple et si une nation pouvait être réclamée comme « un héritage. » Voilà les déclamations auxquelles s'abandonnait celui qui avait si souvent et si bien défini les conditions de la royauté parlementaire. — Cet acte de faiblesse fut couronné de succès ; Defermon inscrivit en tête de la lettre cette indication : « A communiquer au consul « Lebrun », et au mois d'octobre 1801[2], Mounier était enfin admis à rentrer en France.

Il se rendit d'abord à Grenoble, au milieu des siens. M. Périer lui offrit un emploi dans l'importante maison dont il était le chef[3]. Mais, pendant son séjour en Allemagne, Mounier s'était attaché à la carrière pédagogique : il conçut le projet d'aller fonder à Lyon un établissement d'instruction analogue au Belvédère[4].

Il avait compté sans la volonté du premier consul, qui souffrait malaisément qu'un homme de quelque valeur restât en dehors de l'administration, et craignait de préparer

---

[1] Collection d'autographes de M. Chaper.
[2] *Album du Dauphiné*, art. *Mounier*.
[3] Augustin Périer, *Histoire abrégée du Dauphiné*, p. 113.
[4] Lettre du 14 mai 1802, à M. Joseph Planta, à Londres : collection d'autographes de M. Chaper.

ainsi des recrues à une future opposition. Au lieu de l'autorisation qu'il avait sollicitée, l'ancien député reçut le conseil de se rendre à Paris. « Arrivé dans la capitale, « écrivit-il lui-même quelque temps après, on m'a invité « à prendre un emploi public[1]. » Le 23 germinal an X (13 avril 1802), un arrêté consulaire, contresigné des ministres Maret et Abrial, contenait la décision qui suit :

« Le citoyen *Mounnier* (*sic* sur la minute[2]), ex-consti-« tuant, est nommé préfet du département d'Ille-et-« Vilaine, en remplacement du citoyen Borie, appelé au « Corps législatif. »

Le même arrêté comprenait neuf autres nominations, notamment celle du « citoyen Alexandre Lameth, ex-con-« stituant », qui recevait la préfecture des Basses-Alpes.

Du reste, Mounier ne paraît pas s'être fort préoccupé du résultat des démarches faites en sa faveur. Cela ressort de la lettre adressée par lui au ministre de l'intérieur Chaptal, le 3 floréal an X (23 avril 1802) ; elle marque le début de l'orateur de Vizille dans la littérature administrative :

« Citoyen ministre, je n'ai reçu qu'hier la lettre que vous « avez eu la bonté de m'écrire le 26 germinal pour m'an-« noncer ma nomination à la préfecture d'Ille-et-Vilaine. « Je terminerai le plus tôt qu'il me sera possible les arran-« gements indispensables pour mon départ, et j'espère pou-« voir prouver au gouvernement, dans les fonctions dont il « veut bien m'honorer, mon zèle et ma reconnaissance, et « obtenir votre estime et votre approbation ; je fairai (*sic*) « du moins tous mes efforts pour les mériter. Salut et « respect[3]. »

Il partit en effet très-rapidement, et le 28 floréal (17 mai), il annonçait à Chaptal son arrivée à Rennes[4].

---

[1] Lettre du 14 mai 1802, à M. Joseph Planta, à Londres : collection d'autographes de M. Chaper.

[2] Arch. nat., AF IV, vol. 342, fol. 114.

[3] Arch. nat., F1b, *Préfets,* v° MOUNIER.

[4] *Ibid., ibid.*

Le département d'Ille-et-Vilaine était un de ceux dont l'administration présentait le plus de difficultés. La bourgeoisie des villes, et surtout du chef-lieu, s'était portée en 1789 vers le libéralisme avancé, représenté alors par Chapelier. Quelque chose de cet esprit subsistait : les événements de brumaire avaient rencontré à Rennes une certaine opposition. D'un autre côté, la population profondément religieuse des campagnes avait pris part à la guerre de l'Ouest, et des bandes de chouans parcouraient encore la Bretagne. Mounier consacra tous ses soins à triompher de ce double obstacle. A peine entré en fonction, il déjoua une conjuration militaire formée par les démagogues : pour prix de sa vigilance, il demanda et obtint la grâce des coupables. Il concilia au gouvernement les classes rurales en développant de son mieux la politique concordataire. Enfin, il sut montrer à l'occasion que le préfet de Bonaparte n'avait pas complétement dépouillé la scrupuleuse rigidité du constituant. Un aide de camp du premier consul, envoyé en Bretagne avec une mission de haute police et des pouvoirs indéterminés, avait fait arrêter plusieurs individus soupçonnés de complot et se préparait à les envoyer à Paris, où le bon plaisir du maître déciderait de leur sort. Mounier, sans hésiter, requit la gendarmerie de s'emparer d'eux et de les tenir à la disposition de la justice régulière [1].

Un pareil trait était assurément hardi, et devait trouver peu d'imitateurs parmi les collègues de Mounier. Quelques années plus tard, celui-ci aurait payé d'une disgrâce sa résistance aux volontés du tout-puissant empereur. Mais un long exercice du despotisme n'avait pas encore rendu Bonaparte impatient de toute contradiction, et il tenait à conserver l'ancien député parmi ses fonctionnaires. En même temps, Chaptal s'efforçait de témoigner au préfet d'Ille-et-Vilaine la satisfaction qu'il éprouvait de ses services.

---

[1] *Album du Dauphiné,* art. *Mounier.*

La modeste fortune de Mounier avait été fort compromise
par la Révolution. Un traitement de 16,000 francs lui suffisait difficilement, dans une grande ville et à une époque où
le prix de toutes choses se maintenait très-élevé. Aussi le
ministre de l'intérieur, non content de lui avoir accordé une
indemnité de premier établissement de 3,000 francs, lui
faisait allouer 10,000 francs de gratification pour l'an XI [1],
6,000 pour l'an XII, et 4,000 pour les quelques mois de
l'an XIII, qu'il passa en Bretagne [2].

Cependant la maladie de cœur dont Mounier avait res-
senti les premières atteintes lors de la mort de sa femme ne
cessait de s'aggraver, et le climat humide de Rennes éprouvait durement sa santé. Au début de 1804, il fut averti que
son prédécesseur Borie et d'autres personnes qui s'intéres-
saient à lui sollicitaient son changement de résidence. Il
apprenait aussi que, pour des motifs tout différents, il était
question de l'écarter de l'administration et de lui donner
une des inspections générales des écoles de droit, places
récemment créées. Le 5 ventôse an XII (23 février 1804),
il écrivit à Chaptal pour l'entretenir de ces éventualités [3].
Il lui disait qu'il comptait sur la belle saison pour remettre
sa santé et ajoutait : « Je reconnais que dans les circon-
« stances actuelles la demande d'une autre préfecture ne
« pourrait pas être accueillie. — Je serais fâché qu'on m'é-
« loignât des fonctions administratives, les plus conformes
« à mon goût et à mon genre de connaissances, pour me
« donner un emploi moins utile et auquel je me crois
« moins propre qu'à celui que j'exerce. » Il demandait au
ministre, en terminant, de lui communiquer les inculpations
qui pouvaient avoir été dirigées contre lui.

La réponse de Chaptal ne se fit pas attendre [4]. « Je ne con-
« nais, citoyen préfet », écrivait-il le 21 ventôse (10 mars),

<hr>

[1] Arch. nat., AF IV, vol. 460, fol. 8.
[2] Arch. nat., AF IV, vol. 917, fol. 5.
[3] Arch. nat., F1b, *Préfets*, v° MOUNIER.
[4] *Ibid., ibid.*

« aucune raison qui ait pu donner lieu aux bruits qui
« paraissent s'être répandus sur votre déplacement. Le
« gouvernement rend justice au zèle et aux lumières avec
« lesquels vous administrez le département qu'il vous a
« confié, et jusqu'ici il n'a manifesté aucune intention de
« vous appeler à une autre destination. » Le projet de lettre
continuait ainsi : « Je lui ferai connaître au surplus la dis-
« position que vous manifestez en cette occasion, et les
« considérations qui vous font préférer votre poste présent
« à tout autre. » Mais une autre main raya la phrase, sans
doute comme donnant à Mounier des garanties trop précises, et y substitua ces termes beaucoup plus vagues : « Je
« vous engage à vous reposer sur la confiance que justifie
« parfaitement votre conduite. »

Le mois suivant, le collége d'Ille-et-Vilaine, désireux de
témoigner sa gratitude à son préfet, le désigna comme candidat au Sénat conservateur ; quelques semaines plus tard,
il recevait la décoration de la Légion d'honneur [1].

A la même époque (11 prairial an XII — 29 mai 1804),
une nouvelle lettre à Chaptal révèle les transformations sur-
venues dans le régime politique du pays. Le « citoyen
ministre » est à présent traité de « Monseigneur », et le
préfet d'Ille-et-Vilaine informe « Son Excellence » qu'il
a convoqué tous les fonctionnaires pour prêter solennellement serment aux constitutions de l'empire [2].

Le 12 pluviôse an XIII (1er février 1805), Mounier
fut appelé au conseil d'État. On conserve aux Archives
nationales une feuille [3] où un ministre avait inscrit cette indication : « Nommer conseillers d'État deux préfets », et
l'avait fait suivre d'un premier nom : « Julien, préfet du
« Morbihan ». Au-dessous, on lit ces mots de la main de

[1] Berriat-Saint-Prix, *Éloge historique de M. Mounier*, p. 49.
[2] Arch., nat., F1b, *Préfets*, v° Mounier.
[3] Arch. nat., AF IV, vol. 909, fol. 19.

Napoléon : « Mounier, préfet de l'Ille-et-Vilaine », puis la signature impériale. Une mention, d'une troisième écriture, destine Julien au service extraordinaire et Mounier à la section de l'intérieur.

Sans connaître apparemment cette preuve matérielle de l'intervention directe du souverain dans la nomination de Mounier au conseil d'État, Lally-Tollendal[1] prétend que Napoléon ne voulait pas maintenir à la tête d'un département un homme resté au fond partisan des idées libérales. La chose n'a rien d'invraisemblable, mais il faut noter que le décret du 12 pluviôse, loin d'être une marque de disgrâce, offrait à Mounier un avancement hiérarchique considérable.

Pendant le court séjour qu'il fit au conseil d'État, il eut à plusieurs reprises à travailler avec l'Empereur. Celui-ci, tout en appréciant ses éminentes qualités, était frappé de la constance qu'il mettait à défendre ses opinions d'autrefois. « Mounier, disait-il avec impatience, vous êtes encore « l'homme de 1789. » — « Sans doute, Sire », répondit un jour son interlocuteur; « les temps changent, les principes « ne changent pas[2]. »

La santé de Mounier déclinait de plus en plus; une hydropisie de poitrine s'était déclarée dans les derniers mois de 1805. Habitué depuis de longues années à lutter contre la souffrance, il continuait à vaquer à ses occupations, et dissimulait son état à ceux qui l'approchaient. Le 26 janvier 1806, il avait encore travaillé dans la matinée, lorsqu'il fut pris d'un affaiblissement subit : au bout de quelques heures, il s'éteignait paisiblement dans son fauteuil, ayant conservé jusqu'à la fin toute sa connaissance, souriant à ses enfants et à ses amis qui pleuraient autour de lui[3]. Il avait un peu plus de quarante-sept ans.

---

[1] *Biographie* MICHAUD, art. *Mounier.*

[2] *Album du Dauphiné*, art. *Mounier.*

[3] BERRIAT-SAINT-PRIX, *Éloge historique de M. Mounier*, p. 44.

Le surlendemain, on lui fit à Saint-Roch de pompeuses funérailles. Le Trésor public en acquitta la dépense; il est du moins difficile d'expliquer autrement l'existence aux Archives nationales d'un « État des frais funéraires pour la « présentation en l'église paroissiale de Saint-Roch de feu « Monsieur Jean-Joseph Mounier, conseiller d'État et com- « mandant de la Légion d'honneur, faite le 28 jan- « vier 1806[1]. » Deux des compagnons de ses grandes luttes, deux de ceux qui avec lui avaient soutenu au comité de constitution la politique modérée, Bergasse et Lally, sui- vaient le cortége funèbre[2].

Après le service, quelques mots furent prononcés par le président de la section de l'intérieur au conseil d'État, Regnault de Saint-Jean-d'Angély, qui avait siégé à gauche à la Constituante. Dans une situation aussi fausse, il ne pou- vait guère accorder à son ancien collègue qu'un éloge banal[3]. Il sut pourtant, selon l'observation d'un contempo- rain, « trouver dans cette triste cérémonie des accents élo- « quents pour louer des vertus qu'il ne s'était pas imposé « le devoir d'imiter[4] », et marqua d'une façon assez heu- reuse un des traits dominants du caractère du défunt, en rappelant « qu'il avait soif de la justice ».

« Celui-là était un honnête homme », dit Napoléon en annonçant au conseil d'État la mort de Mounier[5], et il donna bientôt une preuve de sa sympathie pour cette mémoire. L'ancien constituant laissait sa famille dans une situation des plus précaires; il n'avait jamais su imposer à sa générosité les bornes commandées par l'exiguïté de ses

---

[1] Arch. nat., AF IV, 1326ᵃ. Ce document ne porte aucune signature : le total, s'élevant à 998 francs est réglé à 860 francs, 10 centimes; du détail, il résulte qu'une grand'messe fut chantée et que vingt-huit prêtres étaient présents.

[2] Augustin PÉRIER, *Histoire abrégée du Dauphiné*, p. 114 ; les souvenirs de Périer le trompent évidemment quand il mentionne aussi la présence de Cazalès, mort lui-même le 24 novembre 1805.

[3] Cf. ses paroles dans BERRIAT-SAINT-PRIX, *Éloge historique de M. Mounier*, p. 64-66.

[4] Augustin PÉRIER, *Histoire abrégée du Dauphiné*, p. 114.

[5] *Ibid., ibid.*

ressources [1]. Un décret impérial du 17 mars 1806 accorda une pension viagère de 1,200 francs à M. Édouard Mounier, de 600 francs à mesdemoiselles Victoire et Philippine Mounier, « tous les trois fils et filles de feu M. le conseiller « d'État Mounier [2] ».

Le 15 mars, la Société littéraire et scientifique de Rennes, dont Mounier, en sa qualité de préfet, avait été président d'honneur, tint une séance extraordinaire, où l'on entendit un discours consacré à sa louange par M. Routhier, secrétaire.

Des hommages plus solennels encore lui étaient réservés dans sa ville natale. Le 20 mai 1806, la Société des sciences et arts de Grenoble fit célébrer un service à la cathédrale; presque tous les magasins étaient fermés, et une foule considérable se pressait dans l'église. Après la cérémonie religieuse, le cortége des autorités, ayant à sa tête le célèbre savant Fourier, alors préfet de l'Isère, se rendit à l'Hôtel de ville, où le portrait de Mounier avait été placé dans la salle des séances de la Société. Un éloge de celui qu'on pleurait fut lu par son ami Berriat-Saint-Prix, professeur à la Faculté de droit.

Ce discours [3] peut servir à montrer l'état où était tombé l'esprit public sous l'empire. L'auteur, activement mêlé au mouvement libéral de 1788, avait publié un récit enthousiaste de la journée des Tuiles : nul n'était mieux placé pour parler des événements auxquels Mounier avait dû sa renommée. Mais ces souvenirs n'étaient pas en faveur auprès de Napoléon : ils présentaient le double inconvénient d'évoquer des principes de liberté odieux à l'Empereur, et de rappeler un passé compromettant pour plusieurs hauts personnages; aussi, sur toute la période révolution-

---

[1] BERRIAT-SAINT-PRIX, *Éloge historique de M. Mounier*, p. 32.

[2] Arch. nat., AF IV, vol. 1268, fol. 39.

[3] *Éloge historique de M. Mounier, conseiller d'État*, par BERRIAT-SAINT-PRIX. Grenoble et Paris, 1806.

naire, le silence était-il à l'ordre du jour. — Fidèle à la
consigne, Berriat a soin, dès l'exorde, de s'excuser de la
nécessité où il se trouve de se reporter aux années
1788 et 1789. Puis, comme cette précaution oratoire ne
suffit pas à le rassurer, il esquive la partie essentielle du
sujet, et après avoir résumé en quelques pages incolores
toute la carrière de Mounier jusqu'en 1801, se jette dans
des développements à perte de vue sur l'homme privé et le
fonctionnaire. Au sujet du premier, il donne des détails
intéressants : il nous apprend que Mounier, froid jusqu'à la
roideur avec les étrangers, apportait dans les relations de
famille et d'amitié une ineffable tendresse [1] ; que, depuis son
éloignement de la tribune, il déployait dans la conversation
une autorité, une énergie de langage qui captivaient ses
interlocuteurs. Quant à la partie consacrée au passage de
Mounier dans l'administration, elle ne se distingue pas des
plates adulations qui étaient alors sur toutes les lèvres
comme sous toutes les plumes. Berriat-Saint-Prix prétend
que le rêve constant de Mounier avait été de vivre sous la
constitution de l'an XII, et que sa voix tremblait d'une émotion particulière quand il prononçait le nom de Napoléon.
On conçoit que la fumée de cet encens, respirée sans
relâche, ait fini par enivrer l'Empereur ; on conçoit surtout
qu'à force de voir la nature humaine sous cet aspect, il
l'ait prise en profond mépris.

Huit ans plus tard, la royauté se reconstituait sur les
bases indiquées par le député du Dauphiné dès 1789 : la
Déclaration de Saint-Ouen effaçait la Déclaration de Vérone,
et la Charte consacrait, aux acclamations de la France, les
principes monarchiens injustement bafoués jadis. Mounier
manquait à ce triomphe. En 1814, ne l'oublions pas, il
aurait eu moins de soixante ans, et un rôle prépondérant

---

[1] Ce trait est confirmé par Lally-Tollendal, dans un projet d'article nécrolo-
gique écrit après la mort de son ami. (Arch. de la Société éduenne.)

lui aurait été réservé sous la Restauration. Celui que Vaudreuil appelait par dérision le « pair Mounier » avait sa place marquée dans la salle du Luxembourg, à côté de Lally-Tollendal. Louis XVIII, qui gardait un reconnaissant souvenir au président du 5 octobre, l'aurait appelé dans son conseil; Mounier y aurait siégé entre deux anciens émigrés comme lui, comme lui dévoués à l'alliance de la liberté et de la monarchie, le comte de Serre et le duc de Richelieu.

Si la mort lui a refusé cette satisfaction, son nom figura du moins avec honneur dans les annales de la royauté parlementaire, porté par le baron Édouard Mounier, son fils et son élève. Secrétaire de Napoléon, puis chargé après 1815 de liquider les créances des alliés, il déploya dans cette tâche délicate un zèle et une capacité qui lui valurent la confiance flatteuse entre toutes du duc de Richelieu et l'élévation à la pairie. Lors de la formation de son second cabinet, le duc tint absolument à s'assurer la collaboration de son ami et lui offrit le portefeuille de l'intérieur. La modestie du baron Mounier refusa le ministère; mais il dut accepter la direction générale de la sûreté publique avec l'entrée au conseil. En butte aux attaques toutes particulières de la gauche et de l'extrême droite, il se retira avec ses collègues, et se distingua comme eux dans la majorité modérée de la Chambre des pairs. Après s'être efforcé de prévenir la révolution de 1830, il observa à l'égard du gouvernement de Juillet une réserve inspirée plutôt par la dignité que par l'antipathie, en sortit quelques mois en 1840, sur les instances de M. Guizot, pour aller remplir à Londres une mission extraordinaire, et termina en 1843 une existence entourée du respect universel.

CONCLUSION

Mounier est mort fonctionnaire du premier Empire. Mais sa carrière politique se rattache tout entière au début et au développement de la Révolution française.

Convaincu par de longues méditations que le bonheur de son pays était lié à l'adoption des institutions d'outre-Manche, il se voua à la réalisation de cette réforme. C'est pour en assurer le succès qu'il souleva le Dauphiné contre l'arbitraire, et donna, quelques mois avant tant de sanglants excès, le spectacle d'une province consacrant son affranchissement par des voies pacifiques. C'est pour cela aussi qu'il poursuivit la réunion des États Généraux, le vote par tête, et qu'il prit l'initiative tant du serment du Jeu de Paume que des protestations contre le renvoi de Necker.

Après le 14 juillet, il croit toucher au but; mais un nouvel obstacle se lève, plus redoutable que le despotisme et l'aristocratie ligués ensemble : l'anarchie menace d'envahir la France. Pendant trois mois, Mounier se consume dans une lutte inégale. Il combat le péril en discutant les mille questions de fait que l'Assemblée omnipotente doit trancher; il le combat avant tout sur le terrain des théories constitutionnelles, et ne néglige aucun moyen de défendre son programme. Ses efforts ne peuvent lui épargner une double défaite : défaite parlementaire le jour où l'Assemblée repousse les bases fondamentales de son système; défaite matérielle aux 5 et 6 octobre, quand du fauteuil de la présidence, où une dérision du sort vient de le placer, il voit l'émeute dicter ses volontés aux pouvoirs publics.

22.

Il sent alors son rôle momentanément fini, et, abandonnant la politique active après un vain essai de résistance, entreprend d'apprécier les événements auxquels il a pris part. Ses écrits constituent une première tentative pour juger la Révolution au point de vue purement libéral, et à ce titre seul mériteraient une étude approfondie.

Peu à peu, le découragement s'empare de lui : sans renoncer au rêve de ses jeunes années, il admet que les nécessités du jour puissent imposer une autre forme de gouvernement et, avec la masse de ses concitoyens, sacrifie la liberté à l'ordre. A ce moment, une mort prématurée vient le frapper, sans qu'il lui soit donné de voir l'aurore du régime qui a conservé ses préférences.

S'il fallait, au terme de cette étude, peindre d'un trait celui qui en est l'objet, je rappellerais l'épithète que ses contemporains avaient coutume de joindre à son nom. On disait communément, en 1789 : « Le *vertueux* Mounier. »

Quelques profanations que le mot ait subies depuis lors, il indique pourtant mieux que tout autre ce qui fit l'unité et la noblesse de cette existence, constamment subordonnée au respect de la loi morale.

Mounier a été vertueux dans la vie privée, et pour secondaire que cet ordre de choses paraisse aux yeux de certaines personnes, il a son importance : la liste est longue, en effet, des éclipses du talent, des défaillances du courage, des souillures de l'honneur qui ont eu pour origine une conduite irrégulière.

Mounier surtout a fait de la vertu la règle de sa vie politique. Avant de prendre une résolution, de conseiller ou de voter une mesure, il se préoccupait sans doute des principes et des intérêts de son parti ; mais son premier souci était de chercher ce que commandait le devoir. Je n'en veux pour preuve que la spontanéité et la sincérité de ses regrets, quand il croyait l'avoir transgressé par mégarde.

Cette disposition explique comment Mounier, si prompt à embrasser la cause de la Révolution, mit tant de fermeté à s'en détacher, quand elle lui parut criminelle. Ses convictions auraient pu céder au prestige de la popularité, à certaines séductions matérielles; sa conscience fut inébranlable, et l'engagea résolument dans une voie qui avait pour issue les souffrances de l'exil.

J'ai tâché de faire ressortir l'élévation d'esprit qui lui permit de dominer les préjugés et les passions de son temps pour discerner de prime abord les vraies conditions de la monarchie constitutionnelle. Je devais insister, en finissant, sur cette haute moralité, qui contribue, elle aussi, à lui assigner un rang à part parmi les hommes de 1789.

[illegible]   [illegible]

[illegible]
[illegible]
[illegible]

[illegible]

[illegible]

TABLE DES MATIÈRES